김민권
민법

김민권 편저

1차 | 10개년 기출문제집 제1판

합격
★ 노하우가 ★
다르다

Since 1972

박문각 공인노무사

브랜드만족
1위
박문각

KB253803

민법이라는 학문은 엄청나게 난해하고 양도 방대하기 때문에 공인노무사 시험을 준비하는 수험생 여러분에게 큰 부담이 되고 있습니다. 그러나 수험생 여러분은 민법이라는 학문을 공부하는 것이 아니라 '수험 민법'을 공부하는 것입니다.

그리고 공인노무사는 절대평가입니다. 즉, 만점을 맞는 시험이 아니고, 합격할 수 있는 점수만 따면 됩니다. 따라서 수험생 여러분도 여기에 맞춰서 시험을 대비해야 합니다.

기출문제집도 여기에 맞추어 집필하게 되었습니다.

1. 공인노무사 시험이 햇수를 거듭하면서 출제경향과 틀이 정립되고 있습니다. 즉, 초창기보다 난이도가 대폭 증가되었고 출제경향도 변화하고 있습니다. 여기에 맞춰 구시대의 기출문제들은 모두 삭제하고 최근 10년간의 기출문제만을 정리하였습니다. 이를 통해 분량도 적절하게 조정할 수 있을 것입니다.

2. 강사 개인의 판단은 배제하고 최근 10년간의 기출문제는 모두 수록하였습니다. 수험생 여러분께서 문제를 풀어보시면 교수님들께서 중요시하는 주제들이 중복 출제되고 있는 것을 파악할 수 있을 것입니다.

3. 모든 지문에 대하여 해설을 하였습니다. 즉, 기출문제를 푸시면서 다른 책을 보실 필요 없이 이 한권으로 빨리 정리하실 수 있게 하였습니다.

4. 중복 출제되는 주제들에 대해서도 최대한 해설을 빼지 않고 반복하여 해설을 하였습니다. 해설을 통한 반복 학습으로 기억을 오래 유지하기 위함입니다.

수험 법학에 왕도는 없습니다. 반복만이 유일한 방법입니다.

본서가 여러분들이 수험공부는 하시는 데 조그마한 도움이라도 되었으면 합니다.

아무쪼록 본서를 가지고 공부하시는 수험생 여러분 모두 합격이라는 달디 단 열매를 수확하시기를 기원합니다.

끝으로 이 책이 출간될 수 있도록 애써주신 박문각 출판사 임직원 여러분께 감사드립니다.

김민권 드림

📖 시험과목 및 시험시간

가. 시험과목(공인노무사법 시행령 제6조)

구분	시험과목[배점]		출제범위
제1차 시험 (6과목)	필수 과목 (5)	❶ 노동법(1) [100점]	「근로기준법」, 「파견근로자보호 등에 관한 법률」, 「기간제 및 단시간근로자 보호 등에 관한 법률」, 「산업안전보건법」, 「직업안정법」, 「남녀고용평등과 일·가정 양립지원에 관한 법률」, 「최저임금법」, 「근로자퇴직급여 보장법」, 「임금채권보장법」, 「근로복지기본법」, 「외국인근로자의 고용 등에 관한 법률」
		❷ 노동법(2) [100점]	「노동조합 및 노동관계조정법」, 「근로자참여 및 협력 증진에 관한 법률」, 「노동위원회법」, 「공무원의 노동조합 설립 및 운영 등에 관한 법률」, 「교원의 노동조합 설립 및 운영 등에 관한 법률」
		❸ 민법[100점]	총칙편, 채권편
		❹ 사회보험법 [100점]	「사회보장기본법」, 「고용보험법」, 「산업재해보상보험법」, 「국민연금법」, 「국민건강보험법」, 「고용보험 및 산업재해보상보험의 보험료징수 등에 관한 법률」
		❺ 영어	※ 영어 과목은 영어능력검정시험 성적으로 대체
	선택 과목 (1)	❻ 경제학원론, 경영학개론 중 1과목[100점]	

※ 노동법(1) 또는 노동법(2)는 노동법의 기본이념 등 총론 부분을 포함한다.

구분	시험과목[배점]		출제범위
제2차 시험 (4과목)	필수 과목 (3)	❶ 노동법 [150점]	「근로기준법」, 「파견근로자보호 등에 관한 법률」, 「기간제 및 단시간근로자 보호 등에 관한 법률」, 「산업안전보건법」, 「산업재해보상보험법」, 「고용보험법」, 「노동조합 및 노동관계조정법」, 「근로자참여 및 협력증진에 관한 법률」, 「노동위원회법」, 「공무원의 노동조합 설립 및 운영 등에 관한 법률」, 「교원의 노동조합 설립 및 운영 등에 관한 법률」
		❷ 인사노무관리론 [100점]	
		❸ 행정쟁송법 [100점]	「행정심판법」 및 「행정소송법」과 「민사소송법」 중 행정쟁송 관련 부분
	선택 과목 (1)	❹ 경영조직론, 노동경제학, 민사소송법 중 1과목[100점]	
제3차 시험	면접시험		공인노무사법 시행령 제4조 제3항의 평정사항

※ 노동법은 노동법의 기본이념 등 총론부분을 포함한다.

※ 시험관련 법률 등을 적용하여 정답을 구하여야 하는 문제는 "시험시행일" 현재 시행 중인 법률 등을 적용하여야 함

※ 기활용된 문제, 기출문제 등도 변형·활용되어 출제될 수 있음

나. 과목별 시험시간

구분	교시	시험과목	입실시간	시험시간	문항수
제1차 시험	1	❶ 노동법(1) ❷ 노동법(2)	09:00	09:30~10:50 (80분)	과목별 40문항
	2	❶ 민법 ❷ 사회보험법 ❸ 경제학원론, 경영학개론 중 1과목	11:10	11:20~13:20 (120분)	
제2차 시험	1	❶ 노동법	09:00	09:30~10:45(75분)	4문항
	2		11:05	11:15~12:30(75분)	
	3	❷ 인사노무관리론	13:30	13:50~15:30(100분)	과목별 3문항
	1	❸ 행정쟁송법	09:00	09:30~11:10(100분)	
	2	❹ 경영조직론, 노동경제학, 민사소송법 중 1과목	11:30	11:40~13:20(100분)	
제3차 시험	–	공인노무사법 시행령 제4조 제3항의 평정사항	–	1인당 10분 내외	–

※ 제3차 시험장소 등은 Q–Net 공인노무사 홈페이지 공고

응시자격 및 결격사유

가. 응시자격(공인노무사법 제3조의5)
- 공인노무사법 제4조 각 호의 결격사유에 해당되지 아니한 자
- 부정한 행위를 한 응시자에 대하여는 그 시험을 정지 또는 무효로 하거나 합격결정을 취소하고,
  그 시험을 정지하거나 무효로 한 날 또는 합격결정을 취소한 날부터 5년간 시험 응시자격을 정지함

나. 결격사유(공인노무사법 제4조)
- 다음 각 호의 어느 하나에 해당하는 사람은 공인노무사가 될 수 없다.
  1. 미성년자
  2. 피성년후견인 또는 피한정후견인
  3. 파산선고를 받은 사람으로서 복권(復權)되지 아니한 사람
  4. 공무원으로서 징계처분에 따라 파면된 사람으로서 3년이 지나지 아니한 사람
  5. 금고(禁錮) 이상의 실형을 선고받고 그 집행이 끝나거나(집행이 끝난 것으로 보는 경우를 포함한다) 집행이 면제된 날부터 3년이 지나지 아니한 사람
  6. 금고 이상의 형의 집행유예를 선고받고 그 유예기간이 끝난 날부터 1년이 지나지 아니한 사람
  7. 금고 이상의 형의 선고유예기간 중에 있는 사람
  8. 제20조에 따라 영구등록취소된 사람

※ 결격사유 심사기준일은 제3차 시험 합격자 발표일 기준임

차례

CONTENTS | PREFACE | GUIDE

차례

CONTENTS | PREFACE | GUIDE

PART 01
민법총칙

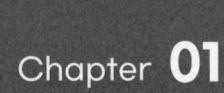

Chapter **01** 민법일반

01 신의성실의 원칙에 관한 설명으로 옳은 것을 모두 고른 것은? (다툼이 있으면 판례에 따름)

▶ 공인노무사 25년

ㄱ. 부작위에 의한 불법행위 성립의 전제가 되는 법적 작위의무는 신의칙상 작위의무가 기대되는 경우에도 인정될 수 있다.

ㄴ. 사용자가 피용자의 불법행위로 인하여 사용자책임을 지는 경우, 피용자에 대하여 행사하는 구상권은 신의칙을 근거로 제한될 수 있다.

ㄷ. 상계권의 행사가 상계제도의 목적이나 기능을 일탈하고 법적으로 보호받을 만한 가치가 없는 경우에는 신의칙에 반하여 허용되지 않고, 이 경우 일반적인 권리남용에서 요구되는 주관적 요건을 필요로 하는 것은 아니다.

① ㄱ
② ㄴ
③ ㄱ, ㄷ
④ ㄴ, ㄷ
⑤ ㄱ, ㄴ, ㄷ

해설 ㄱ. (○) 부작위에 의한 불법행위가 성립하기 위해서는 작위의무가 있는 자의 부작위가 인정되어야 한다. 여기서 작위의무는 법적인 의무이어야 하는데 그 근거가 법령, 법률행위, 선행행위로 인한 경우는 물론이고 신의성실의 원칙이나 사회상규 혹은 조리상 작위의무가 기대되는 경우에도 법적인 작위의무가 인정될 수는 있다(대판 2022다265994).

ㄴ. (○) 일반적으로 사용자가 피용자의 업무수행과 관련하여 행하여진 불법행위로 인하여 직접 손해를 입었거나 그 피해자인 제3자에게 사용자로서의 손해배상책임을 부담한 결과로 손해를 입게 된 경우에 있어서, 사용자는 그 사업의 성격과 규모, 시설의 현황, 피용자의 업무내용과 근로조건 및 근무태도, 가해행위의 발생원인과 성격, 가해행위의 예방이나 손실의 분산에 관한 사용자의 배려의 정도, 기타 제반 사정에 비추어 손해의 공평한 분담이라는 견지에서 신의칙상 상당하다고 인정되는 한도 내에서만 피용자에 대하여 손해배상을 청구하거나 그 구상권을 행사할 수 있다(대판 95다52611).

ㄷ. (○) 당사자가 상계의 대상이 되는 채권이나 채무를 취득하게 된 목적과 경위, 상계권을 행사함에 이른 구체적·개별적 사정에 비추어, 그것이 위와 같은 상계제도의 목적이나 기능을 일탈하고, 법적으로 보호받을 만한 가치가 없는 경우에는, 그 상계권의 행사는 신의칙에 반하거나 상계에 관한 권리를 남용하는 것으로서 허용되지 않는다고 함이 상당하고, 상계권 행사를 제한하는 위와 같은 근거에 비추어 볼 때 일반적인 권리남용의 경우에 요구되는 주관적 요건을 필요로 하는 것은 아니다(대판 2002다59481).

02 신의성실의 원칙에 관한 설명으로 옳지 않은 것은? (다툼이 있으면 판례에 따름)

▶ 공인노무사 22년 변형

① 신의칙은 당사자의 주장이 없더라도 법원이 직권으로 그 위반 여부를 판단할 수 있다.

② 사정변경의 원칙에 기한 계약의 해제가 인정되는 경우, 그 사정에는 계약의 기초가 된 객관적 사정만이 포함된다.

③ 임대차계약에 차임을 증액하지 않기로 하는 특약이 있더라도 그 특약을 그대로 유지시키는 것이 신의칙에 반한다고 인정될 정도의 사정변경이 있는 경우에는 임대인에게 차임증액청구가 인정될 수 있다.

④ 채무자가 소멸시효 완성을 주장하는 것은 신의칙에 반하여 권리남용으로 될 여지가 있다.

⑤ 강행규정을 위반한 자가 그 위반을 이유로 하여 법률행위의 무효를 주장하는 것은 신의칙 위반으로 될 수 있다.

> **해설** ⑤ 강행법규를 위반한 자가 스스로 그 약정의 무효를 주장하는 것이 신의칙에 위배되는 권리의 행사라는 이유로 그 주장을 배척한다면, 이는 오히려 강행법규에 의하여 배제하려는 결과를 실현시키는 셈이 되어 입법 취지를 완전히 몰각하게 되므로 달리 특별한 사정이 없는 한 위와 같은 주장은 신의칙에 반하는 것이라고 할 수 없다(대판 2005다64552).
>
> **오답해설**
> ① 대판 88다카17181
> ② 이른바 사정변경으로 인한 계약해제에서 말하는 사정이라 함은 계약의 기초가 되었던 객관적인 사정으로서, 일방당사자의 주관적 또는 개인적인 사정을 의미하는 것은 아니다(대판 2004다31302).
> ③ 대판 96다34061
> ④ 채무자가 소멸시효 완성 후 시효를 원용하지 아니할 것 같은 태도를 보여 권리자로 하여금 이를 신뢰하게 하였고, 채무자가 그로부터 권리행사를 기대할 수 있는 상당한 기간 내에 자신의 권리를 행사하였다면, 채무자가 소멸시효 완성을 주장하는 것은 신의성실 원칙에 반하는 권리남용으로 허용될 수 없다(대판 전합 2012다202819).

03 신의성실의 원칙에 관한 설명으로 옳은 것은? (다툼이 있으면 판례에 따름)

▸ 공인노무사 18년 변형

① 인지청구권의 포기는 허용되지 않지만, 인지청구권에는 실효의 법리가 적용될 수 있다.

② 임대차계약 당사자가 차임을 증액하지 않기로 약정한 경우, 사정변경의 원칙에 따라 차임을 증액할 수 없다.

③ 회사의 이사의 지위에서 부득이 회사와 제3자 사이의 계속적 거래로 인한 회사에 채무에 대하여 보증인이 된 자가 퇴사한 경우에는 사정변경을 이유로 보증계약을 해지할 수 있다.

④ 취득시효완성 후 그 사실을 모르고 권리를 주장하지 않기로 하였다가 후에 시효주장을 하는 것은 특별한 사정이 없는 한 신의칙상 허용된다.

⑤ 강행법규를 위반한 약정을 한 사람이 스스로 그 약정의 무효를 주장하는 것은 신의칙상 허용되지 않는다.

해설 ③ 회사의 이사라는 지위에서 부득이 회사와 은행 등과 사이의 계속적 거래로 인한 회사의 채무에 대하여 보증인이 된 자가 그 후 퇴사하여 이사의 지위를 떠난 때에는 보증계약성립 당시의 사정에 현저한 변경이 생긴 경우에 해당하므로 이를 이유로 보증계약을 해지할 수 있고, 보증기간의 제한이 특히 퇴사 후에도 보증채무를 부담한 것이라고 특약한 취지로 인정되지 않는 한 위와 같은 해지권의 발생에 영향이 없다(대판 92다10890).

오답해설

① 포기할 수 없는 권리인 인지청구권의 경우에는 실효의 법리가 적용될 여지가 없다(대판 2001므1353).

② 임대차계약에 차임을 증액하지 않기로 하는 특약이 있더라도 그 특약을 그대로 유지시키는 것이 신의칙에 반한다고 인정될 정도의 사정변경이 있는 경우에는 임대인에게 차임증액청구가 인정될 수 있다(대판 96다34061).

④ 취득시효완성 후에 그 사실을 모르고 당해 토지에 관하여 어떠한 권리도 주장하지 않기로 하였다 하더라도 이에 반하여 시효주장을 하는 것은 특별한 사정이 없는 한 신의칙상 허용되지 않는다(대판 96다24101).

⑤ 강행법규를 위반한 자가 스스로 그 약정의 무효를 주장하는 것이 신의칙에 위배되는 권리의 행사라는 이유로 그 주장을 배척한다면, 이는 오히려 강행법규에 의하여 배제하려는 결과를 실현시키는 셈이 되어 입법 취지를 완전히 몰각하게 되므로 달리 특별한 사정이 없는 한 위와 같은 주장은 신의칙에 반하는 것이라고 할 수 없다(대판 2005다64552).

정답 ▸ 03 ③

Chapter 02 권리의 주체

01 민법상 의사능력 및 행위능력에 관한 설명으로 옳지 않은 것은? (다툼이 있으면 판례에 따름)

▶ 공인노무사 25년

① 의사무능력을 이유로 하는 법률행위의 무효에 대한 증명책임은 무효를 주장하는 측에 있다.

② 의사무능력을 이유로 법률행위가 무효가 된 경우, 의사무능력자는 그 행위로 인하여 받은 이익이 현존하는 한도에서 상환할 책임이 있다.

③ 가정법원은 본인의 의사에 반하여 특정후견의 심판을 할 수 없다.

④ 법정대리인의 동의 없이 매매계약을 체결한 미성년자가 그 동의 없음을 이유로 위 계약을 취소하는 것은 신의칙에 위배된다.

⑤ 가정법원이 피특정후견인에 대하여 한정후견개시의 심판을 할 때에는 종전의 특정후견의 종료 심판을 한다.

해설 ④ 미성년자의 법률행위에 법정대리인의 동의를 요하도록 하는 것은 강행규정인데, 위 규정에 반하여 이루어진 신용구매계약을 미성년자 스스로 취소하는 것을 신의칙 위반을 이유로 배척한다면, 이는 오히려 위 규정에 의해 배제하려는 결과를 실현시키는 셈이 되어 미성년자 제도의 입법 취지를 몰각시킬 우려가 있으므로, 법정대리인의 동의 없이 신용구매계약을 체결한 미성년자가 사후에 법정대리인의 동의 없음을 사유로 들어 이를 취소하는 것이 신의칙에 위배된 것이라고 할 수 없다(대판 2005다71659·71666·71673).

오답해설

① 의사능력이란 자기 행위의 의미나 결과를 정상적인 인식력과 예기력을 바탕으로 합리적으로 판단할 수 있는 정신적 능력이나 지능을 말하고, 의사무능력을 이유로 법률행위의 무효를 주장하는 측은 그에 대하여 증명책임을 부담한다(대판 2022다261237).

② 무능력자의 책임을 제한하는 민법 제141조 단서는 부당이득에 있어 수익자의 반환범위를 정한 민법 제748조의 특칙으로서 무능력자의 보호를 위해 그 선의·악의를 묻지 아니하고 반환범위를 현존 이익에 한정시키려는 데 그 취지가 있으므로, 의사능력의 흠결을 이유로 법률행위가 무효가 되는 경우에도 유추적용되어야 할 것이다(대판 2008다58367).

③ 제14조의2 제2항

⑤ 제14조의3 제2항

정답 01 ④

02 사용자 甲이 의사능력이 없는 상태에서 乙과 근로계약을 체결하였다. 이에 관한 설명으로 옳은 것은? (다툼이 있으면 판례에 따름) ▸ 공인노무사 18년

① 甲은 乙과의 근로계약을 취소할 수 있다.
② 甲이 의사무능력 상태에서 乙과의 근로계약을 추인하더라도 그 계약은 무효이다.
③ 甲이 의사능력을 회복한 후에 추인하면, 다른 약정이 없더라도 그 근로계약은 소급하여 유효하다.
④ 甲과 乙의 근로계약은 추인여부와 상관없이 甲이 의사능력을 회복한 때로부터 유효하다.
⑤ 甲이 의사능력을 회복한 후에 상당한 기간 내에 취소하지 않으면 근로계약은 유효하다.

해설 ② 추인은 무효원인이 소멸한 후에 하여야만 효력이 있기 때문이다(대판 95다38240).

오답해설
①·⑤ 의사무능력은 무효사유이다.
③ 추인을 한 때로부터 새로운 법률행위로 본다(제139조). 즉 소급효가 없다.
④ 추인을 하지 않는 한 영원히 무효이다.

03 제한능력자에 관한 설명으로 옳지 않은 것은? ▸ 공인노무사 23년

① 피성년후견인은 의사능력이 있더라도 단독으로 유효한 대리행위를 할 수 없다.
② 가정법원은 한정후견개시의 심판을 할 때 본인의 의사를 고려하여야 한다.
③ 제한능력을 이유로 취소할 수 있는 법률행위는 제한능력자가 단독으로 취소할 수 있다.
④ 가정법원이 취소할 수 없는 피성년후견인의 법률행위의 범위를 정한 경우, 피성년후견인은 그 범위에서 단독으로 유효한 법률행위를 할 수 있다.
⑤ 가정법원이 피한정후견인에 대하여 성년후견개시의 심판을 할 때에는 종전의 한정후견의 종료 심판을 하여야 한다.

해설 ①·③ 대리행위(제117조)와 취소권 행사(제140조)는 제한능력자도 법정대리인의 동의 없이 단독으로 유효하게 할 수 있다.

오답해설
② 즉 본인의 의사를 고려하기만 하면 본인의 의사에 반하여도 한정후견개시의 심판을 할 수 있다(제12조, 제9조 제2항).
④ 제10조 제2항
⑤ 제14조의3 제1항

04 미성년자에 관한 설명으로 옳지 않은 것은? (다툼이 있으면 판례에 따름) ▸공인노무사 22년

① 미성년자가 자신의 채무를 면제하는 것만을 내용으로 하는 채무면제계약에 관해 승낙의 의사표시를 하는 것은 법정대리인의 동의가 없어도 확정적으로 유효하다.

② 법정대리인이 미성년자에게 범위를 정하여 재산의 처분을 허락하는 것은 묵시적으로도 가능하다.

③ 법정대리인이 미성년자에게 특정한 영업을 허락한 경우, 그 영업과 관련된 행위에 대해서 법정대리인의 대리권은 소멸한다.

④ 미성년자는 타인의 임의대리인이 될 수 없다.

⑤ 미성년자가 제한능력을 이유로 자신이 행한 법률행위를 단독으로 취소한 경우, 그 법정대리인은 미성년자가 행한 취소의 의사표시를 다시 취소할 수 없다.

해설 ④ 제한능력자도 단독으로 대리행위는 할 수 있다(제117조).

오답해설
① 의무만을 면하는 행위이므로 단독으로 할 수 있다(제5조).
② 대판 2005다71659
③ 미성년자가 허락을 얻은 영업에 대하여는 성년자와 동일한 행위능력이 있으므로(제8조), 그 범위 내에서는 법정대리인의 동의권, 대리권은 소멸한다.
⑤ 미성년자도 단독으로 취소권을 행사할 수 있기 때문이다(제140조).

05 제한능력자에 관한 설명으로 옳은 것은? (다툼이 있으면 판례에 따름) ▸공인노무사 21년

① 미성년자가 법정대리인의 동의 없이 매매계약을 체결하고 성년이 되기 전에 스스로 채무의 일부를 이행한 경우에는 그 계약을 추인한 것으로 본다.

② 피성년후견인이 속임수로써 상대방으로 하여금 성년후견인의 동의가 있는 것으로 믿게 하여 체결한 토지매매계약은 제한능력을 이유로 취소할 수 없다.

③ 가정법원은 본인의 의사에 반하여 한정후견개시의 심판을 할 수 없다.

④ 가정법원이 특정후견의 심판을 하는 경우에는 특정후견의 기간 또는 사무의 범위를 정하여야 한다.

⑤ 제한능력자의 취소권은 재판 외에서 의사표시를 하는 방법으로는 행사할 수 없다.

해설 ④ 제14조의2 제3항

오답해설
① 제・착・사(제한능력자, 착오, 사기・강박)에서 벗어난 후에 법정추인의 사유(전이경담양집)가 있어야만 법정추인이 된다. 따라서 미성년자가 채무를 일부 이행(제145조 제1호)하더라도 법정추인이 되지 않는다(제145조).

정답 ▸ 02 ② 03 ① 04 ④ 05 ④

② 원칙적으로 피성년후견인의 행위는 법정대리인의 동의를 얻어도 취소할 수 있으므로, 이는 속임수가 아니다. 즉 취소할 수 있다(제10조 참조).

③ 본인의 의사만 고려한다면 본인의 의사에 반하여도 한정후견개시의 심판을 할 수 있다(제12조 제2항, 제9조 제2항 참조).

⑤ 취소권은 재판상이나 재판 외에서 행사할 수 있다(대판 92다52795).

06 미성년자 甲과 행위능력자 乙 간의 매매계약에 관한 설명으로 옳은 것은? (다툼이 있으면 판례에 따름) ▸공인노무사 20년

① 甲의 법정대리인이 동의하면 위 계약은 확정적으로 유효하게 되는데 이때 그 동의는 명시적으로 행해져야 한다.

② 乙은 계약체결 시 甲이 미성년자임을 알았더라도 추인이 있기 전까지 자신의 의사표시를 철회할 수 있다.

③ 甲이 단독으로 乙과 계약을 체결한 후, 제한능력을 이유로 甲 스스로 위 계약을 취소하는 것은 신의칙에 반한다.

④ 계약체결 시 乙이 甲에게 나이를 물었을 때 만 20세라 답하였다고 하더라도 甲의 법정대리인은 위 계약을 취소할 수 있다.

⑤ 甲의 법정대리인에 의하여 위 계약이 甲의 제한능력을 이유로 취소되었다면, 甲의 부당이득반환범위는 그 법정대리인의 선의·악의에 따라 달라진다.

해설 ④ 미성년자가 단순히 성년자라고 한 것은 속임수에 해당하지 않기 때문이다.

오답해설

① 동의는 묵시적으로도 할 수 있다.

② 철회권은 선의의 상대방에게만 인정된다(제16조 제1항).

③ 미성년자의 법률행위에 법정대리인의 동의를 요하도록 하는 것은 강행규정인데, 위 규정에 반하여 이루어진 신용구매계약을 미성년자 스스로 취소하는 것을 신의칙 위반을 이유로 배척한다면, 이는 오히려 위 규정에 의해 배제하려는 결과를 실현시키는 셈이 되어 미성년자 제도의 입법 취지를 몰각시킬 우려가 있으므로, 법정대리인의 동의 없이 신용구매계약을 체결한 미성년자가 사후에 법정대리인의 동의 없음을 사유로 들어 이를 취소하는 것이 신의칙에 위배된 것이라고 할 수 없다(대판 2005다71659·71666·71673).

⑤ 미성년자 甲은 선악을 불문하고 현존이익만 반환하면 된다(제141조 단서).

07 제한능력자에 관한 설명으로 옳지 않은 것은? (다툼이 있으면 판례에 따름)

▸ 공인노무사 19년 변형

① 미성년자가 속임수로써 법정대리인의 동의가 있는 것으로 믿게 하고 자신의 부동산을 매도한 경우, 그 매매계약을 취소할 수 없다.

② 2018년 12월 1일 오후 4시에 출생한 자는 2037년 12월 1일 0시에 성년이 된다.

③ 일상생활에 필요하고 그 대가가 과도하지 아니한 피성년후견인의 법률행위는 성년후견인이 취소할 수 없다.

④ 제한능력자의 취소권은 재판 외에서 의사표시를 하는 방법으로는 행사할 수 없다.

⑤ 제한능력자가 맺은 계약은 추인이 있을 때까지 상대방이 그 의사표시를 철회할 수 있지만, 상대방이 계약 당시에 제한능력자임을 알았을 경우에는 철회할 수 없다.

해설 ④ 취소권은 재판상이나 재판 외에서 행사할 수 있다(대판 92다52795).

오답해설
① 제17조 제2항
② 연령계산은 초일을 산입한다(제158조). 19세면 성년자이다(제4조). 따라서 2037년 11월 30일 24시나, 12월 1일 0시에 성년자가 된다.
③ 제10조 제4항
⑤ 제16조 제1항

08 제한능력자에 관한 설명으로 옳지 않은 것은?

▸ 공인노무사 18년 변형

① 미성년자가 법정대리인으로부터 허락을 얻은 특정한 영업에 관하여는 성년자와 동일한 행위능력이 있다.

② 가정법원이 성년후견개시의 심판을 하는 경우 취소할 수 없는 피성년후견인의 법률행위의 범위를 정할 수 있다.

③ 특정후견은 본인의 의사에 반하여 할 수 없다.

④ 가정법원이 피성년후견인에 대하여 한정후견개시의 심판을 할 때에는 종전의 심판후견의 종료 심판을 하여야 한다.

⑤ 가정법원은 질병, 장애, 노령, 그 밖의 사유로 인한 정신적 제약으로 사무를 처리할 능력이 부족한 사람에 대하여 일정한 자의 청구로 성년후견개시의 심판을 한다.

해설 ⑤ 사무를 처리할 능력이 부족한 사람에 대하여는 한정후견개시의 심판을 한다(제12조 제1항).

오답해설
① 제8조 제1항

정답 06 ④ 07 ④ 08 ⑤

② 제10조 제2항
③ 제14조의2 제2항
④ 제14조의3 제2항

09 제한능력자에 관한 설명으로 옳은 것은?

▸공인노무사 16년

① 가정법원은 본인의 의사에 반하여 성년후견개시의 심판을 할 수 없다.
② 성년후견개시의 원인이 소멸된 경우, 본인은 가정법원에 성년후견종료의 심판을 청구할 수 있다.
③ 한정후견개시의 심판을 하는 경우, 가정법원은 한정후견의 기간을 정해야 한다.
④ 특정후견개시의 요건이 갖추어진 경우, 본인은 가정법원에 특정후견개시의 심판을 청구할 수 없다.
⑤ 가정법원이 피한정후견인에 대하여 성년후견개시의 심판을 할 때에 종전의 한정후견의 종료 심판을 할 필요는 없다.

해설 ② 본인도 청구권자이다(제11조).

오답해설
① 본인의 의사를 고려한다면(제9조 제2항) 본인의 의사에 반해서도 성년후견개시의 심판을 할 수 있다.
③ 특정후견의 경우에는 기간이나 사무의 범위를 정하여야 한다(제14조의2 제3항).
④ 본인도 청구권자이다(제14조의2 제1항).
⑤ 종전의 한정후견의 종료심판을 하여야 한다(제14조의3 제1항).

10 제한능력자에 관한 설명으로 옳은 것은?

▸공인노무사 24년

① 미성년자가 친권자의 동의를 얻어 법률행위를 한 후에도 친권자는 그 동의를 취소할 수 있다.
② 법정대리인이 미성년자에게 특정한 영업을 허락한 경우, 그 영업 관련 행위에 대한 법정대리인의 대리권은 소멸한다.
③ 상대방이 계약 당시에 제한능력자와 계약을 체결하였음을 알았더라도 제한능력자 측의 추인이 있을 때까지는 자신의 의사표시를 철회할 수 있다.
④ 피성년후견인이 속임수로써 상대방으로 하여금 성년후견인의 동의가 있는 것으로 믿게 하여 체결한 토지매매계약은 특별한 사정이 없는 한 제한능력을 이유로 취소할 수 없다.
⑤ 법정대리인이 제한능력을 이유로 법률행위를 취소한 경우, 제한능력자의 부당이득 반환 범위는 법정대리인의 선의 또는 악의에 따라 달라진다.

해설 ② 미성년자는 허락된 영업에 대하여는 성년자와 동일한 행위능력을 가지므로(제8조 제1항) 그 범위에서 법정대리인의 동의권, 대리권 등은 소멸한다.

오답해설
① 법정대리인의 동의를 얻은 미성년자의 법률행위는 취소할 수 없다(제5조 제2항 참조).
③ 철회권은 선의의 상대방에게만 인정된다(제16조 제1항).
④ 피성년후견인의 법률행위는 법정대리인의 동의를 얻어도 취소할 수 있으므로 피성년후견인이 속임수로써 성년후견인의 동의가 있는 것으로 믿게 하였다 하더라도 취소권은 배제되지 않는다(제17조 제2항 참조).
⑤ 제한능력을 이유로 법률행위가 취소된 경우, 제한능력자는 선·악을 불문하고 현존이익만 반환하면 된다(제141조).

11 부재자 재산관리인에 관한 설명으로 옳지 않은 것은? (다툼이 있으면 판례에 따름)

▶ 공인노무사 18년

① 부재자가 재산관리인을 정한 경우에 부재자의 생사가 분명하지 않은 때에는 법원은 재산관리인을 개임할 수 있다.
② 법원은 재산관리인의 과거의 처분행위를 추인하는 허가도 할 수 있다.
③ 법원이 선임한 재산관리인의 권한은 부재자가 사망하면 선임결정이 취소되지 않더라도 소멸한다.
④ 법원이 선임한 재산관리인은 관리할 재산목록을 작성하여야 한다.
⑤ 부재자의 생사가 분명하지 않은 경우, 법원은 부재자가 정한 재산관리인에게 재산의 관리 및 반환에 관하여 상당한 담보를 제공하게 할 수 있다.

해설 ③ 법원이 선임한 부재자의 재산관리인은 그 부재자의 사망이 확인된 후라 할지라도 위 선임결정이 취소되지 않는 한 그 관리인으로서의 권한이 소멸되는 것은 아니다(대판 71다189).

오답해설
① 제23조
② 부재자의 재산관리인에 의한 부재자소유 부동산매각행위의 추인행위가 법원의 허가를 얻기 전이어서 권한 없이 행하여진 것이라고 하더라도, 법원의 재산관리인의 초과행위 결정의 효력은 그 허가받은 재산에 대한 장래의 처분행위뿐만 아니라 기왕의 처분행위를 추인하는 행위로도 할 수 있는 것이므로 그후 법원의 허가를 얻어 소유권이전등기절차를 경료케 한 행위에 의하여 종전에 권한 없이 한 처분행위를 추인한 것이라 할 것이다(대판 80다1872).
④ 제24조 제1항
⑤ 제26조 제3항

Section 02   법인

01 민법상 법인의 정관에 관한 설명으로 옳지 않은 것은? (다툼이 있으면 판례에 따름)

▶ 공인노무사 24년

① 이사의 대표권에 대한 제한은 이를 정관에 기재하지 아니하면 그 효력이 없다.
② 정관의 변경사항을 등기해야 하는 경우, 이를 등기하지 않으면 제3자에게 대항할 수 없다.
③ 재단법인의 재산보전을 위하여 적당한 때에는 명칭이나 사무소 소재지를 변경할 수 있다.
④ 정관의 변경을 초래하는 재단법인의 기본재산 변경은 기존의 기본재산을 처분하는 행위를 포함하지만, 새로이 기본재산으로 편입하는 행위를 포함하지 않는다.
⑤ 정관에서 대표이사의 해임사유를 정한 경우, 대표이사의 중대한 의무위반 등 특별한 사정이 없는 한 법인은 정관에서 정하지 아니한 사유로 대표이사를 해임할 수 없다.

해설 ④ 기존의 기본재산을 처분하는 행위는 물론 새로이 기본재산으로 편입하는 행위도 정관의 변경을 초래하기 때문에 주무관청의 허가가 있어야만 유효하다(대판 82다카499).

오답해설
① 제41조
② 제54조 제1항
③ 제45조 제2항
⑤ 대판 2011다41741

02 민법상 사단법인 甲과 그 대표이사 乙에 관한 설명으로 옳은 것을 모두 고른 것은? (다툼이 있으면 판례에 따름)

▶ 공인노무사 23년

> ㄱ. 甲과 乙의 이익이 상반하는 사항에 관하여는 乙은 대표권이 없다.
> ㄴ. 甲의 정관에 이사의 해임사유에 관한 규정이 있는 경우, 甲은 乙의 중대한 의무위반 등 특별한 사정이 없는 한 정관에서 정하지 아니한 사유로 乙을 해임할 수 없다.
> ㄷ. 乙이 丙에게 대표자로서의 모든 권한을 포괄적으로 위임하여 丙이 甲의 사무를 집행한 경우, 丙의 그 사무집행행위는 원칙적으로 甲에 대하여 효력이 있다.

① ㄱ   ② ㄷ
③ ㄱ, ㄴ   ④ ㄴ, ㄷ
⑤ ㄱ, ㄴ, ㄷ

해설 ㄱ. (○) 제64조
      ㄴ. (○) 대판 2011다41741

오답해설

ㄷ. (✕) 대표자가 행한 타인에 대한 업무의 포괄적 위임과 그에 따른 포괄적 수임인의 대행행위는 민법 제62조를 위반한 것이어서 법인에 대하여 그 효력이 미치지 않는다(대판 2008다15438).

03 민법상 법인에 관한 설명으로 옳은 것은? (다툼이 있으면 판례에 따름) ▸공인노무사 22년

① 생전처분으로 재단법인을 설립하는 자가 서면으로 재산출연의 의사표시를 하였다면 착오를 이유로 이를 취소할 수 없다.

② 생전처분으로 지명채권을 출연하여 재단법인을 설립하는 경우, 그 지명채권은 대외적으로는 양도통지나 채무자의 승낙이 행해진 때 법인의 재산이 된다.

③ 법인의 불법행위를 성립시키는 대표기관에는 법인을 실질적으로 운영하면서 그 법인을 사실상 대표하여 법인의 사무를 집행하는 사람이 포함된다.

④ 법인의 대표기관은 정관 또는 사원총회에 의해 금지되지 않는 한 타인에게 포괄적인 대리권을 수여할 수 있다.

⑤ 법인이 청산종결등기를 하였다면 실제로 청산사무가 종료되지 않았더라도 그 법인은 소멸한다.

해설 ③ '법인의 대표자'에는 그 명칭이나 직위 여하, 또는 대표자로 등기되었는지 여부를 불문하고 당해 법인을 실질적으로 운영하면서 법인을 사실상 대표하여 법인의 사무를 집행하는 사람을 포함한다고 해석함이 상당하다. 구체적인 사안에서 이러한 사람에 해당하는지는 법인과의 관계에서 그 지위와 역할, 법인의 사무집행절차와 방법, 대내적·대외적 명칭을 비롯하여 법인 내부자와 거래상대방에게 법인의 대표행위로 인식되는지 여부, 공부상 대표자와의 관계 및 공부상 대표자가 법인의 사무를 집행하는지 여부 등 제반 사정을 종합적으로 고려하여 판단하여야 한다. 그리고 이러한 법리는 주택조합과 같은 비법인사단에도 마찬가지로 적용된다(대판 2008다15438). → 최순실 사례

오답해설

① 제555조는 서면에 의한 증여(출연)의 해제를 제한하고 있으나, 그 해제는 민법 총칙상의 취소와는 요건과 효과가 다르므로 서면에 의한 출연이더라도 민법 총칙규정에 따라 출연자가 착오에 기한 의사표시라는 이유로 출연의 의사표시를 취소할 수 있고, 상대방 없는 단독행위인 재단법인에 대한 출연행위라고 하여 달리 볼 것은 아니다(대판 98다9045).

② 법인이 성립한 때로부터 법인의 재산이 된다(제48조 제1항).

④ 법인의 대표기관은 타인에게 포괄적으로 대리권을 수여할 수는 없다(대판 87다카2407).

⑤ 청산종결등기가 경료된 경우에도 청산사무가 종료되지 않는 한 법인은 소멸하지 않는다(대판 79다2036).

정답 **01** ④ **02** ③ **03** ③

04 민법상 법인에 관한 설명으로 옳은 것은? (다툼이 있으면 판례에 따름) ▶ 공인노무사 20년

① 사단법인 정관의 법적 성질은 자치법규이다.

② 청산종결등기가 행해졌다면 청산사무가 아직 남아있다 하더라도 그 법인의 권리능력은 소멸된다.

③ 대표이사의 불법행위가 법인의 불법행위로 되는 경우에 대표이사는 자기의 불법행위책임을 면한다.

④ 법인의 대표권을 가진 자가 하는 법률행위는 성립상 효과만 법인에게 귀속할 뿐 그 위반의 효과인 채무불이행책임까지 법인에게 귀속하는 것은 아니다.

⑤ 사단법인 사원의 지위는 정관에 의하여도 상속할 수 없다.

> **해설** ① 정관은 계약이 아니라 자치법규이다(대판 99다12437).
>
> **오답해설**
> ② 청산종결등기가 경료된 경우에도 청산사무가 종료되지 않는 한 법인은 소멸하지 않는다(대판 79다2036).
> ③ 대표이사도 불법행위책임을 진다(제35조 제1항 제2문).
> ④ 적법한 대표권을 가진 자와 맺은 법률행위의 효과는 대표자 개인이 아니라 본인인 법인에 귀속하고, 마찬가지로 그러한 법률행위상의 의무를 위반하여 발생한 채무불이행으로 인한 손해배상책임도 대표기관 개인이 아닌 법인만이 책임의 귀속주체가 되는 것이 원칙이다(대판 2017다53265).
> ⑤ 사원의 지위는 원칙적으로 양도 또는 상속될 수 없으나(제56조), 이는 강행규정이 아니므로 정관에 규정이 있으면 양도나 상속이 가능하다(대판 91다26850).

05 민법상 법인에 관한 설명으로 옳지 않은 것은? ▶ 공인노무사 18년

① 법인은 이사를 두어야 한다.

② 사단법인의 사원의 지위는 양도 또는 상속이 될 수 없다.

③ 법인은 정관 또는 총회의 결의로 감사를 둘 수 있다.

④ 주무관청은 이해관계인의 청구에 의하여 임시이사를 선임할 수 있다.

⑤ 이사의 대표권에 대한 제한은 등기하지 않으면 제3자에게 대항하지 못한다.

> **해설** ④ 임시이사는 법원이 선임한다(제63조).
>
> **오답해설**
> ① 제57조
> ② 제56조
> ③ 제66조
> ⑤ 제60조

06 민법상 법인에 관한 설명으로 옳지 않은 것은? (다툼이 있으면 판례에 따름) ▸ 공인노무사 16년

① 비법인사단의 대표자가 직무에 관하여 타인에게 손해를 가한 경우, 그 비법인사단은 그 손해를 배상하여야 한다.

② 대표권이 없는 이사는 법인의 대표기관이 아니기 때문에 그의 행위로 인하여 법인의 불법행위가 성립하지 않는다.

③ 법인의 대표이사가 그 대표권의 범위 내에서 한 행위는 자기의 이익을 도모할 목적으로 그 권한을 남용한 것이라 할지라도, 특별한 사정이 없는 한, 법인의 행위로서 유효하다.

④ 정관에 다른 규정이 없는 경우, 법인은 정당한 이유 없이도 이사를 언제든지 해임할 수 있다.

⑤ 후임이사가 유효하게 선임되었다고 하더라도 그 선임의 효력을 둘러싼 다툼이 있다면, 그 다툼이 해결되기 전까지는 구(舊) 이사만이 직무수행권을 가진다.

> **해설** ⑤ 후임 이사가 유효히 선임되었는데도 그 선임의 효력을 둘러싼 다툼이 있다고 하여 그 다툼이 해결되기 전까지는 후임 이사에게는 직무수행권한이 없고 임기가 만료된 구 이사만이 직무수행권한을 가진다고 할 수는 없다(대판 2005도8875).

> **오답해설**
> ① 제35조 제1항
> ② 민법 제35조에서 말하는 '이사 기타 대표자'는 법인의 대표기관을 의미하는 것이고 대표권이 없는 이사는 법인의 기관이기는 하지만 대표기관은 아니기 때문에 그들의 행위로 인하여 법인의 불법행위가 성립하지 않는다(대판 2003다30159).
> ③ 대표권 남용(대판 2003다34045)
> ④ 법인과 이사의 법률관계는 신뢰를 기초로 한 위임 유사의 관계이고, 위임계약은 원래 해지의 자유가 인정되어 쌍방 누구나 정당한 이유 없이도 언제든지 해지할 수 있으며, 다만 불리한 시기에 부득이한 사유 없이 해지한 경우에 한하여 상대방에게 그로 인한 손해배상책임을 질 뿐이다(대결 2013마1801).

07 사원총회에 관한 설명으로 옳은 것은? ▸ 공인노무사 16년

① 사원총회는 사단법인 및 재단법인의 필수기관이다.

② 정관에 다른 규정이 없는 경우, 사원은 서면이나 대리인으로 결의권을 행사할 수 있다.

③ 사원총회는 소집통지에 의해 통지한 사항에 대해서만 결의할 수 있으나, 총회의 결의로 이와 달리 정할 수 있다.

④ 사원총회를 소집하려고 하는 경우, 1주간 전에 그 회의의 목적사항을 기재한 통지가 도달하여야 한다.

⑤ 임시총회의 소집을 요구할 수 있는 사원의 수는 정관으로 증감할 수 없다.

정답 04 ① 05 ④ 06 ⑤ 07 ②

해설 ② 제73조 제2항

오답해설
① 재단법인은 본질상 사원총회가 있을 수 없다.
③ 총회결의가 아니라 정관에 다른 규정이 있는 때에는 그 규정에 의한다(제72조).
④ 도달이 아니라 발송되어야 한다(제71조).
⑤ 정관으로 증감할 수 있다(제70조 제2항).

08 민법상 법인에 관한 설명으로 옳지 않은 것은? (다툼이 있으면 판례에 따름) ▸공인노무사 25년

① 정관의 규범적 의미 내용과는 다른 해석이 사원총회의 결의에 의하여 표명된 경우, 그 결의에 의한 해석은 법원을 구속하지 않는다.
② 정관에 이사의 해임사유에 관한 규정이 있는 경우, 법인은 특별한 사정이 없는 한 정관에서 정하지 아니한 사유로 이사를 해임할 수 없다.
③ 청산 중인 법인의 청산인은 채권신고기간 내에 채권자에 대한 변제를 할 수 없으므로 법인은 그 기간 동안 채권자에 대한 지체책임을 면한다.
④ 채권신고기간 내에 채권신고를 하지 아니한 채권자라도 청산인이 알고 있는 채권자는 청산으로부터 제외되지 않는다.
⑤ 민법상의 청산절차에 관한 규정에 반하는 잔여재산의 처분행위는 특별한 사정이 없는 한 무효이다.

해설 ③ 제90조(채권신고기간 내의 변제금지) 청산인은 제88조 제1항의 채권신고기간 내에는 채권자에 대하여 변제하지 못한다. 그러나 법인은 채권자에 대한 지연손해배상의 의무를 면하지 못한다.

오답해설
① 사단법인의 정관의 법적 성질은 계약이 아니라 자치법규로 보는 것이 타당하므로, 어느 시점의 사단법인의 사원들이 정관의 규범적인 의미 내용과 다른 해석을 사원총회의 결의라는 방법으로 표명하였다 하더라도 그 결의에 의한 해석은 그 사단법인의 구성원인 사원들이나 법원을 구속하는 효력이 없다(대판 99다12437).
② 법인의 정관에 이사의 해임사유에 관한 규정이 있는 경우 법인으로서는 이사의 중대한 의무위반 또는 정상적인 사무집행 불능 등의 특별한 사정이 없는 이상, 정관에서 정하지 아니한 사유로 이사를 해임할 수 없다(대판 2011다41741).
④ 제89조
⑤ 민법상의 청산절차에 관한 규정은 모두 제3자의 이해관계에 중대한 영향을 미치기 때문에 이른바 강행규정이라고 해석되므로 이에 반하는 잔여재산의 처분행위는 특단의 사정이 없는 한 무효라고 보아야 한다(대판 94다13473).

09 민법상 사단법인 A를 대표할 권한이 있는 3인의 이사 甲, 乙, 丙에 관한 설명으로 옳지 않은 것은? (다툼이 있으면 판례에 따름)   ▶ 공인노무사 25년

① 정관에 다른 규정이 없는 경우, 甲은 특별한 사정이 없는 한 단독으로 이사회를 소집할 수 있다.

② 甲은 정관 또는 총회의 결의로 금지하지 아니한 사항에 한하여 A를 위한 특정한 행위를 제3자에게 대리하게 할 수 있다.

③ 정관에 사임의 효력발생시기에 관한 규정이 있는 경우, 乙이 사임의 의사표시를 하였더라도 정관에 따라 사임의 효력이 발생하기 전에는 철회할 수 있다.

④ 丙의 주소가 변경된 경우에는 3주간 내에 변경등기를 하여야 한다.

⑤ 정관에 甲, 乙, 丙 3인이 공동으로 대표행위를 하도록 규정되어 있는 경우, 이를 등기하지 않으면 A는 제3자에게 대항할 수 없다.

해설 ① 이사가 수인인 경우에는 정관에 다른 규정이 없으면 법인의 사무집행은 이사의 과반수로써 결정하므로(제58조 제2항), 甲은 단독으로 이사회를 소집할 수 없다.

오답해설
② 제62조. 즉 포괄적인 대리권 수여는 인정되지 않는다(대판 87다카2407).
③ 대판 2004다10909
④ 제49조 제2항 제8호
⑤ 제60조

10 권리능력 없는 사단 A와 그 대표자 甲에 관한 설명으로 옳지 않은 것은? (다툼이 있으면 판례에 따름)   ▶ 공인노무사 24년

① 甲이 외형상 직무에 관한 행위로 乙에게 손해를 가한 경우, 甲의 행위가 직무범위에 포함되지 아니함을 乙이 중대한 과실로 알지 못하였더라도 A는 乙에게 손해배상책임을 진다.

② 甲의 대표권에 관하여 정관에 제한이 있는 경우, 그러한 제한을 위반한 甲의 대표행위에 대하여 상대방 乙이 대표권 제한 사실을 알았다면 甲의 대표행위는 A에게 효력이 없다.

③ 甲이 丙을 대리인으로 선임하여 A와 관련된 제반 업무처리를 포괄적으로 위임한 경우, 丙이 행한 대행행위는 A에 대하여 효력이 미치지 않는다.

④ 甲이 자격을 상실하여 법원이 임시이사 丁을 선임한 경우, 丁은 원칙적으로 정식이사와 동일한 권한을 가진다.

⑤ A의 사원총회 결의는 법률 또는 정관에 다른 규정이 없으면 사원 과반수의 출석과 출석사원 의결권의 과반수로써 한다.

해설 ① 대표기관의 직무에 관한 행위라면 대표기관이 자신이나 제3자의 이익을 위해 권한을 남용한 경우에도 법인의 불법행위가 성립한다. 다만 상대방이 대표권 남용 사실을 알았거나 중대한 과실로 알지 못한 경우에는 법인의 불법행위가 성립하지 않는다(대판 2002다27088).

오답해설

② 비법인사단의 경우에는 대표자의 대표권 제한에 관하여 등기할 방법이 없어 민법 제60조의 규정을 준용할 수 없으므로 그 거래 상대방이 그와 같은 대표권 제한 사실을 알았거나 알 수 있었을 경우가 아니라면 그 거래행위는 유효하다(대판 2002다64780).

③ 비법인사단의 대표자가 행한 타인에 대한 업무의 포괄적 위임과 그에 따른 포괄적 수임인의 대행행위는 민법 제62조를 위반한 것이어서 비법인사단에 대하여 그 효력이 미치지 않는다(대판 2008다15438).

④ 임시이사의 선임에 관한 민법 제63조는 법인 아닌 사단이나 재단에도 유추 적용할 수 있다(대결 전합 2008마699).

⑤ 사단법인에 대한 규정 중 법인격을 전제로 하는 규정(설립등기)을 제외한 나머지 규정은 원칙적으로 비법인사단에도 유추적용된다(대판 94다18522).

11 법인 아닌 사단에 관한 설명으로 옳지 않은 것은? (다툼이 있으면 판례에 따름)

▶ 공인노무사 21년

① 이사에 결원이 생겨 손해가 생길 염려가 있는 경우, 임시이사의 선임에 관한 민법 제63조가 유추적용될 수 있다.

② 법인 아닌 사단이 그 명의로 총유재산에 관한 소송을 제기할 때에는 특별한 사정이 없는 한 사원총회의 결의를 거쳐야 한다.

③ 대표자로부터 사단의 제반 업무처리를 포괄적으로 위임 받은 자의 대행행위의 효력은 원칙적으로 법인 아닌 사단에 미친다.

④ 대표자가 정관에 규정된 대표권 제한을 위반하여 법률행위를 한 경우, 그 상대방이 대표권 제한 사실을 알았거나 알 수 있었을 경우가 아니라면 그 법률행위는 유효하다.

⑤ 사원이 존재하지 않게 된 경우, 법인 아닌 사단은 청산사무가 완료될 때까지 청산의 목적 범위 내에서 권리의무의 주체가 된다.

해설 ③ 비법인사단 대표자가 행한 타인에 대한 업무의 포괄적 위임과 그에 따른 포괄적 수임인의 대행행위는 민법 제62조를 위반한 것이어서 비법인사단에 대하여 그 효력이 미치지 않는다(대판 2008다15438).

오답해설

① 사단법인에 관한 규정 가운데서 법인격을 전제로 하는 규정(대표권 제한)을 제외하고는 모두 비법인사단에 준용된다. 따라서 임시이사의 선임에 관한 규정도 유추적용된다(대결 전합 2008마699).

② 총유물의 관리 및 처분은 사원총회의 결의에 의한다(제276조 제1항).

④ 비법인사단의 경우에는 대표자의 대표권 제한에 관하여 등기할 방법이 없어 민법 제60조의 규정을 준용할 수 없고, 비법인사단의 대표자가 정관에서 사원총회의 결의를 거쳐야 하도록 규정한 대외적 거래행위에 관하여 이를 거치지 아니한 경우라도, 이와 같은 사원총회 결의사항은 비법인사단의 내부적 의사결정에 불과하다 할 것이므로, 그 거래 상대방이 그와 같은 대표권 제한 사실을 알았거나 알 수 있었을 경우가 아니라면 그 거래행위는 유효하다고 봄이 상당하다(대판 2002다64780).

⑤ 대판 98다18414

12 비법인사단에 관한 설명으로 옳지 않은 것은? (다툼이 있으면 판례에 따름) ▸공인노무사 20년

① 비법인사단의 대표자로부터 포괄적 위임을 받은 수임인의 대행행위는 비법인사단에 효력을 미치지 않는다.

② 비법인사단 대표자의 대표권이 정관으로 제한된 경우, 비법인사단은 그 등기가 없더라도 그 거래상대방이 악의라면 이로써 대항할 수 있다.

③ 법인의 불법행위책임에 관한 민법 제35조 제1항은 비법인사단에 유추적용된다.

④ 비법인사단의 구성원들이 집단으로 탈퇴하면 2개의 비법인사단으로 분열되고, 이때 각 비법인사단은 종전의 재산을 구성원 수의 비율로 총유한다.

⑤ 사원총회 결의를 거치지 않아 무효가 되는 비법인사단 대표자의 총유물 처분행위에 대해서는 '권한을 넘은 표현대리'의 법리가 적용되지 않는다.

해설 ④ 비법인사단, 특히 교회의 분열은 인정되지 않고, 종전의 재산은 잔존교인들의 총유가 되는 것이 원칙이다. 다만 3분의 2 이상의 찬성을 얻어 탈퇴한 때에는 탈퇴교인들의 총유가 된다(대판 전합 2004다37775).

오답해설

① 비법인사단 대표자가 행한 타인에 대한 업무의 포괄적 위임과 그에 따른 포괄적 수임인의 대행행위는 민법 제62조를 위반한 것이어서 비법인사단에 대하여 그 효력이 미치지 않는다(대판 2008다15438).

② 비법인사단의 경우에는 대표자의 대표권 제한에 관하여 등기할 방법이 없어 민법 제60조의 규정을 준용할 수 없고, 비법인사단의 대표자가 정관에서 사원총회의 결의를 거쳐야 하도록 규정한 대외적 거래행위에 관하여 이를 거치지 아니한 경우라도, 이와 같은 사원총회 결의사항은 비법인사단의 내부적 의사결정에 불과하다 할 것이므로, 그 거래 상대방이 그와 같은 대표권 제한 사실을 알았거나 알 수 있었을 경우가 아니라면 그 거래행위는 유효하다고 봄이 상당하다(대판 2002다64780).

③ 대판 2008다15438

⑤ 강행규정 위반이므로 표현대리가 성립하지 않는다(대판 2006다23312).

13 법인 아닌 사단에 관한 설명으로 옳은 것은? (다툼이 있으면 판례에 따름) ▶ 공인노무사 19년

① 성년의 남자만이 종중의 구성원이 될 수 있다.

② 법인 아닌 사단의 대표가 총회 결의 없이 법인 아닌 사단의 이름으로 제3자의 금전채무를 보증한 경우, 특별한 사정이 없는 한 법인 아닌 사단은 보증채무를 부담하지 않는다.

③ 종중재산의 분배에 관한 종중총회의 결의 내용이 자율적으로 결정되었다고 하더라도 종원의 고유하고 기본적인 권리의 본질적인 내용을 침해하는 경우, 그 결의는 무효이다.

④ 법인 아닌 사단의 대표자의 직무상 불법행위에 대하여는 법인의 불법행위능력에 관한 민법 제35조 제1항이 적용되지 않는다.

⑤ 교인들이 집단적으로 교회를 탈퇴한 경우, 법인 아닌 사단인 교회가 2개로 분열되고, 분열되기 전 교회의 재산은 분열된 각 교회의 구성원들에게 각각 총유적으로 귀속된다.

■해설 ③ 대판 2007다74775

오답해설
① 성별의 구별 없이 성년이 되면 남녀 모두 종중의 구성원이 된다(대판 전합 2002다1178).
② 금전채무의 보증은 총유물의 관리 및 처분행위에 해당하지 않으므로 사원총회 결의 없이 대표자가 보증계약을 하였다고 하여 무효라고 할 수는 없다(대판 전합 2004다60072). 즉 비법인 사단은 보증채무를 부담한다.
④ 법인의 불법행위책임에 관한 제35조는 비법인사단에도 유추적용된다(대판 2008다15438).
⑤ 비법인사단, 특히 교회의 분열은 인정되지 않고, 종전의 재산은 잔존교인들의 총유가 되는 것이 원칙이다. 다만 3분의 2 이상의 찬성을 얻어 탈퇴한 때에는 탈퇴교인들의 총유가 된다(대판 전합 2004다37775).

정답 ▶ **13 ③**

Chapter 03 권리의 객체

01 주물과 종물에 관한 설명으로 옳은 것은? (다툼이 있으면 판례에 따름) ▸공인노무사 24년

① 부동산은 종물이 될 수 없다.
② 종물은 주물의 구성부분이 아닌 독립한 물건이어야 한다.
③ 종물을 주물의 처분에서 제외하는 당사자의 특약은 무효이다.
④ 주물의 효용과 직접 관계가 없는 물건도 주물의 소유자나 이용자의 상용에 공여되는 물건이면 종물이 된다.
⑤ 물건과 물건 상호 간의 관계에 관한 주물과 종물의 법리는 권리와 권리 상호 간의 관계에는 유추적용될 수 없다.

해설 ② 제100조 제2항

오답해설
① 동산은 물론 부동산도 종물이 될 수 있다(대판 91다2779).
③ 종물은 주물의 처분에 따른다는 제100조 제2항은 임의규정이다. 따라서 주물의 처분에서 종물을 제외하는 특약은 유효하다(대판 2009다76546).
④ 주물 그 자체의 효용과는 직접 관계없는 물건은 종물이 아니다(대판 84다카269).
⑤ 종물과 주물의 관계에 관한 법리는 물건 상호 간의 관계뿐 아니라 권리 상호 간에도 적용된다(대판 2006다29020).

02 권리의 객체에 관한 설명으로 옳은 것을 모두 고른 것은? (다툼이 있으면 판례에 따름)
▸공인노무사 23년

> ㄱ. 주물과 종물은 원칙적으로 동일한 소유자에게 속하여야 한다.
> ㄴ. 분묘에 안치되어 있는 피상속인의 유골은 제사주재자에게 승계된다.
> ㄷ. 부동산 매수인이 매매대금을 완제한 후, 그 부동산이 인도되지 않은 상태에서 그로부터 발생한 과실은 특별한 사정이 없는 한 매도인에게 귀속된다.

① ㄱ
② ㄱ, ㄴ
③ ㄱ, ㄷ
④ ㄴ, ㄷ
⑤ ㄱ, ㄴ, ㄷ

정답 01 ② 02 ②

해설 ㄱ. (○) 제100조 제1항

ㄴ. (○) 대판 2007다27670

오답해설

ㄷ. (×) 매매계약이 있은 후에도 인도하지 아니한 목적물로부터 생긴 과실은 매도인에게 속하나 (제587조), 매수인이 대금을 완제한 경우에는 매수인에게 귀속한다(대판 93다28928).

---

03 물건에 관한 설명으로 옳지 않은 것은? (다툼이 있으면 판례에 따름) ▶ 공인노무사 22년 변형

① 특정이 가능하다면 증감·변동하는 유동집합물도 하나의 물건으로 다루어질 수 있다.

② 타인의 토지에 권원 없이 자신의 수목을 식재한 자가 이를 부단히 관리하고 있다면 그 수목은 토지에 부합하지 않는다.

③ 명인방법을 갖춘 수목은 독립하여 거래의 객체가 될 수 있다.

④ 주물·종물 관계는 특별한 사정이 없는 한 동일인 소유의 물건 사이에서 인정된다.

⑤ 주물·종물 법리는 타인 소유 토지 위에 존재하는 건물의 소유권과 그 건물의 부지에 관한 건물소유자의 토지임차권 사이에도 유추적용될 수 있다.

해설 ② 타인의 토지에 권원 없이 식재한 수목은 토지에 부합한다(대판 68다1995).

오답해설

① 뱀장어 판례(대판 88다카20224)

③ 대결 98마1817

④ 제100조 제1항

⑤ 대판 2006다29020

---

04 물건에 관한 설명으로 옳지 않은 것은? (다툼이 있으면 판례에 따름) ▶ 공인노무사 21년 변형

① 주물 소유자의 사용에 공여되고 있더라도 주물 그 자체의 효용과 직접 관계가 없는 물건은 종물이 아니다.

② 주물과 종물에 관한 민법 제100조 제2항의 법리는 압류와 같은 공법상 처분에는 적용되지 않는다.

③ 당사자는 주물을 처분할 때에 특약으로 종물을 제외하거나 종물만 별도로 처분할 수 있다.

④ 노동의 대가인 임금은 법정과실이 아니다.

⑤ 매매목적물이 인도되지 않았고 매수인도 대금을 완제하지 않은 경우, 특별한 사정이 없는 한 매도인의 이행지체가 있더라도 매매목적물로부터 발생하는 과실은 매도인에게 귀속된다.

해설 ② 주물과 종물에 관한 민법 제100조 제2항의 법리는 압류와 같은 공법상 처분에도 적용된다(대판 2006다29020).

오답해설

③ 임의규정(대판 2009다76546)

④ 물건의 사용대가가 법정과실이므로(제101조 제2항), 임금은 법정과실이 아니다.

⑤ 대금이 완제되지 않는 한 매도인의 이행지체가 있거나(대판 2004다8210) 매수인에게 소유권이 전등기가 경료된 경우(대판 91다32571)에도 인도하지 아니한 목적물로부터 생긴 과실은 매도인에게 속한다.

05 물건에 관한 설명으로 옳지 않은 것은? (다툼이 있으면 판례에 따름) ▸ 공인노무사 20년 변형

① 어떤 권리를 다른 권리에 대하여 종된 권리라고 할 수 있으려면 종물과 마찬가지로 다른 권리의 경제적 효용에 이바지하는 관계에 있어야 한다.

② 주물을 처분할 때 당사자 간의 특약으로 종물만을 별도로 처분할 수도 있다.

③ 국립공원의 입장료는 법정과실에 해당한다.

④ 관리할 수 있는 자연력은 동산이다.

⑤ 명인방법을 갖춘 수목의 경우 토지와 독립된 물건으로서 거래의 객체가 된다.

해설 ③ 국립공원의 입장료는 토지의 사용대가가 아니므로 민법상의 과실이 아니다(대판 2000다27749).

오답해설

② 임의규정(대판 2009다76546)

④ 관리할 수 있는 자연력도 물건이고(제98조), 토지 및 그 정착물이 아니면 동산이므로(제99조) 관리할 수 있는 자연력도 동산이다.

⑤ 대결 98마1817

06 물건에 관한 설명으로 옳은 것은? (다툼이 있으면 판례에 따름) ▸ 공인노무사 19년 변형

① 사람의 유체·유골은 매장·관리·제사·공양의 대상이 될 수 있는 유체물로서 그 장자에게 승계된다.

② 주물과 종물의 관계에 대한 법리는 특별한 사정이 없는 한 권리 상호간의 관계에도 미친다.

③ 천연과실은 수취할 권리의 존속기간 일수의 비율로 취득한다.

④ 주유소 지하에 콘크리트를 타설하여 매설한 유류저장탱크는 토지의 종물이다.

⑤ 수목의 집단이 관계법규에 따라 등기된 경우에도 특별한 사정이 없는 한 토지소유권을 취득한 자는 입목의 소유권도 취득한다.

정답 03 ② 04 ② 05 ③ 06 ②

해설 ② 대판 2006다29020

오답해설
① 제사주재자에게 승계된다(대판 2007다27670).
③ 천연과실은 원물로부터 분리하는 때에 이를 수취할 권리자에게 속한다(제102조 제1항).
④ 종물은 독립된 물건이어야 하는데 유류저장탱크는 독립성이 없으므로 종물이 아니라 부합물이다(대판 94다6345).
⑤ 입목등기된 입목은 토지와 별개의 부동산이므로 토지소유권을 취득하였다고 하여 입목의 소유권까지 취득하는 것은 아니다.

07 물건에 관한 설명으로 옳지 않은 것은? (다툼이 있으면 판례에 따름) ▶ 공인노무사 17년 변형
① 부동산 외의 물건은 모두 동산이다.
② 임대료는 법정과실에 해당한다.
③ 종물은 주물의 구성부분이 아닌 독립한 물건이어야 한다.
④ 부동산은 주물뿐만 아니라 종물도 될 수 있다.
⑤ 주유소의 주유기는 부합물이다.

해설 ⑤ 주유기는 종물이다(대판 94다6345).

오답해설
① 제99조 제2항
② 물건의 사용대가이므로 법정과실에 해당한다(제101조 제2항).
③ 종물도 독립된 물건이어야 한다.
④ 대판 91다2779

08 권리의 객체에 관한 설명으로 옳은 것은? (다툼이 있으면 판례에 따름) ▶ 공인노무사 25년
① 건물의 개수는 공부상의 등록에 의하여 객관적으로 결정되고, 소유자의 의사 등 주관적 사정을 참작하여 결정될 수 없다.
② 피상속인이 유언으로 자신의 유체(遺體)를 처분한 경우, 제사주재자는 이에 따라야 할 법적 의무를 부담한다.
③ 주물·종물 법리는 압류와 같은 공법상 처분에는 적용되지 않는다.
④ 주물·종물 법리는 권리 상호 간에도 유추적용되므로 원본채권이 양도되면 이미 변제기에 도달한 이자채권도 원칙적으로 함께 양도된다.
⑤ 매매목적물이 인도되지 않고 매수인이 대금을 완제하지 아니한 경우, 특별한 사정이 없는 한 매도인의 이행지체가 있더라도 매매목적물로부터 생긴 과실은 매도인에게 귀속된다.

해설 ⑤ 매매목적물이 인도되지 아니하더라도 매수인이 대금을 완제한 때에는 그 시점 이후의 과실은 매수인에게 귀속되지만, 매매목적물이 인도되지 아니하고 또한 매수인이 대금을 완제하지 아니한 때에는 매도인의 이행지체가 있더라도 과실은 매도인에게 귀속되는 것이다(대판 2004다8210).

오답해설

① 건물의 개수는 토지와 달리 공부상의 등록에 의하여 결정되는 것이 아니라 사회통념 또는 거래관념에 따라 물리적 구조, 거래 또는 이용의 목적물로서 관찰한 건물의 상태 등 객관적 사정과 건축한 자 또는 소유자의 의사 등 주관적 사정을 참작하여 결정되는 것이다(대판 96다36517).

② 피상속인이 생전행위 또는 유언으로 자신의 유체·유골을 처분하거나 매장장소를 지정한 경우에, 선량한 풍속 기타 사회질서에 반하지 않는 이상 그 의사는 존중되어야 하고 이는 제사주재자로서도 마찬가지이지만, 피상속인의 의사를 존중해야 하는 의무는 도의적인 것에 그치고, 제사주재자가 무조건 이에 구속되어야 하는 법률적 의무까지 부담한다고 볼 수는 없다(대판[전합] 2007다27670).

③ 민법 제100조 제2항의 종물과 주물의 관계에 관한 법리는 물건 상호 간의 관계뿐 아니라 권리 상호 간에도 적용되고, 위 규정에서의 처분은 처분행위에 의한 권리변동뿐 아니라 주물의 권리관계가 압류와 같은 공법상의 처분 등에 의하여 생긴 경우에도 적용되어야 한다(대판 2006다29020).

④ 이자채권은 원본채권에 대하여 종속성을 갖고 있으나 이미 변제기에 도달한 이자채권은 원본채권과 분리하여 양도할 수 있고 원본채권과 별도로 변제할 수 있으며 시효로 인하여 소멸되기도 하는 등 어느 정도 독립성을 갖게 되는 것이므로, 원본채권이 양도된 경우 이미 변제기에 도달한 이자채권은 원본채권의 양도 당시 그 이자채권도 양도한다는 의사표시가 없는 한 당연히 양도되지는 않는다(대판 88다카12803).

Chapter 04 권리의 변동

Section 01 법률행위

01 법률행위에 관한 설명으로 옳지 않은 것은?

▶ 공인노무사 24년

① 보증계약은 요식행위이다.
② 증여계약은 낙성계약이다.
③ 채무면제는 처분행위이다.
④ 유언은 생전행위이다.
⑤ 상계는 상대방 있는 단독행위이다.

해설 ④ 유언은 사후(사인)행위이다.

오답해설
① 제428조의2 제1항
② 증여는 낙성·불요식의 편무·무상계약이다.
③ 채권양도나 채무면제는 처분행위(준물권행위)이다.
⑤ 상대방 있는 단독행위 : 동의, 채무면제, 해지, 해제, 상계, 추인, 취소, 철회 등(곰이 동면을 해제
(해지)하면 상추나 취나물 철이다)

02 반사회질서의 법률행위에 관한 설명으로 옳지 않은 것은? (다툼이 있으면 판례에 따름)

▶ 공인노무사 22년

① 과도한 위약벌 약정은 법원의 직권감액이 가능하므로 선량한 풍속 기타 사회질서에 반할
여지가 없다.
② 부동산 매매계약에서 계약금을 수수한 후 당사자가 매매계약의 이행에 착수하기 전에
제3자가 매도인을 적극 유인하여 해당 부동산을 매수하였다면 매도인과 제3자 사이의
그 매매계약은 반사회질서의 법률행위가 아니다.
③ 보험사고를 가장하여 보험금을 부정취득할 목적으로 체결된 다수의 생명보험계약은 그
목적에 대한 보험자의 인식 여부를 불문하고 무효이다.
④ 부첩(夫妾)관계의 종료를 해제조건으로 하는 증여계약은 반사회질서의 법률행위로서 무
효이다.
⑤ 선량한 풍속 기타 사회질서에 반하는 법률행위의 무효는 그 법률행위를 기초로 하여 새
로운 이해관계를 맺은 선의의 제3자에 대해서도 주장할 수 있다.

해설 ① 과도한 위약벌의 약정은 반사회질서 법률행위로 무효이다(대판 92다46905).

오답해설
② 계약금만 수수한 상태에서는 이중매매의 법리가 적용되지 않는다.
③ 대판 99다49064
④ 즉 조건만이 무효가 되는 것이 아니라 법률행위 전부가 무효이다(대판 66다530).
⑤ 반사회질서 법률행위와 불공정한 법률행위는 절대적 무효이므로 선의의 제3자도 보호되지 않는다.

03 민법 제103조의 반사회적 법률행위에 해당하여 무효인 것을 모두 고른 것은? (다툼이 있으면 판례에 따름)

▶ 공인노무사 19년

ㄱ. 뇌물로 받은 금전을 소극적으로 은닉하기 위하여 이를 임치하는 약정
ㄴ. 강제집행을 면할 목적으로 허위의 근저당권을 설정하는 행위
ㄷ. 도박자금에 제공할 목적으로 금전을 대여하는 행위
ㄹ. 해외파견 후 귀국일로부터 상당기간 동안 소속회사에서 근무하지 않으면 해외파견 소요경비를 배상한다는 사규나 약정

① ㄱ
② ㄷ
③ ㄱ, ㄴ
④ ㄴ, ㄷ
⑤ ㄷ, ㄹ

해설 ㄷ. (○) 도박은 지나치게 사행적인 행위로 무효이다.

오답해설
ㄱ. (×) 비자금(뇌물)을 단순히 임치하는 계약은 반사회질서 법률행위가 아니다(대판 2000다49343).
ㄴ. (×) 강제집행을 면할 목적으로 허위의 근저당권을 설정하는 행위는 통정허위표시로 무효일 뿐 반사회질서 법률행위에는 해당하지 않는다(대판 2003다70041).
ㄹ. (×) 해외파견 후 귀국일로부터 상당기간 동안 소속회사에서 근무하지 않으면 해외파견 소요경비를 배상한다는 사규나 약정은 반사회질서 법률행위에 해당하지 않는다(대판 82다카90).

04 불공정한 법률행위에 관한 설명으로 옳지 않은 것은? (다툼이 있으면 판례에 따름)

▶ 공인노무사 25년

① 무경험은 거래일반에 대한 경험부족이 아니라 어느 특정영역에서의 경험부족을 의미한다.

② 어떠한 법률행위가 불공정한 법률행위에 해당하는지는 법률행위 당시를 기준으로 판단하여야 한다.

③ 급부와 반대급부 사이의 현저한 불균형은 당사자의 주관적 가치가 아닌 거래상의 객관적 가치에 의하여 결정된다.

④ 불공정한 법률행위의 무효는 원칙적으로 추인에 의해 유효로 될 수 없다.

⑤ 매매계약이 불공정한 법률행위에 해당하여 무효인 경우, 특별한 사정이 없는 한 그 계약에 관한 부제소합의도 무효이다.

> **해설** ① '무경험'이라 함은 일반적인 생활체험의 부족을 의미하는 것으로서 어느 특정영역에 있어서의 경험부족이 아니라 거래일반에 대한 경험부족을 뜻한다(대판 2002다38927).

> **오답해설**
> ② 대판[전합] 2013다26746
> ③ 대판 2009다50308
> ④ 대판 94다10900
> ⑤ 대판 2009다50308

05 불공정한 법률행위에 관한 설명으로 옳은 것을 모두 고른 것은? (다툼이 있으면 판례에 따름)

▶ 공인노무사 23년

ㄱ. 급부 상호 간에 현저한 불균형이 있는지의 여부는 법률행위 시를 기준으로 판단한다.
ㄴ. 무경험은 거래 일반에 관한 경험부족을 말하는 것이 아니라 특정영역에 있어서의 경험부족을 의미한다.
ㄷ. 불공정한 법률행위로서 무효인 법률행위는 원칙적으로 법정추인에 의하여 유효로 될 수 없다.
ㄹ. 대가관계 없는 일방적 급부행위에 대해서는 불공정한 법률행위에 관한 민법 제104조가 적용되지 않는다.

① ㄱ
② ㄴ, ㄷ
③ ㄴ, ㄹ
④ ㄱ, ㄷ, ㄹ
⑤ ㄱ, ㄴ, ㄷ, ㄹ

> **해설** ㄱ. (○) 대판 전합 2013다26746
> ㄷ. (○) 불공정한 법률행위는 절대적 무효이기 때문이다(대판 94다10900).

ㄹ. (○) 증여, 기부, 무상행위는 불균형을 비교할 수 없기 때문에 불공정한 법률행위규정이 적용될 여지가 없다(대판 96다49650).

오답해설

ㄴ. (×) 무경험이라 함은 일반적인 생활체험의 부족을 의미하는 것으로서 어느 특정영역에 있어서의 경험부족이 아니라 거래일반에 대한 경험부족을 뜻한다(대판 2002다38927).

06 불공정한 법률행위에 관한 설명으로 옳지 않은 것은? (다툼이 있으면 판례에 따름)

▶ 공인노무사 21년

① 법률행위가 대리인에 의해서 행해진 경우, 궁박 상태는 본인을 기준으로 판단하여야 한다.
② 불공정한 법률행위의 무효는 선의의 제3자에게 대항할 수 없다.
③ 불공정한 법률행위의 무효는 원칙적으로 추인에 의해 유효로 될 수 없다.
④ 경매절차에서 매각대금이 시가보다 현저히 저렴하더라도 불공정한 법률행위를 이유로 무효를 주장할 수 없다.
⑤ 매매계약이 불공정한 법률행위에 해당하여 무효인 경우, 특별한 사정이 없는 한 그 계약에 관한 부제소 합의도 무효가 된다.

해설 ②·③ 불공정한 법률행위는 절대적 무효이므로 선의의 제3자도 보호되지 않고, 추인도 인정되지 않는다(대판 94다10900).

오답해설

① 궁박은 본인을 기준으로, 경솔과 무경험은 대리인을 기준으로 판단한다(대판 2002다38917).
④ 경매는 '법률규정'이므로 불공정한 법률행위 규정이 적용되지 않는다(대결 80마77).
⑤ 대판 2009다50308

07 민법 제104조(불공정한 법률행위)에 관한 설명으로 옳은 것은? (다툼이 있으면 판례에 따름)

▶ 공인노무사 20년

① 증여계약은 민법 제104조에서의 공정성 여부를 논의할 수 있는 성질의 법률행위가 아니다.
② 급부와 반대급부가 현저히 균형을 잃은 경우에는 법률행위가 궁박, 경솔, 무경험으로 인해 이루어진 것으로 추정된다.
③ 대리인에 의하여 법률행위가 이루어진 경우 경솔과 무경험은 본인을 기준으로, 궁박은 대리인을 기준으로 판단한다.
④ 불공정한 법률행위의 성립요건인 궁박, 경솔, 무경험은 모두 구비되어야 한다.
⑤ 불공정한 법률행위로서 무효인 경우라도 당사자의 추인에 의하여 유효로 된다.

정답 04 ① 05 ④ 06 ② 07 ①

해설 ① 증여, 기부, 무상행위는 불균형을 비교할 수 없기 때문에 불공정한 법률행위규정이 적용될 여지가 없다(대판 96다49650).

오답해설
② 불공정한 법률행위를 주장하는 자는 스스로 궁박, 경솔, 무경험으로 인하였음을 증명하여야 하고, 그 법률행위가 현저하게 공정을 잃었다 하여 곧 그것이 경솔하게 이루어졌다고 추정하거나 궁박한 사정이 인정되는 것이 아니다(대판 69다594).
③ 궁박은 본인을 기준으로, 경솔과 무경험은 대리인을 기준으로 판단한다(대판 2002다38917).
④ 셋 중에 하나만 있으면 된다(대판 2002다38927).
⑤ 불공정한 법률행위는 절대적 무효이므로 추인이 인정되지 않는다(대판 94다10900).

08 민법 제104조의 불공정한 법률행위에 관한 설명으로 옳은 것은? (다툼이 있으면 판례에 따름)

▶ 공인노무사 18년

① '무경험'이란 일반적인 생활체험의 부족이 아니라 어느 특정영역에서의 경험부족을 의미한다.
② 급부와 반대급부 사이의 '현저한 불균형'은 당사자의 주관적 가치가 아닌 거래상 객관적 가치에 의하여 판단한다.
③ '궁박'에는 정신적 또는 심리적 원인에 기인한 것은 포함되지 않는다.
④ 불공정한 법률행위가 성립하기 위해서는 피해자에게 궁박, 경솔, 무경험 요건이 모두 구비되어야 한다.
⑤ 법률행위가 현저하게 공정을 잃은 경우, 그 행위는 궁박, 경솔, 무경험으로 이루어진 것으로 추정된다.

해설 ② 급부와 반대급부 사이의 '현저한 불균형'은 단순히 시가와의 차액 또는 시가와의 배율로 판단할 수 있는 것은 아니고 구체적 · 개별적 사안에 있어서 일반인의 사회통념에 따라 결정하여야 한다. 그 판단에 있어서는 피해 당사자의 궁박 · 경솔 · 무경험의 정도가 아울러 고려되어야 하고, 당사자의 주관적 가치가 아닌 거래상의 객관적 가치에 의하여야 한다(대판 2009다50308).

오답해설
① 무경험이라 함은 일반적인 생활체험의 부족을 의미하는 것으로서 어느 특정영역에 있어서의 경험부족이 아니라 거래일반에 대한 경험부족을 뜻한다(대판 2002다38927).
③ 궁박의 원인은 묻지 않는다. 즉 경제적, 정신적, 심리적 원인을 다 포함한다(대판 2002다38927).
④ 셋 중에 하나만 있으면 된다(대판 2002다38927).
⑤ 불공정한 법률행위를 주장하는 자는 스스로 궁박, 경솔, 무경험으로 인하였음을 증명하여야 하고, 그 법률행위가 현저하게 공정을 잃었다 하여 곧 그것이 경솔하게 이루어졌다고 추정하거나 궁박한 사정이 인정되는 것이 아니다(대판 69다594).

09 반사회질서 또는 불공정한 법률행위에 관한 설명으로 옳은 것은? (다툼이 있으면 판례에 따름)

▸ 공인노무사 17년

① 소송사건에 증인으로서 증언에 대한 대가를 약정하였다면 그 자체로 반사회질서행위로서 무효이다.

② 반사회질서 법률행위에 해당되는 매매계약을 원인으로 한 소유권이전등기명의자의 물권적 청구권 행사에 대하여 상대방은 법률행위의 무효를 주장할 수 없다.

③ 급부 간 현저한 불균형이 있더라도 폭리자가 피해 당사자 측의 사정을 알면서 이를 이용하려는 의사가 없다면 불공정한 법률행위가 아니다.

④ 경매 목적물이 시가에 비해 현저하게 낮은 가격으로 매각된 경우 불공정한 법률행위로 무효가 될 수 있다.

⑤ 민사사건에 관한 변호사의 성공보수약정은 선량한 풍속 기타 사회질서에 위배되어 무효이다.

해설 ③ 즉 표의자가 궁박 상태 등에 있음을 상대방이 인식하였다는 사정만으로는 불공정한 법률행위가 성립하지 않는다(대판 2013다40353).

오답해설

① 증언의 대가로 통상적으로 용인될 수 있는 정도를 초과하는 급부를 제공받기로 한 경우에 무효가 된다(대판 93다40522).

② 무효는 누구든지 주장할 수 있다.

④ 경매는 법률규정이므로 불공정한 법률행위 규정이 적용될 여지가 없다(대결 80마77).

⑤ 형사사건에서의 성공보수약정이 반사회질서 법률행위로 무효일 뿐 민사소송에서의 성공보수약정은 여전히 유효하다(대판 전합 2015다200111).

Section 02   의사표시

01 비진의표시에 관한 설명으로 옳지 않은 것은? (다툼이 있으면 판례에 따름) ▸ 공인노무사 20년

① 비진의표시에서 '진의'란 특정한 내용의 의사표시를 하고자 하는 표의자의 생각을 말하는 것이지 진정으로 마음속에서 바라는 사항을 뜻하는 것은 아니다.

② 법률상의 장애로 자기명의로 대출받을 수 없는 자를 위하여 대출금채무자로서 명의를 빌려진 자는 특별한 사정이 없는 한 채무부담의사를 가지지 않으므로 그가 행한 대출계약상의 의사표시는 비진의표시이다.

③ 재산을 강제로 뺏긴다는 인식을 하고 있는 자가 고지된 해악이 두려워 어쩔 수 없이 증여의 의사표시를 한 경우 이는 비진의표시라 할 수 없다.

④ 근로자가 회사의 경영방침에 따라 사직원을 제출하고 회사가 이를 받아들여 퇴직처리를 하였다가 즉시 재입사하는 형식으로 실질적 근로관계의 단절 없이 계속 근무하였다면 그 사직의 의사표시는 무효이다.

⑤ 비리공무원이 감사기관의 사직권고를 받고 사직의 의사표시를 하여 의원면직처분이 된 경우, 그 사표제출자의 내심에 사직할 의사가 없었더라도 그 사직의 의사표시는 효력이 발생한다.

> **해설** ② 명의대여자의 의사는 진의에 의한 의사표시이다. 따라서 상대방(금융기관)이 명의대여 사실을 알았다고 하더라도 명의대여자가 책임을 진다(대판 96다18182). 다만 상대방이 명의대여를 양해한 경우에는 통정허위표시로 무효이므로 명의대여자가 책임을 지지 않는다(대판 2001다11765).
>
> **오답해설**
> ① S전자 : 진의 ×, S전기 : 진의 ○
> ③ 비진의 의사표시에 있어서의 '진의'란 표의자가 진정으로 마음속으로 바라는 사항을 뜻하는 것은 아니기에, 잠재된 본심이 있었다 하여도 표의자가 증여의 의사표시를 한 이상 비진의표시라 할 수 없다(대판 2000다47361).
> ④ 비진의표시인데 회사가 그러한 사정을 알았으므로 무효이다(대판 87다카2578).
> ⑤ 사인의 공법행위에는 비진의표시 규정이 적용되지 않는다. 즉 공법행위는 표시된 대로 효력이 발생한다(대판 97누13962).

02 비진의 의사표시에 관한 설명으로 옳지 않은 것은? (다툼이 있으면 판례에 따름)

▸ 공인노무사 17년

① 근로자가 회사의 경영방침에 따라 사직원을 제출하고 퇴사 후 즉시 재입사하여 근로자가 그 퇴직 전후에 걸쳐 실질적인 근로관계의 단절이 없이 계속 근무하였다면 그 사직원 제출은 비진의 의사표시에 해당한다.

② 근로자가 희망퇴직의 권고를 받고 제반 사항 등을 종합적으로 고려하여 심사숙고한 결과 사직서를 제출한 경우라면 그 사직서 제출은 비진의 의사표시에 해당한다.

③ 근로자들이 사용자의 지시에 따라 사직의 의사 없이 사직서를 제출하였고 사용자가 선별적으로 수리하여 의원면직 처리하였다면 그 사직서의 제출은 비진의 의사표시에 해당한다.

④ 학교법인이 그 학교의 교직원의 명의로 금융기관으로부터 금전을 차용한 경우, 명의대여자의 의사표시는 비진의 의사표시가 아니므로 주채무자로 책임이 있다.

⑤ 장관의 지시에 따라 공무원이 일괄사표를 제출하여 일부 공무원에 대해 의원면직 처분이 이루어진 경우 그 사직원 제출행위는 비진의 의사표시로 당연히 무효가 된다고 볼 수 없다.

> **해설** ② 희망(중간, 특별)퇴직의 경우에는 진의에 의한 의사표시이다(대판 2002다68058).
>
> **오답해설**
> ① 대판 87다카2578
> ③ 대판 92다3670
> ④ 대판 80다639
> ⑤ 공법행위에는 비진의 표시규정이 적용되지 않는다. 공법행위는 의사가 외부에 표시된 이상 표시된 대로 효력을 발생한다(대판 97누13962).

03 의사표시에 관한 설명으로 옳은 것을 모두 고른 것은? (다툼이 있으면 판례에 따름)

▶ 공인노무사 25년

> ㄱ. 비진의표시에서 진의란 특정한 내용의 의사표시를 하고자 하는 표의자의 생각을 말하는 것이지 진정으로 마음속에서 바라는 사항을 뜻하는 것은 아니다.
> ㄴ. 채권자취소권의 대상이 된 채무자의 법률행위라도 통정허위표시의 요건을 갖춘 경우에는 무효이다.
> ㄷ. 근로자가 회사의 경영방침에 따라 사직원을 제출하고 즉시 재입사하는 형식으로 퇴직 전후의 실질적인 근로관계의 단절 없이 계속 근무한 경우, 그 사직원 제출은 비진의표시에 해당한다.

① ㄱ
② ㄴ
③ ㄱ, ㄷ
④ ㄴ, ㄷ
⑤ ㄱ, ㄴ, ㄷ

해설 ㄱ. (○) 대판 2000다51919
ㄴ. (○) 대판 97다50985
ㄷ. (○) 대판 87다카2578

04 통정허위표시에 관한 설명으로 옳은 것은? (다툼이 있으면 판례에 따름)

▶ 공인노무사 22년 변형

① 통정허위표시에 의하여 생긴 채권을 가압류한 경우, 가압류권자는 선의이더라도 통정허위표시와 관련하여 보호받는 제3자에 해당하지 않는다.
② 가장행위와 은닉행위는 모두 무효이다.
③ 표의자의 진의와 표시가 불일치함을 상대방이 명확하게 인식하였다면 그 불일치에 대하여 양자 간에 합의가 없더라도 통정허위표시가 성립한다.
④ 파산관재인이 통정허위표시와 관련하여 보호받는 제3자로 등장하는 경우, 모든 파산채권자가 선의인 경우에 한하여 그의 선의가 인정된다.
⑤ 임대차보증금반환채권을 담보하기 위하여 임대인과 임차인 사이에 임차인을 전세권자로 하는 전세권설정계약이 체결된 경우, 그 계약이 전세권자의 사용·수익을 배제하는 것이 아니라 하더라도 임대차계약과 양립할 수 없는 범위에서는 통정허위표시로 무효이다.

해설 ⑤ 임대차계약에 따른 임대차보증금반환채권을 담보할 목적으로 임대인과 임차인 사이의 합의에 따라 임차인 명의로 전세권설정등기를 마친 경우, 장차 전세권자가 목적물을 사용·수익하는 것을 완전히 배제하는 것은 아니므로 그 전세권설정등기는 유효하다. 그러나 그 전세권설정계약은 차임 지급 약정이 존재하지 않고 이에 따라 전세금이 연체차임으로 공제되지 않는 등 임대차계약과 양립할 수 없는 범위에서 통정허위표시에 해당하여 무효라고 봄이 타당하다(대판 2018다268538).

오답해설

① 통정허위표시에 의하여 생긴 채권을 가압류한 가압류권자는 선의라면 보호되는 제3자에 포함된다(대판 2003다70041).
② 가장행위는 무효이나, 은닉행위는 자체 요건을 갖추는 한 유효하다.
③ 상대방과의 합의(양해)가 없으면 통정허위표시에 해당하지 않는다(대판 72다1776).
④ 총파산채권자 중 1인만 선의이면 파산관재인은 선의의 제3자로 다루어진다(대판 2014다206563).

05 통정허위표시에 관한 설명으로 옳지 않은 것은? (다툼이 있으면 판례에 따름)

▸ 공인노무사 21년

① 통정허위표시가 성립하기 위해서는 표의자의 진의와 표시의 불일치에 관하여 상대방과의 사이에 합의가 있어야 한다.
② 통정허위표시로 무효인 법률행위는 채권자취소권의 대상이 될 수 있다.
③ 통정허위표시로서 의사표시가 무효라고 주장하는 자는 그 무효사유에 해당하는 사실을 증명할 책임이 있다.
④ 가장근저당권설정계약이 유효하다고 믿고 그 피담보채권을 가압류한 자는 통정허위표시의 무효로 대항할 수 있는 제3자에 해당하지 않는다.
⑤ 가장양수인으로부터 소유권이전등기청구권 보전을 위한 가등기를 경료받은 자는 특별한 사정이 없는 한 선의로 추정된다.

해설 ④ 통정한 허위표시에 의하여 외형상 형성된 법률관계로 생긴 채권을 가압류한 경우, 그 가압류권자는 허위표시에 기초하여 새로운 법률상 이해관계를 가지게 되므로 민법 제108조 제2항의 제3자에 해당한다고 봄이 상당하고, 또한 민법 제108조 제2항의 제3자는 선의이면 족하고 무과실은 요건이 아니다(대판 2003다70041).

오답해설

① 즉 단순한 인식만으로는 통정허위표시가 성립하지 않는다.
② 채무자의 법률행위가 통정허위표시인 경우에도 채권자취소권의 대상이 되고(대판 84다카68 참조), 한편 채권자취소권의 대상으로 된 채무자의 법률행위라도 통정허위표시의 요건을 갖춘 경우에는 무효라고 할 것이다(대판 97다50985).
③ 무효를 주장하는 자(가장매도인 측)에서 제3자의 악의를 증명하여야 한다.
⑤ 제3자는 선의로 추정된다.

06 무자력한 甲은 乙에게 3억원의 금전채무를 부담하고 있으나, 乙의 강제집행을 피하기 위해 자신의 유일한 재산인 A부동산을 丙에게 가장매매하고 소유권이전등기를 해주었다. 이에 관한 설명으로 옳은 것은? (다툼이 있으면 판례에 따름) ▸ 공인노무사 20년

① 乙은 甲에 대한 자신의 채권을 보전하기 위하여 甲의 丙에 대한 소유권이전등기의 말소등기청구권을 대위행사할 수 있다.

② 甲과 丙 간의 가장매매는 무효이므로 乙은 이것이 사해행위라는 것을 이유로 하여 채권자취소권을 행사할 수 없다.

③ 허위표시는 불법원인이므로 甲은 丙에게 자신의 소유권에 기하여 A부동산의 반환을 청구할 수 없다.

④ 만약 丙이 丁에게 A부동산을 매도하였다면, 丁은 선의·무과실이어야 제3자로서 보호를 받을 수 있다.

⑤ 甲과 丙이 A부동산의 가장매매계약을 추인하면 그 계약은 원칙적으로 체결 시로 소급하여 유효한 것이 된다.

> **해설** ① 채권자대위권(제404조)
>
> **오답해설**
> ② 채무자의 법률행위가 통정허위표시인 경우에도 채권자취소권의 대상이 되고, 한편 채권자취소권의 대상으로 된 채무자의 법률행위라도 통정허위표시의 요건을 갖춘 경우에는 무효라고 할 것이다(대판 97다50985).
> ③ 통정허위표시는 불법원인급여에 해당하지 않으므로, 甲은 언제든지 丙에게 소유권에 기한 물권적 청구권을 행사할 수 있다.
> ④ 민법 제108조 제2항의 제3자는 선의이면 족하고 무과실은 요건이 아니다(대판 2003다70041).
> ⑤ 가장매매계약은 통정허위표시로 무효이나, 당사자가 무효임을 알고 추인을 한 때로부터 새로운 법률행위로서 유효하다(제139조). 즉 소급효가 없다.

07 甲은 강제집행을 면할 목적으로 자기 소유의 X토지에 관하여 乙과 짜고 허위의 매매계약을 체결한 후 乙 명의로 소유권이전등기를 마쳐 주었다. 그 후 乙은 丙에게 금전을 차용하면서 X토지 위에 저당권을 설정하였다. 이에 관한 설명으로 옳지 않은 것은? (다툼이 있으면 판례에 따름) ▸ 공인노무사 19년

① 甲과 乙 사이의 매매계약은 무효이다.

② 丙은 특별한 사정이 없는 한 선의로 추정된다.

③ 丙이 보호받기 위해서는 허위표시에 대하여 선의이면 족하고 무과실일 필요는 없다.

④ 丙이 악의인 경우, 甲은 丙의 저당권등기의 말소청구를 할 수 있다.

⑤ 丙이 선의인 경우, 甲은 乙에게 X토지의 진정명의회복을 위한 소유권이전등기를 청구할 수 없다.

해설 ⑤ 甲은 乙에게 진정명의회복을 위한 소유권이전등기를 청구할 수 있다. 다만 丙이 선의이므로 완전한 소유권을 취득할 수는 없고, 저당권의 부담을 인수한다.

오답해설
① 제108조 제1항
② 제3자는 선의로 추정된다.
③ 민법 제108조 제2항의 제3자는 선의면 족하고 무과실은 요건이 아니다(대판 2003다70041).
④ 악의의 제3자는 보호되지 않기 때문이다(제108조 제2항).

08 민법 제108조의 통정허위표시에 관한 내용으로 옳지 않은 것은? (다툼이 있으면 판례에 따름)

▶ 공인노무사 17년

① 甲이 乙로 하여금 금융기관에 대해 乙을 주채무자로 하는 금전소비대차계약을 체결하도록 하고 甲이 그 원리금을 상환하기로 한 경우, 특별한 사정이 없는 한 위 소비대차계약은 통정허위표시이다.
② 甲이 통정허위표시로 乙에게 전세권설정등기를 마친 후 丙이 이러한 사정을 알면서도 전세권근저당권설정등기를 마쳤다. 위 사실을 모르는 丁이 丙의 전세권근저당권부 채권을 압류하면 甲은 丁에게 대항할 수 없다.
③ 채권양도인과 채무자 사이의 허위표시에 의해 성립한 지명채권을 선의로 양수한 채권양수인이 채무자에게 채권을 행사하기 위하여 양도에 관한 합의 외에 채권양도의 대항요건을 갖추어야 한다.
④ 파산자가 상대방과 통정하여 허위의 의사표시를 통해 가장채권을 보유하고 있다고 파산선고를 받은 경우, 파산관재인은 민법 제108조 제2항의 제3자에 해당된다.
⑤ 민법 제108조 제2항에서 규정하고 있는 제3자에 대한 무효의 대항력 유무는 제3자의 선의만이 판단기준이며, 무과실은 요구되지 않는다.

해설 ① 명의대여에 대하여 금융기관의 양해가 없는 한 진의에 의한 의사표시이다(대판 96다18182).

오답해설
② 비·통·착·사(비진의표시, 통정허위표시, 착오, 사기·강박)의 경우는 100번째라도 선의면 다 보호되기 때문이다(대판 2012다49292).
③ 채권양수인이 채권양도인으로부터 지명채권을 양도받았음을 이유로 채무자에 대하여 그 채권을 행사하기 위하여는 지명채권 양도에 관한 합의 이외에 양도받은 당해 채권에 관하여 민법 제450조 소정의 대항요건을 갖추어야 하는 것이고, 이러한 법리는 채권양도인과 채무자 사이의 법률행위가 허위표시인 경우에도 마찬가지로 적용된다(대판 2010다100315).
④ 대판 2014다206563
⑤ 민법 제108조 제2항의 제3자는 선의이면 족하고 무과실은 요건이 아니다(대판 2003다70041).

정답 ▶ **06** ① **07** ⑤ **08** ①

09 통정허위표시에 관한 설명으로 옳지 않은 것은? (다툼이 있으면 판례에 따름) ▸ 공인노무사 24년

① 표의자가 진의 아닌 표시를 하는 것에 관하여 상대방과 사이에 합의가 있어야 한다.

② 통정허위표시로 행해진 부동산 매매계약이 사해행위로 인정되는 경우, 채권자취소권의 대상이 될 수 있다.

③ 민법 제108조 제2항의 선의의 제3자에 대해서는 그 누구도 통정허위표시의 무효로써 대항할 수 없다.

④ 악의의 제3자로부터 전득한 선의의 제3자는 민법 제108조 제2항의 선의의 제3자에 포함되지 않는다.

⑤ 甲과 乙 사이에 행해진 X토지에 관한 가장매매예약이 철회되었으나 아직 가등기가 남아 있음을 기화로 乙이 허위의 서류로써 이에 기한 본등기를 한 후 X를 선의의 丙에게 매도하고 이전등기를 해주었다면 丙은 X의 소유권을 취득하지 못한다.

해설 ④ 민법 제108조 제2항에서 선의의 제3자가 보호될 수 있는 법률상 이해관계는 위 전세권설정계약의 당사자를 상대로 하여 직접 법률상 이해관계를 가지는 경우 외에도 그 법률상 이해관계를 바탕으로 하여 다시 위 전세권설정계약에 의하여 형성된 법률관계와 새로이 법률상 이해관계를 가지게 되는 경우도 포함된다(대판 2012다49292).

오답해설

① 즉 단순한 인식만으로는 통정허위표시가 성립하지 않는다.

② 빈출지문으로 통정허위표시에 의한 법률행위는 채권자취소권의 대상이 되고(대판 97다50985), 사해행위에 대한 채권자취소권은 민법 제406조에 의해 인정되는 권리이다.

③ 대판 2013다59753

⑤ 통정허위표시에 의한 가장외관(가등기)을 제거하지 못하면 선의의 제3자 丙에게 대항하지 못한다. 즉 丙은 소유권을 취득한다. 다만 지문의 경우에는 가장매수인 乙이 등기를 위조하여 매도한 경우이므로, 즉 丙은 가장매매에 기하여 직접 법률관계를 맺은 것이 아니고, 등기에는 공신력이 없으므로 丙은 선의라도 소유권을 취득하지 못한다.

10 착오에 의한 의사표시에 관한 설명으로 옳은 것은? (다툼이 있으면 판례에 따름)

▸ 공인노무사 21년

① 상대방이 표의자의 착오를 알고 이를 이용한 경우, 표의자에게 중과실이 있으면 그 의사표시를 취소할 수 없다.

② 착오의 존재와 그 착오가 법률행위의 중요부분에 관한 것이라는 점은 표의자의 상대방이 증명하여야 한다.

③ 신원보증서류에 서명날인한다는 착각에 빠진 상태로 연대보증서면에 서명날인한 것은 동기의 착오이다.

④ 재단법인설립은 위한 출연행위는 상대방 없는 단독행위이므로 착오를 이유로 취소할 수 없다.

⑤ 표시상 착오가 제3자의 기망행위에 의하여 일어난 경우, 표의자는 제3자의 기망행위를 상대방이 알았는지 여부를 불문하고 착오를 이유로 의사표시를 취소할 수 있다.

해설 ⑤ · ③ 신원보증서류에 서명날인한다는 착각에 빠진 상태로 연대보증의 서면에 서명날인한 경우, 결국 위와 같은 행위는 강학상 기명날인의 착오(또는 서명의 착오), 즉 이른바 표시상의 착오에 해당하므로, 비록 위와 같은 착오가 제3자의 기망행위에 의하여 일어난 것이라 하더라도 그에 관하여는 사기에 의한 의사표시에 관한 법리, 특히 상대방이 그러한 제3자의 기망행위 사실을 알았거나 알 수 있었을 경우가 아닌 한 의사표시자가 취소권을 행사할 수 없다는 민법 제110조 제2항의 규정을 적용할 것이 아니라, 착오에 의한 의사표시에 관한 법리만을 적용하여 취소권 행사의 가부를 가려야 한다(대판 2004다43824).

오답해설
① 상대방이 표의자의 착오를 알고 이를 이용한 경우에는 착오가 표의자의 중대한 과실로 인한 것이라고 하더라도 표의자는 의사표시를 취소할 수 있다(대판 2013다49794).
② 착오의 존재와 그 착오가 법률행위의 중요부분에 관한 것이라는 점은 표의자(무효를 주장하는 자)가 증명하여야 한다(대판 2013다9383).
④ 제555조는 서면에 의한 증여(출연)의 해제를 제한하고 있으나, 그 해제는 민법 총칙상의 취소와는 요건과 효과가 다르므로 서면에 의한 출연이더라도 민법 총칙규정에 따라 출연자가 착오에 기한 의사표시라는 이유로 출연의 의사표시를 취소할 수 있고, 상대방 없는 단독행위인 재단법인에 대한 출연행위라고 하여 달리 볼 것은 아니다(대판 98다9045).

11 의사표시를 한 자가 착오를 이유로 그 의사표시를 취소할 수 없는 경우를 모두 고른 것은? (단, 표의자의 중대한 과실은 없으며 다툼이 있으면 판례에 따름) ▸ 공인노무사 20년

> ㄱ. 매매에서 매도인이 목적물의 시가를 몰라서 대금과 시가에 근소한 차이가 있는 경우
> ㄴ. 주채무자의 차용금반환채무를 보증할 의사로 공정증서에 서명·날인하였으나 그 공정증서가 주채무자의 기존의 구상금채무에 관한 준소비대차계약의 공정증서이었던 경우
> ㄷ. 건물 및 부지를 현 상태대로 매수하였으나 그 부지의 지분이 근소하게 부족한 경우

① ㄱ
② ㄷ
③ ㄱ, ㄴ
④ ㄴ, ㄷ
⑤ ㄱ, ㄴ, ㄷ

해설 ㄱ. (×) 시가에 관한 착오는 중요부분의 착오가 아니다(대판 92다29337).
ㄴ. (×) 소비대차계약과 준소비대차계약의 법률효과는 동일하다. 형식에 대한 착오가 있을 뿐 보증의 의사는 인정되므로 중요부분의 착오가 아니다(대판 2006다41457).
ㄷ. (×) 중요부분의 착오가 아니므로 취소할 수 없다(대판 83다카1328).

12 착오에 의한 의사표시에 관한 설명으로 옳은 것은? (다툼이 있으면 판례에 따름)

▶ 공인노무사 19년

① 매도인의 담보책임이 성립하는 경우, 매수인은 매매계약 내용의 중요부분에 착오가 있더라도 이를 취소할 수 없다.
② 소송행위에도 특별한 사정이 없는 한 착오를 이유로 하는 취소가 허용된다.
③ 착오로 인하여 표의자가 경제적 불이익을 입지 않은 경우에는 법률행위 내용의 중요부분의 착오라고 볼 수 없다.
④ 표의자에게 중대한 과실이 있다는 사실은 법률행위의 효력을 부인하는 자가 증명하여야 한다.
⑤ 매도인이 매수인의 채무불이행을 이유로 매매계약을 적법하게 해제한 경우에는 매수인은 착오를 이유로 그 매매계약을 취소할 수 없다.

해설 ③ 대판 98다23706

오답해설
① 매도인의 담보책임이 성립하는 경우에도 매수인은 착오취소의 요건을 갖춘 이상 매매계약을 착오를 이유로 취소할 수 있다(대판 2015다78703).
② 소송행위에는 착오나 사기·강박의 규정이 적용되지 않으므로 취소가 허용되지 않는다(대판 96다35484).
④ 표의자에게 중대한 과실이 있다는 사실은 상대방, 즉 법률행위의 효력발생을 주장하는 자가 증명하여야 한다(대판 2005다6228).
⑤ 매도인이 매수인의 채무불이행을 이유로 매매계약을 적법하게 해제한 경우에도 매수인은 착오를 이유로 그 매매계약을 취소할 수 있다(대판 95다24982).

13 착오에 관한 설명으로 옳지 않은 것은? (다툼이 있으면 판례에 따름) ▶ 공인노무사 18년

① 대리인에 의한 의사표시의 경우, 착오의 유무는 대리인을 표준으로 결정한다.
② 소송대리인의 사무원의 착오로 소를 취하한 경우, 착오를 이유로 취소하지 못한다.
③ 매도인이 매매계약을 적법하게 해제한 후 매수인은 착오를 이유로 매매계약을 취소할 수 없다.
④ 상대방이 착오자의 진의에 동의한 것으로 인정될 때에는 계약의 취소가 허용되지 않는다.
⑤ 착오가 표의자의 중대한 과실로 인한 것이더라도 상대방이 표의자의 착오를 알고 이를 이용한 경우에 표의자는 의사표시를 취소할 수 있다.

해설 ③ 매도인이 매수인의 채무불이행을 이유로 매매계약을 적법하게 해제한 경우에도 매수인은 착오를 이유로 그 매매계약을 취소할 수 있다(대판 95다24982).

오답해설
① 제116조 제1항
② 소송행위에는 착오나 사기 · 강박의 규정이 적용되지 않으므로 취소가 허용되지 않는다(대판 96
다35484).
④ 표의자의 진의대로 계약이 성립하므로 착오취소가 허용되지 않는다.
⑤ 대판 2013다49794

14 **의사표시에 관한 설명으로 옳지 않은 것은? (다툼이 있으면 판례에 따름)** ▶ 공인노무사 23년

① 매매계약이 착오로 취소된 경우 특별한 사정이 없는 한 당사자 쌍방의 원상회복의무는
동시이행관계에 있다.
② 동기의 착오가 상대방의 부정한 방법에 의하여 유발된 경우, 동기가 표시되지 않았더라
도 표의자는 착오를 이유로 의사표시를 취소할 수 있다.
③ 통정허위표시로 무효인 법률행위도 채권자취소권의 대상이 될 수 있다.
④ 사기에 의해 화해계약이 체결된 경우 표의자는 화해의 목적인 분쟁에 관한 사항에 착오
가 있더라도 사기를 이유로 화해계약을 취소할 수 있다.
⑤ 경과실에 의한 착오를 이유로 의사표시를 취소한 자는 상대방이 그 의사표시의 유효를
믿었음으로 인하여 발생한 손해에 대하여 불법행위책임을 진다.

해설 ⑤ 민법 제109조에서 중과실이 없는 착오자의 착오를 이유로 한 의사표시의 취소를 허용하고 있는
이상, 전문건설공제조합이 과실로 인하여 착오에 빠져 계약보증서를 발급한 것이나 그 착오를
이유로 보증계약을 취소한 것이 위법하다고 할 수는 없다(대판 97다13023).

오답해설
① 쌍무계약이 무효, 취소, 해제가 된 경우, 양 당사자의 반환의무는 동시이행관계에 있다(대판
2001다3764 등).
② 대판 78다719
③ 빈출지문이다(대판 97다50985). 다만 이중매매의 경우에는 채권자취소권이 허용되지 않는다.
④ 화해계약은 원칙적으로 착오취소가 허용되지 않는다(제733조 본문). 그러나 화해계약이 사기로
인해 이루어진 경우 민법 제110조에 따라 사기에 의한 취소는 당연히 허용된다(대판 2008다
15278).

15 착오로 인한 의사표시에 관한 설명으로 옳은 것은? (표의자에게 중대한 과실이 없고, 다툼이 있으면 판례에 따름)

▸공인노무사 25년

① 화해당사자의 자격에 관한 착오로 화해계약을 체결한 자는 착오를 이유로 그 계약을 취소하지 못한다.

② 매도인이 매수인의 채무불이행을 이유로 매매계약을 적법하게 해제한 후에는 매수인은 매매계약 내용의 중요 부분에 착오가 있더라도 착오를 이유로 그 계약을 취소할 수 없다.

③ 매수인은 매매계약 내용의 중요 부분에 착오가 있더라도 매도인의 하자담보책임이 성립하는 경우에는 착오를 이유로 그 계약을 취소할 수 없다.

④ 대리인에 의한 의사표시의 경우, 착오의 유무는 대리인을 표준으로 결정한다.

⑤ 법률에 관한 착오가 법률행위 내용의 중요 부분에 관한 것이더라도 표의자는 착오를 이유로 법률행위를 취소할 수 없다.

해설 ④ **제116조(대리행위의 하자)** ① 의사표시의 효력이 의사의 흠결, 사기, 강박 또는 어느 사정을 알았거나 과실로 알지 못한 것으로 인하여 영향을 받을 경우에 그 사실의 유무는 대리인을 표준하여 결정한다.

오답해설

① **제733조(화해의 효력과 착오)** 화해계약은 착오를 이유로 하여 취소하지 못한다. 그러나 화해당사자의 자격 또는 화해의 목적인 분쟁 이외의 사항에 착오가 있는 때에는 그러하지 아니하다.

② 매도인이 매수인의 중도금 지급채무 불이행을 이유로 매매계약을 적법하게 해제한 후라도 매수인으로서는 상대방이 한 계약해제의 효과로서 발생하는 손해배상책임을 지거나 매매계약에 따른 계약금의 반환을 받을 수 없는 불이익을 면하기 위하여 착오를 이유로 한 취소권을 행사하여 매매계약 전체를 무효로 돌리게 할 수 있다(대판 95다24982・24999).

③ 착오로 인한 취소제도와 매도인의 하자담보책임제도는 취지가 서로 다르고, 요건과 효과도 구별된다. 따라서 매매계약 내용의 중요 부분에 착오가 있는 경우 매수인은 매도인의 하자담보책임이 성립하는지와 상관없이 착오를 이유로 매매계약을 취소할 수 있다(대판 2015다78703).

⑤ 법률에 관한 착오(양도소득세가 부과될 것인데도 부과되지 아니하는 것으로 오인)라도 그것이 법률행위의 내용의 중요 부분에 관한 것인 때에는 표의자는 그 의사표시를 취소할 수 있다(대판 80다2475).

16 착오로 인한 의사표시에 관한 설명으로 옳은 것은? (다툼이 있으면 판례에 따름)

▶ 공인노무사 24년

① 착오로 인한 불이익이 법령의 개정 등 사정의 변경으로 소멸하였다면 그 착오를 이유로 한 취소권의 행사는 신의칙에 의해 제한될 수 있다.

② 과실로 착오에 빠져 의사표시를 한 후 착오를 이유로 이를 취소한 자는 상대방에게 신뢰이익을 배상하여야 한다.

③ 착오를 이유로 의사표시를 취소하려는 자는 자신의 착오가 중과실로 인한 것이 아님을 증명하여야 한다.

④ 법률에 관해 경과실로 착오를 한 경우, 표의자는 그것이 법률행위의 중요부분에 관한 것이더라도 그 착오를 이유로 취소할 수 없다.

⑤ 전문가의 진품감정서를 믿고 이를 첨부하여 서화 매매계약을 체결한 후에 그 서화가 위작임이 밝혀진 경우, 매수인은 하자담보책임을 묻는 외에 착오를 이유로 하여 매매계약을 취소할 수 없다.

해설 ① 매도인이 부담하게 될 양도소득세액에 관한 착오는 법률행위의 내용의 중요부분에 관한 것이라고 할 수 있으나, 소득세법 등의 개정으로 위 착오로 인한 불이익이 소멸되었으므로, 그 후 이 사건 소송 계속 중에 준비서면의 송달로써 한 취소의 의사표시는 신의성실의 원칙상 허용될 수 없다(대판 94다44620).

오답해설
②·④ 중과실이 아닌 한 (경)과실로 인하여 착오에 빠지거나, 이를 이유로 법률행위를 취소한 것은 위법하다고 할 수 없으므로(대판 97다13023), 손해배상책임이 발생하지 않는다.
③ 중과실에 관한 증명책임은 법률행위의 효력발생을 주장하는 상대방이 부담한다(대판 2005다6228).
⑤ 하자담보책임이 성립하는 경우에도 표의자는 요건을 충족하는 한 착오에 의한 취소권을 행사할 수 있다(대판 2015다78703).

17 사기에 의한 의사표시에 관한 설명으로 옳지 않은 것은? (다툼이 있으면 판례에 따름)

▶ 공인노무사 16년

① 교환계약의 당사자가 자기 소유 목적물의 시가를 묵비한 것은, 특별한 사정이 없는 한, 위법한 기망행위가 되지 않는다.

② 제3자의 사기로 상대방 없는 의사표시를 한 표의자는 그 의사표시를 취소할 수 있다.

③ 제3자의 사기로 계약을 체결한 자는 그 계약을 취소하지 않고 그 제3자에 대하여 불법행위로 인한 손해배상만을 청구할 수도 있다.

④ 사기에 의하여 의사표시를 한 자의 포괄승계인은 그 의사표시를 취소할 수 없다.

⑤ 상품의 광고에 있어 다소의 과장·허위가 수반되는 것은 그것이 일반 상거래의 관행과 신의칙에 비추어 시인될 수 있는 한 기망행위에 해당하지 않는다.

해설 ④ 포괄승계인은 사기의 피해자와 한 몸이므로 당연히 취소권을 행사할 수 있다.

오답해설

① 대판 2000다54406

② 보호할 상대방이 없으므로 기간 내라면 언제든지 취소할 수 있다.

③ 제3자의 사기행위로 인하여 피해자가 주택건설사와 사이에 주택에 관한 분양계약을 체결하였다고 하더라도 제3자의 사기행위 자체가 불법행위를 구성하는 이상, 제3자로서는 그 불법행위로 인하여 피해자가 입은 손해를 배상할 책임을 부담하는 것이므로, 피해자가 제3자를 상대로 손해배상청구를 하기 위하여 반드시 그 분양계약을 취소할 필요는 없다(대판 97다55829).

⑤ '다소의' 과장·광고는 기망행위가 아니다(대판 2012다54406).

18 사기·강박에 의한 의사표시에 관한 설명으로 옳지 않은 것은? (다툼이 있으면 판례에 따름)

▶ 공인노무사 24년

① 항거할 수 없는 절대적 폭력에 의해 의사결정을 스스로 할 수 있는 여지를 완전히 박탈당한 상태에서 행해진 의사표시는 무효이다.

② 사기로 인한 의사표시의 취소는 기망행위의 위법성을 요건으로 한다.

③ 강박으로 인한 의사표시의 취소는 강박의 고의를 요건으로 한다.

④ 계약당사자 일방의 대리인이 계약을 하면서 상대방을 기망한 경우, 본인이 그 사실을 몰랐거나 알 수 없었다면 계약의 상대방은 그 기망을 이유로 의사표시를 취소할 수 없다.

⑤ 근로자가 허위의 이력서를 제출하여 근로계약이 체결되어 실제로 노무제공이 행해졌다면 사용자가 후에 사기를 이유로 하여 근로계약을 취소하더라도 그 취소에는 소급효가 인정되지 않는다.

해설 ④ 대리인은 상대방과 동일시 할 수 있는 자에 해당하므로 대리인이 상대방을 기망한 경우, 상대방
은 본인의 선악을 불문하고 의사표시를 취소할 수 있다(대판 98다60828).

오답해설
① '완전히 박탈'은 무효이다(대판 84다카1402).
② 대판 2000다54406 등
③ 민법상 사기나 강박에 해당하기 위해서는 2단의 고의가 있어야 한다.
⑤ 대판 2013다25194

19 X토지 소유자인 甲이 사망하고, 그 자녀인 乙과 丙이 이를 공동으로 상속하였다. 그런데 丙
은 乙의 예전 범죄사실을 사법당국에 알리겠다고 乙을 강박하여 X에 관한 乙의 상속지분을
丙에게 증여한다는 계약을 乙과 체결하였다. 그 직후 변호사와 상담을 통해 불안에서 벗어
난 乙은 한 달 뒤 그간의 사정을 전해들은 丁에게 X에 관한 자신의 상속지분을 매도하고
지분이전등기를 마쳐준 후 5년이 지났다. 이에 관한 설명으로 옳은 것은? (다툼이 있으면
판례에 따름)   ▸ 공인노무사 24년

① 乙과 丙의 증여계약은 공서양속에 반하는 것으로 무효이다.
② 乙의 丙에 대한 증여의 의사표시는 비진의표시로서 무효이다.
③ 乙과 丁의 매매계약은 공서양속에 반하는 것으로 무효이다.
④ 乙은 강박을 이유로 하여 丙과의 증여계약을 취소할 수 있다.
⑤ 乙이 丙에게 증여계약의 이행을 하지 않는다면 채무불이행의 책임을 져야 한다.

해설 ⑤ 강박에 의한 의사표시도 취소하지 않는 한 유효하므로 乙은 丙에게 채무불이행책임을 져야 한다.

오답해설
①・② 법률행위 성립과정에 강박이라는 불법적 방법이 개입된 경우에는 강박에 의한 의사표시로
취소할 수 있을 뿐 반사회질서 법률행위(제103조)에 해당하지 않는다(대판 92다7719). 또한 내
심의 효과의사가 결여된 것도 아니므로 진의 아닌 의사표시에 해당하지 않는다(대판 92다
41528).
③ 乙과 丁의 계약에는 아무런 문제가 없다.
④ 추인할 수 있는 날로부터 3년이 경과하면 취소권이 소멸한다(제146조).

정답 ▸ 17 ④ 18 ④ 19 ⑤

20 의사표시의 효력발생에 관한 설명으로 옳은 것을 모두 고른 것은? (다툼이 있으면 판례에 따름)
▸공인노무사 16년

> ㄱ. 특별한 사정이 없는 한, 아파트 경비원이 집배원으로부터 우편물을 수령한 후 이를 아파트 공동 출입구의 우편함에 넣어 두었다는 사실만으로도 수취인이 그 우편물을 수취하였다고 추단할 수 있다.
>
> ㄴ. 의사표시가 기재된 내용증명 우편물이 발송되고 반송되지 않았다면, 특별한 사정이 없는 한, 그 무렵에 송달되었다고 볼 수 있다.
>
> ㄷ. 채권양도의 통지와 같은 준법률행위의 도달은 의사표시와 마찬가지로 사회 관념상 채무자가 통지의 내용을 알 수 있는 객관적 상태에 놓여졌을 때를 말한다.
>
> ㄹ. 법인의 대표이사가 사임서 제출 당시 권한 대행자에게 사표의 처리를 일임한 경우, 권한 대행자의 수리행위가 있어야 사임의 효력이 발생한다.

① ㄱ, ㄴ
② ㄴ, ㄷ
③ ㄷ, ㄹ
④ ㄱ, ㄷ, ㄹ
⑤ ㄴ, ㄷ, ㄹ

해설 ㄴ. (○) 대판 96다38322

ㄷ. (○) 대판 2008다19973

ㄹ. (○) 법인의 이사를 사임하는 행위는 상대방 있는 단독행위라 할 것이어서 그 의사표시가 상대방에게 도달함과 동시에 그 효력을 발생하고 그 의사표시가 효력을 발생한 후에는 마음대로 이를 철회할 수 없음이 원칙이나, 사임서 제시 당시 즉각적인 철회권유로 사임서 제출을 미루거나, 대표자에게 사표의 처리를 일임하거나, 사임서의 작성일자를 제출일 이후로 기재한 경우 등 사임의사가 즉각적이라고 볼 수 없는 특별한 사정이 있을 경우에는 별도의 사임서 제출이나 대표자의 수리행위 등이 있어야 사임의 효력이 발생하고, 그 이전에 사임의사를 철회할 수 있다(대판 2004다10909).

오답해설

ㄱ. (×) 우편물이 수취인 가구의 우편함에 투입되었다고 하더라도 분실 등을 이유로 그 우편물이 수취인의 수중에 들어가지 않을 가능성이 적지 않게 존재하는 현실에 비추어, 우편함의 구조를 비롯하여 수취인이 우편물을 수취하였음을 추인할 만한 특별한 사정에 대하여 심리를 다하지 아니한 채 아파트 경비원이 집배원으로부터 우편물을 수령한 후 이를 우편함에 넣어 둔 사실만으로 수취인이 그 우편물을 수취하였다고 추단할 수 없다(대판 2005다66411).

Section 03 법률행위의 대리

01 甲은 자신 소유의 X토지에 대한 매매계약 체결의 대리권을 乙에게 수여하였고, 그에 따라 乙은 丙과 위 X토지에 대한 매매계약을 체결하였다. 이에 관한 설명으로 옳은 것은? (다툼이 있으면 판례에 따름)   ▶ 공인노무사 23년

① 乙은 원칙적으로 매매계약을 해제할 수 있는 권한을 가진다.

② 乙이 매매계약에 따라 丙으로부터 중도금을 수령하였으나 이를 甲에게 현실로 인도하지 않았더라도 특별한 사정이 없는 한 丙은 중도금 지급채무를 면한다.

③ 乙은 甲의 승낙이 있는 경우에만 복대리인을 선임할 수 있다.

④ 乙의 사기로 매매계약이 체결된 경우, 丙은 甲이 乙의 사기를 알았거나 알 수 있었을 경우에 한하여 사기를 이유로 그 계약을 취소할 수 있다.

⑤ 丙이 甲의 채무불이행을 이유로 계약을 해제한 경우, 그 채무불이행에 乙의 책임사유가 있다면 해제로 인한 원상회복의무는 乙이 부담한다.

해설 ② 대리의 효과는 본인에게 귀속하기 때문이다(제114조 참조).

오답해설
① 계약을 '체결'할 대리권을 수여받은 대리인에게 원칙적으로 계약을 '해제'할 권한을 포함하지 않는다(대판 92다39365).
③ 부득이한 사유가 있는 경우에도 복대리인을 선임할 수 있다(제120조).
④ 대리인은 제3자가 아니므로 대리인의 사기로 계약을 체결한 자는 본인의 대리인의 사기 사실을 알았는지 여부와 무관하게 계약을 취소할 수 있다(대판 98다60828).
⑤ 원상회복의무는 본인 甲과 상대방 丙이 부담한다.

02 대리에 관한 설명으로 옳지 않은 것은?   ▶ 공인노무사 22년

① 대리인이 그 권한 내에서 본인을 위한 것임을 표시한 의사표시는 직접 본인에게 효력이 생긴다.

② 복대리인은 본인에 대하여 대리인과 동일한 권리의무가 있다.

③ 대리인이 수인(數人)인 때에는 법률 또는 수권행위에서 다른 정함이 없으면 공동으로 본인을 대리한다.

④ 임의대리권은 대리인의 성년후견의 개시로 소멸된다.

⑤ 특정한 법률행위를 위임한 경우에 대리인이 본인의 지시에 좇아 그 행위를 한 때에는 본인은 자기가 안 사정에 관하여 대리인의 부지(不知)를 주장하지 못한다.

정답 01 ② 02 ③

해설 ③ 각자대리가 원칙이다(제119조).

오답해설
① 제114조 제1항
② 제123조 제2항
④ 제127조 제2호
⑤ 제116조 제2항

03 대리에 관한 설명으로 옳지 않은 것은? (다툼이 있으면 판례에 따름) ▸공인노무사 22년

① 대리행위가 강행법규에 위반하여 무효인 경우에도 표현대리가 성립할 수 있다.
② 복임권이 없는 임의대리인이 선임한 복대리인의 행위에도 표현대리가 성립할 수 있다.
③ 하나의 무권대리행위 일부에 대한 본인의 추인은 상대방의 동의가 없으면 무효이다.
④ 무권대리인이 본인을 단독상속한 경우, 특별한 사정이 없는 한 자신이 행한 무권대리행위의 무효를 주장하는 것은 허용되지 않는다.
⑤ 제한능력자가 법정대리인의 동의 없이 계약을 무권대리한 경우, 그 제한능력자는 무권대리인으로서 계약을 이행할 책임을 부담하지 않는다.

해설 ① 대리행위가 강행법규에 위반하여 무효인 경우에는 표현대리의 법리가 적용될 여지가 없다(대판 94다38199).

오답해설
② 표현대리의 법리는 거래의 안전을 위하여 어떠한 외관적 사실을 야기한데 원인을 준 자는 그 외관적 사실을 믿음에 정당한 사유가 있다고 인정되는 자에 대하여는 책임이 있다는 일반적인 권리외관 이론에 그 기초를 두고 있는 것인 점에 비추어 볼 때, 대리인이 대리권 소멸 후 직접 상대방과 사이에 대리행위를 하는 경우는 물론 대리인이 대리권 소멸 후 복대리인을 선임하여 복대리인으로 하여금 상대방과 사이에 대리행위를 하도록 한 경우에도, 상대방이 대리권 소멸사실을 알지 못하여 복대리인에게 적법한 대리권이 있는 것으로 믿었고 그와 같이 믿은 데 과실이 없다면 민법 제129조에 의한 표현대리가 성립할 수 있다(대판 97다55317).
③ 일부 추인, 조건부 추인, 변경을 가한 추인은 상대방의 동의가 없는 한 무효이다(대판 81다카549).
④ 금반언(신의칙)의 원칙에 반하여 허용되지 않는다(대판 94다20617).
⑤ 제135조 제2항

04 민법상 대리에 관한 설명으로 옳지 않은 것은? (다툼이 있으면 판례에 따름) ▸ 공인노무사 21년

① 매매계약 체결의 대리권을 수여받은 대리인은 특별한 사정이 없는 한 중도금을 수령할 권한이 있다.

② 권한의 정함이 없는 대리인은 기한이 도래한 채무를 변제할 수 있다.

③ 대리인이 수인인 경우 대리인은 특별한 사정이 없는 한 각자가 본인을 대리한다.

④ 대리인의 쌍방대리는 금지되나 채무의 이행은 가능하므로, 쌍방의 허락이 없더라도 경개계약을 체결할 수 있다.

⑤ 사채알선업자가 대주와 차주 쌍방을 대리하여 소비대차계약을 유효하게 체결한 경우, 사채알선업자는 특별한 사정이 없는 한 차주가 한 변제를 수령할 권한이 있다.

> **해설** ④ 경개는 새로운 이해관계를 창설하는 것이므로 자기계약, 쌍방대리가 허용되지 않는다.
>
> **오답해설**
> ① 대판 91다43107
> ② 제124조 단서
> ③ 제119조
> ⑤ 사채알선업자는 소비대차계약의 체결에 있어서 대주에 대하여는 차주의 대리인 역할을 하고, 반대로 차주에 대하여는 대주의 대리인 역할을 하게 되는 것이고, 대주로부터 소비대차계약을 체결할 대리권을 수여받은 대리인은 특별한 사정이 없는 한 그 소비대차계약에서 정한 바에 따라 차주로부터 변제를 수령할 권한도 있다고 봄이 상당하므로 차주가 그 사채알선업자에게 하는 변제는 유효하다(대판 97다12273).

05 대리에 관한 설명으로 옳은 것은? (다툼이 있으면 판례에 따름) ▸ 공인노무사 20년

① 대리인 乙이 자신을 본인 甲이라고 하면서 계약을 체결한 경우 그것이 대리권의 범위 내일지라도 그 계약의 효력은 甲이 아닌 乙에게 귀속된다.

② 대리행위를 한 자에게 대리권이 있다는 점에 대한 증명책임은 대리행위의 효과를 주장하는 자에게 있다.

③ 금전소비대차계약에서 원리금반환채무 변제의 수령권한을 위임받은 대리인은 원칙적으로 그 원리금반환채무를 면제해 줄 대리권도 있다.

④ 수인의 대리인이 본인을 위하여 각각 상충되는 내용의 계약을 체결한 경우 가장 먼저 체결된 계약만이 본인에게 효력이 있다.

⑤ 임의대리인은 본인의 승낙이 있는 경우에만 복대리인을 선임할 수 있다.

해설 ② 특별효력요건인 대리권의 존재에 대한 증명책임은 그 효과를 주장하는 피고(상대방)에게 있다 할 것이다(대판 93다42047).

오답해설

① 대리인은 본인명의로도 현명할 수 있다(대판 63다67). 따라서 대리권한 내라면 계약의 효력은 본인 甲에게 귀속한다.

③ 채무를 면제하기 위해서는 본인의 특별수권이 필요하다(대판 80다3221).

④ 각자대리가 원칙이므로 모든 계약이 본인에게 효력이 있다.

⑤ 임의대리인은 부득이한 사유가 있는 경우에도 복대리인을 선임할 수 있다(제120조).

06 임의대리권의 범위에 관한 설명으로 옳지 않은 것은? (다툼이 있으면 판례에 따름)

▶ 공인노무사 19년

① 권한을 정하지 않은 대리인은 보존행위를 할 수 있다.

② 대리인이 수인인 때에는 법률 또는 수권행위에서 달리 정한 바가 없으면 공동으로 본인을 대리한다.

③ 토지 매각의 대리권을 수여받은 대리인은 특별한 사정이 없는 한 중도금과 잔금을 수령할 권한을 가진다.

④ 매매계약체결에 대해 포괄적으로 대리권을 수여받은 자는 특별한 사정이 없는 한 상대방에게 약정된 매매대금의 지급기일을 연장하여 줄 권한을 가진다.

⑤ 대여금 영수권한만을 위임받은 대리인이 그 대여금의 일부를 면제하기 위해서는 본인의 특별수권이 필요하다.

해설 ② 각자대리가 원칙이다(제119조).

오답해설

① 제118조 제1호

③ · ④ 부동산의 소유자로부터 매매계약을 체결할 대리권을 수여받은 대리인은 특별한 다른 사정이 없는 한 그 매매계약에서 약정한 바에 따라 중도금이나 잔금을 수령할 수도 있다고 보아야 하고, 매매계약의 체결과 이행에 관하여 포괄적으로 대리권을 수여받은 대리인은 특별한 다른 사정이 없는 한 상대방에 대하여 약정된 매매대금 지급기일을 연기하여 줄 권한도 가진다고 보아야 할 것이다(대판 91다43107).

⑤ 대판 80다3221

07 대리에 관한 설명으로 옳은 것을 모두 고른 것은? (다툼이 있으면 판례에 따름)
▸ 공인노무사 18년

> ㄱ. 복대리인은 본인이나 제3자에 대하여 대리인과 동일한 권리의무가 있다.
> ㄴ. 대리행위가 강행법규에 위반하는 경우에는 표현대리의 법리가 적용되지 않는다.
> ㄷ. 친권자가 자신의 부동산을 미성년 자녀에게 증여하는 행위는 자기계약이지만 유효하다.
> ㄹ. 대리인이 그 권한 내에서 본인을 위한 것임을 표시한 의사표시는 직접 본인에 대하여 효력이 생긴다.

① ㄱ, ㄴ
② ㄷ, ㄹ
③ ㄱ, ㄴ, ㄷ
④ ㄴ, ㄷ, ㄹ
⑤ ㄱ, ㄴ, ㄷ, ㄹ

해설 ㄱ. (○) 제123조 제2항
ㄴ. (○) 대판 94다38199
ㄷ. (○) 법정대리인인 친권자가 부동산을 매수하여 이를 그 자에게 증여하는 행위는 미성년자인 자에게 이익만을 주는 행위이므로 친권자와 자 사이의 이해상반행위에 속하지 아니하고, 또 자기계약이지만 유효하다(대판 81다649).
ㄹ. (○) 제114조 제1항

08 대리에 관한 설명으로 옳은 것을 모두 고른 것은? (다툼이 있으면 판례에 따름)
▸ 공인노무사 17년

> ㄱ. 어떤 사람이 대리인의 외양을 가지고 행위하는 것을 본인이 알면서도 이의를 하지 아니하고 방임하는 경우, 본인의 대리권 수여가 추단될 수 있다.
> ㄴ. 계약이 적법한 대리인의 의하여 체결되었는데 상대방이 채무불이행을 이유로 계약을 해제한 경우, 대리인이 수령한 계약상 급부를 본인이 현실적으로 인도받지 못하였다면 본인에게는 원상회복의무가 없다.
> ㄷ. 대리권이 없는 자가 재단법인의 설립행위를 대리한 경우 본인이 추인을 하여도 언제나 무효이며 무권대리인도 이행책임을 지지 않는다.
> ㄹ. 대리인이 계약체결에 관한 권한을 수여받았다면, 그 계약의 해제권 및 상대방에 의사를 수령할 권한은 특별한 사정이 없는 한 대리인에게 부여된다.

① ㄱ, ㄴ
② ㄱ, ㄷ
③ ㄱ, ㄹ
④ ㄴ, ㄷ
⑤ ㄷ, ㄹ

정답 ▸ 06 ② 07 ⑤ 08 ②

해설 ㄱ. (○) 대판 2016다203315
ㄷ. (○) 상대방 없는 단독행위(재단법인 설립행위)의 무권대리는 언제나 무효이므로 법률행위의 이행책임도 발생하지 않는다.

오답해설
ㄴ. (×) 대리인이 수령한 급부를 본인이 인도받았는지 여부와 무관하게 대리행위가 해제되면 본인과 상대방이 원상회복의무를 부담한다.
ㄹ. (×) 특별한 사정이 없는 한 계약 '체결'의 대리권에는 해제권 및 상대방이 의사를 수령할 권한은 포함되지 않는다(대판 2013다81019).

09 대리에 관한 설명으로 옳은 것은? (다툼이 있으면 판례에 따름) ▶ 공인노무사 16년

① 대리에 있어 본인을 위한 것임을 표시하는 이른바 현명은 명시적으로 하여야 하고 묵시적으로 할 수는 없다.
② 적법한 대리인에 의하여 체결된 계약이 상대방에 의하여 유효하게 해제된 경우, 대리인이 수령한 상대방의 급부를 본인이 현실적으로 인도받지 못하였더라도, 특별한 사정이 없는 한, 본인이 해제로 인한 원상회복의무를 부담한다.
③ 부동산의 이중매매의 경우, 제2매수인의 대리인이 매매대상 토지에 관한 거래의 사정을 잘 알면서 매도인의 배임행위에 가담하였다면, 대리행위의 하자 유무는 본인을 표준으로 판단해야 한다.
④ 대리인의 대리권은 복대리인의 선임에 의해 소멸한다.
⑤ 부동산의 소유자로부터 매매계약을 체결할 대리권은 수여받은 대리인은, 특별한 사정이 없는 한, 중도금이나 잔금을 수령할 권한은 없다고 보아야 한다.

해설 ② 본인과 상대방이 계약의 당사자이므로 급부 수령여부와 상관없이 해제에 따른 원상회복의무는 본인과 상대방이 부담한다(대판 2011다30871).

오답해설
① 묵시적으로도 할 수 있다(대판 2003다43490).
③ 대리인이 본인을 대리하여 매매계약을 체결함에 있어서 매매대상 토지에 관한 저간의 사정을 잘 알고 그 배임행위에 가담하였다면, 대리행위의 하자 유무는 대리인을 표준으로 판단하여야 하므로, 설사 본인이 미리 그러한 사정을 몰랐거나 반사회성을 야기한 것이 아니라고 할지라도 그로 인하여 매매계약이 가지는 사회질서에 반한다는 장애사유가 부정되는 것은 아니다(대판 97다45532).
④ 대리권이 소멸하면 복대리권도 소멸하므로 복대리인 선임이 무의미해진다. 따라서 대리인이 복대리인을 선임하였다고 하여 대리권이 소멸하는 것은 아니다.
⑤ 부동산의 소유자로부터 매매계약을 체결할 대리권을 수여받은 대리인은 특별한 다른 사정이 없는 한 그 매매계약에서 약정한 바에 따라 중도금이나 잔금을 수령할 수도 있다고 보아야 하고, 매매계약의 체결과 이행에 관하여 포괄적으로 대리권을 수여받은 대리인은 특별한 다른 사정이 없는 한 상대방에 대하여 약정된 매매대금지급기일을 연기하여 줄 권한도 가진다고 보아야 할 것이다(대판 91다43107).

10 임의대리인의 권한에 관한 설명으로 옳지 않은 것을 모두 고른 것은? (다툼이 있으면 판례에 따름) ▸ 공인노무사 24년

ㄱ. 부동산 매도의 대리권을 수여받은 자는 그 부동산의 매도 후 해당 매매계약을 합의해제할 권한이 있다.

ㄴ. 자동차 매도의 대리권을 수여받은 자가 본인의 허락 없이 본인의 자동차를 스스로 시가보다 저렴하게 매수하는 계약을 체결한 경우, 그 매매계약은 유동적 무효이다.

ㄷ. 통상의 오피스텔 분양에 관해 대리권을 수여받은 자는 본인의 명시적 승낙이 없더라도 부득이한 사유 없이 복대리인을 선임할 수 있다.

ㄹ. 원인된 계약관계가 종료되더라도 수권행위가 철회되지 않았다면 대리권은 소멸하지 않는다.
---

① ㄱ, ㄴ   ② ㄴ, ㄷ
③ ㄷ, ㄹ   ④ ㄱ, ㄴ, ㄹ
⑤ ㄱ, ㄷ, ㄹ

해설 ㄱ. (×) 계약을 '체결'할 대리권에는 (합의)해제할 권한은 포함되지 않는다(대판 97다23372).
　　 ㄷ. (×) 대리인의 능력에 따라 사업의 성공여부가 결정되는 사무(분양업무)는 본인의 명시적인 승낙이 없는 한 복대리인을 선임할 수 없다(대판 97다56099).
　　 ㄹ. (×) 원인된 법률관계가 종료되면(예 해고) 당연히 대리권은 소멸한다(제128조).

오답해설
　　 ㄴ. (○) 본인의 허락이 없는 자기계약·쌍방대리는 확정적 무효가 아니라 무권대리(유동적 무효)이다. 따라서 본인이 추인하여 효력을 발생시킬 수도 있다.

11 민법상 대리에 관한 설명으로 옳지 않은 것은? (다툼이 있으면 판례에 따름) ▸ 공인노무사 25년

① 본인을 대리하여 부동산을 매수할 권한을 수여받은 대리인은 특별한 사정이 없으면 그 부동산을 처분할 대리권을 가진다.
② 임의대리인은 행위능력자임을 요하지 아니한다.
③ 대리인이 체결한 계약이 적법하게 해제되면 그로 인한 원상회복의무는 본인이 부담한다.
④ 대리행위가 상대방의 강박으로 취소되는 경우, 특별한 사정이 없으면 그 취소권은 본인에게 귀속한다.
⑤ 복대리인은 그 권한 내에서 본인을 대리한다.

해설 ① 특별한 다른 사정이 없는 한 부동산을 매수할 권한을 수여받은 대리인에게 그 부동산을 처분할 대리권도 있다고 볼 수 없다(대판 90다7364).

정답 09 ② 10 ⑤ 11 ①

오답해설
② 제117조
③ 계약상 채무의 불이행을 이유로 계약이 상대방 당사자에 의하여 유효하게 해제되었다면, 해제로 인한 원상회복의무는 대리인이 아니라 계약의 당사자인 본인이 부담한다(대판 2011다30871).
④ 대리행위의 모든 효과(책임)는 본인에게 귀속되기 때문이다(대판 2011다30871).
⑤ 제123조 제1항

12 민법상 무권대리와 표현대리에 관한 설명으로 옳은 것은? (다툼이 있으면 판례에 따름)

▸ 공인노무사 23년

① 표현대리가 성립하는 경우에 상대방에게 과실이 있다면 과실상계의 법리가 유추적용되어 본인의 책임이 경감될 수 있다.
② 권한을 넘은 표현대리에 관한 제126조의 제3자는 당해 표현대리행위의 직접 상대방만을 의미한다.
③ 무권대리행위의 상대방이 제134조의 철회권을 유효하게 행사한 후에도 본인은 무권대리행위를 추인할 수 있다.
④ 계약체결 당시 대리인의 무권대리 사실을 알고 있었던 상대방은 최고권을 행사할 수 없다.
⑤ 대리인이 대리권 소멸 후 선임한 복대리인과 상대방 사이의 법률행위에는 대리권소멸 후의 표현대리가 성립할 수 없다.

해설 ② 비·통·착·사(비진의표시, 통정허위표시, 착오, 사기·강박)의 경우에는 100번째라도 선의라면 제3자에 해당할 것이나, 권한을 넘은 표현대리에 관한 민법 제126조의 규정에서 제3자라 함은 당해 표현대리행위의 직접 상대방이 된 자만을 지칭하는 것이고, 전득자나 승계인은 제3자에 포함되지 않는다(대판 93다21521 참조).

오답해설
① 본인의 책임을 경감할 수 없다(대판 95다49554). 과실상계는 위법행위(채무불이행책임, 불법행위책임)에만 인정되므로, 본래의 계약책임을 묻는 표현대리에는 표현대리가 적용될 여지가 없다.
③ 본인의 추인권, 추인거절권, 상대방의 최고권, 철회권은 유동적 무효상태에서만 행사할 수 있다. 따라서 상대방이 철회권을 행사하여 무권대리행위가 확정적 무효가 되면 본인은 추인권을 행사할 수 없다.
④ 철회권은 선의의 상대방만 행사할 수 있으나, 최고권은 선악을 불문하고 행사할 수 있다(제131조).
⑤ 대리인이 대리권 소멸 후 직접 상대방과 사이에 대리행위를 하는 경우는 물론 대리인이 대리권 소멸 후 복대리인을 선임하여 복대리인으로 하여금 상대방과 사이에 대리행위를 하도록 한 경우에도, 상대방이 선의·무과실이라면 제129조에 의한 표현대리가 성립할 수 있다(대판 97다55317).

13 계약의 무권대리에 관한 설명으로 옳은 것은? (다툼이 있으면 판례에 따름) ▶ 공인노무사 21년

① 무권대리행위의 목적이 가분적인 경우, 본인은 상대방의 동의 없이 그 일부에 대하여 추인할 수 있다.

② 계약체결 당시 상대방이 대리인의 대리권 없음을 알았다는 사실에 관한 주장·증명책임은 무권대리인에게 있다.

③ 상대방이 무권대리로 인하여 취득한 권리를 양도한 경우, 본인은 그 양수인에게 추인할 수 없다.

④ 무권대리의 추인은 다른 의사표시가 없는 한 추인한 때로부터 그 효력이 생긴다.

⑤ 계약체결 당시 대리인의 무권대리 사실을 알 수 있었던 상대방은 최고권을 행사할 수 없다.

해설 ② 주장·증명책임은 무권대리인에게 있다(대판 2018다210775). 상대방은 선의로 추정되기 때문이다.

오답해설
① 일부 추인, 조건부 추인, 변경을 가한 추인은 상대방의 동의가 없는 한 무효이다(대판 81다카549).
③ 본인은 무권대리인, 상대방, 승계인(양수인) 누구에게나 추인할 수 있다(대판 80다2314).
④ 추인은 다른 의사표시가 없는 때에는 계약 시에 소급하여 그 효력이 생긴다(제133조).
⑤ 상대방은 선악을 불문하고 최고권을 행사할 수 있다(제131조).

14 乙이 대리권 없이 甲의 대리인으로서 丙과 매매계약을 체결한 경우에 관한 설명으로 옳은 것은? (다툼이 있으면 판례에 따름) ▶ 공인노무사 19년

① 甲이 매매계약을 추인하더라도 소급효가 없다.

② 乙이 甲으로부터 추인에 관한 특별수권을 받은 경우, 乙은 매매계약을 추인할 수 있다.

③ 甲은 매매계약의 추인을 거절하였더라도 이를 다시 번복하여 추인할 수 있다.

④ 乙이 미성년자인 경우에도 乙은 무권대리인의 책임을 진다.

⑤ 丙은 甲이 매매계약을 추인한 사실을 안 경우에도 무권대리임을 이유로 乙과 체결한 매매계약을 철회할 수 있다.

해설 ② 무권대리인이 추인에 대한 특별수권을 받으면 당연히 추인권을 행사할 수 있다.

오답해설
① 추인은 다른 의사표시가 없는 때에는 계약 시에 소급하여 그 효력이 생긴다(제133조). 무권대리행위의 추인은 소급효가 있다.
③ 추인은 유동적 무효상태에서만 행사할 수 있는데, 추인을 거절하면 확정적 무효가 되므로 다시 이를 추인할 수는 없다.

정답 12 ② 13 ② 14 ②

④ 대리인으로서 계약을 맺은 사람이 제한능력자일 때에는 무권대리인의 책임을 지지 않는다(제135조 제2항).

⑤ 철회도 유동적 무효상태에서만 가능한데, 甲이 추인을 하여 확정적 유효가 되었으므로 민법 제134조에 따라 악의의 丙은 철회를 할 수 없다.

15 무권대리행위의 추인에 관한 설명으로 옳지 않은 것은? (다툼이 있으면 판례에 따름)

▶ 공인노무사 18년

① 추인은 제3자의 권리를 해하지 않는 한, 다른 의사표시가 없으면 계약 시에 소급하여 그 효력이 생긴다.

② 무권대리행위의 일부에 대한 추인은 상대방의 동의를 얻지 못하는 한 무효이다.

③ 추인은 무권대리행위로 인한 권리 또는 법률관계의 승계인에게도 할 수 있다.

④ 본인이 무권대리인에게 추인한 경우, 상대방은 추인이 있었음을 주장할 수 있다.

⑤ 무권대리행위가 범죄가 되는 경우에 본인이 그 사실을 알고도 장기간 형사고소를 하지 않은 것만으로 묵시적 추인이 된다.

해설 ⑤ 무권대리행위가 범죄가 되는 경우에 본인이 그 사실을 알고도 장기간 형사고소를 하지 않은 것만으로 묵시적 추인이 되지 않는다(대판 97다31113). 어떠한 액션을 취한 바가 없기 때문이다.

오답해설
① 제133조
② 대판 81다카549
③ 대판 80다2314
④ 선의의 상대방은 추인이 있었음을 주장할 수도 있고, 철회를 할 수도 있다(제132조, 제134조).

16 무권대리에 관한 설명으로 옳은 것은? (다툼이 있으면 판례에 따름) ▶ 공인노무사 17년

① 무권대리행위가 제3자의 기망이나 문서위조 등 위법행위로 야기된 경우 무권대리인의 상대방에 대한 책임은 부정된다.

② 상대방이 무권대리인과 계약을 체결할 때 무권대리임을 알고 있는 경우, 상대방은 본인에게 추인 여부를 최고할 수 없다.

③ 무권대리행위가 범죄가 되는 경우에 본인이 그 사실을 알고도 장기간 형사고소를 하지 아니하였다면 무권대리행위를 추인한 것이다.

④ 무권대리인이 부담하는 이행책임 또는 손해배상책임의 선택권은 상대방이 갖는다.

⑤ 무권대리인이 본인을 단독상속한 경우, 무권대리행위의 추인을 거절하는 것은 신의칙에 반하지 않는다.

해설 ④ 제135조 제1항

오답해설

① 제135조 제1항에 따른 무권대리인의 상대방에 대한 책임은 무과실책임으로서 대리권의 흠결에 관하여 대리인에게 과실 등의 귀책사유가 있어야만 인정되는 것이 아니고, 무권대리행위가 제3자의 기망이나 문서위조 등 위법행위로 야기되었다고 하더라도 책임은 부정되지 아니한다(대판 2013다213038).

② 상대방은 선악을 불문하고 최고는 할 수 있다(제131조).

③ 무권대리행위가 범죄가 되는 경우에 본인이 그 사실을 알고도 장기간 형사고소를 하지 않은 것만으로 묵시적 추인이 되지 않는다(대판 97다31113).

⑤ 무권대리인이 본인을 단독상속한 경우, 무권대리행위의 추인을 거절하는 것은 금반언(신의칙)에 반하여 허용되지 않는다(대판 94다20617).

17 표현대리에 관한 설명으로 옳지 않은 것은? (다툼이 있으면 판례에 따름) ▶ 공인노무사 17년

① 권한을 넘은 표현대리에 해당하는지 여부를 판단할 경우, 정당한 이유가 존재하는지 여부는 대리행위 당시를 기준으로 판단한다.

② 표현대리가 성립하였다면 상대방에게 과실이 있다고 하더라도 과실상계의 법리를 유추적용할 수 없다.

③ 대리권수여의 표시에 의한 표현대리에 해당하여 본인에게 대리의 효과가 귀속하기 위해서는 상대방은 선의·무과실이어야 한다.

④ 대리인이 대리권 소멸 후 선임한 복대리인과 상대방과 사이의 법률행위에는 대리권소멸 후 표현대리가 성립할 수 없다.

⑤ 교회의 정관 기타 규약에 교회 재산에 관한 교회대표자의 권한 규정이 없음에도 불구하고, 교회의 대표자가 교인총회의 결의를 거치지 아니하고 교회 재산을 처분한 경우 권한을 넘은 표현대리에 관한 규정을 준용할 수 없다.

해설 ④ 대리인이 대리권 소멸 후 직접 상대방과 사이에 대리행위를 하는 경우는 물론 대리인이 대리권 소멸 후 복대리인을 선임하여 복대리인으로 하여금 상대방과 사이에 대리행위를 하도록 한 경우에도, 상대방이 선의·무과실이라면 제129조에 의한 표현대리가 성립할 수 있다(대판 97다55317).

오답해설

① 권한을 넘은 표현대리에 있어서 무권대리인에게 그 권한이 있다고 믿을 만한 정당한 이유가 있는가의 여부는 대리행위(매매계약) 당시를 기준으로 결정하여야 하고 매매계약 성립 이후의 사정은 고려할 것이 아니다(대판 81다322).

② 표현대리행위가 성립하는 경우에 그 본인은 표현대리행위에 의하여 전적인 책임을 져야 하고, 상대방에게 과실이 있다고 하더라도 과실상계의 법리를 유추적용하여 본인의 책임을 경감할 수 없다(대판 95다49554).

③ 표현대리가 성립하기 위해서는 항상 상대방은 선의·무과실이어야 한다(제125조).

⑤ 강행규정 위반이므로 표현대리가 성립할 수 없다(대판 2006다23312).

정답 15 ⑤ 16 ④ 17 ④

18 표현대리에 관한 설명으로 옳은 것은? (다툼이 있으면 판례에 따름) ▸ 공인노무사 16년

① 표현대리가 성립되면 무권대리의 성질이 유권대리로 전환된다.

② 표현대리의 성립을 위한 대리권 수여의 표시가 인정되기 위해서는 대리권 또는 대리인이라는 말이 사용되어야 한다.

③ 본인의 성명을 모용하여 자기가 마치 본인인 것처럼 기망하여 본인 명의로 직접 법률행위를 한 경우, 특별한 사정이 없는 한, 표현대리는 성립될 수 없다.

④ 대리인이 대리권 소멸 후 복대리인을 선임하여 복대리인으로 하여금 상대방과 대리행위를 하도록 한 경우, 대리권 소멸 후의 표현대리는 성립하지 않는다.

⑤ 대리권 소멸 후의 표현대리는 법정대리에는 적용되지 않는다.

> **해설** ③ 대리행위가 없으므로 표현대리가 성립할 수 없다(대판 92다52436, 제비판례).

오답해설

① 표현대리의 본질은 무권대리이므로 표현대리가 성립하더라도 유권대리로 전환되지 않는다(대판 83다카1389).

② 대리권, 또는 대리인이라는 말이 사용되어야만 대리권수여표시가 되는 것은 아니다(대판 97다53762).

④ 대리권 소멸 후의 표현대리가 성립한다.

⑤ 제125조의 표현대리는 임의대리에만 적용되나, 제126조와 제129조의 표현대리는 법정대리에도 적용된다.

19 무권대리 및 표현대리에 관한 설명으로 옳은 것은? (다툼이 있으면 판례에 따름)

▸ 공인노무사 24년

① 표현대리가 성립하는 경우에는 대리권 남용이 문제될 여지가 없다.

② 민법 제135조의 상대방에 대한 무권대리인의 책임은 무과실책임이다.

③ 사회통념상 대리권을 추단할 수 있는 직함의 사용을 묵인한 것만으로는 민법 제125조에서 말하는 대리권수여의 표시가 인정될 수 없다.

④ 소멸한 대리권의 범위를 벗어나서 대리행위가 행해진 경우에는 민법 제126조의 권한을 넘은 표현대리가 성립할 수 없다.

⑤ 대리인이 대리권 소멸 후 복대리인을 선임한 경우, 그 복대리인의 대리행위에 대해서는 표현대리가 성립할 여지가 없다.

해설 ② 대판 2013다213038

오답해설
① 표현대리의 성립요건인 선의·무과실의 대상은 대리권의 존부에 관한 것이고, 대리권 남용에서 상대방의 선의·무과실의 대상은 남용사실에 관한 것으로 그 대상을 달리하고 있고, 표현대리가 성립하는 경우 본인이 책임을 지므로 본인은 대리권 남용사실에 대한 상대방의 악의나 과실을 주장하여 책임을 면할 수도 있으므로 표현대리가 성립하는 경우에도 대리권남용이 문제될 수 있다.
③ 상무라는 명함을 사용하게 하는 것도 대리권 수여표시로 볼 수 있다(대판 97다53762).
④ 제129조의 대리권 소멸 후의 표현대리가 성립하는 경우, 대리인이 대리권한을 넘은 경우에는 제126조의 권한을 넘은 표현대리가 성립할 수 있다(대판 2007다74713).
⑤ 총판사례 : 이 경우에도 표현대리가 성립할 수 있다(대판 97다55317).

20 표현대리에 관한 설명으로 옳은 것을 모두 고른 것은? (다툼이 있으면 판례에 따름)

▶ 공인노무사 25년

> ㄱ. 표현대리행위가 성립하는 경우에는 상대방에게 과실이 있다고 하더라도 과실상계의 법리를 유추적용하여 본인의 책임을 경감할 수 없다.
> ㄴ. 당사자가 표현대리를 주장하는 경우, 무권대리인과 표현대리에 해당하는 무권대리행위를 특정하여야 한다.
> ㄷ. 권한을 넘은 표현대리에서 기본대리권의 내용과 표현대리행위는 동종의 것일 필요는 없다.

① ㄱ
② ㄱ, ㄴ
③ ㄱ, ㄷ
④ ㄴ, ㄷ
⑤ ㄱ, ㄴ, ㄷ

해설 ㄱ. (○) 대판 95다49554
ㄴ. (○) 표현대리제도는 대리권이 있는 것 같은 외관이 생긴데 대해 본인이 민법 제125조, 제126조 및 제129조 소정의 원인을 주고 있는 경우에 그러한 외관을 신뢰한 선의·무과실의 제3자를 보호하기 위하여 그 무권대리행위에 대하여 본인이 책임을 지게 하려는 것이므로 당사자가 표현대리를 주장함에는 무권대리인과 표현대리에 해당하는 무권대리행위를 특정하여 주장하여야 한다 할 것이다(대판 83다카1819).
ㄷ. (○) 대판 69다548

정답 18 ③ 19 ② 20 ⑤

Section 04 법률행위의 무효와 취소

01 민법상 법률행위의 무효 또는 취소에 관한 설명으로 옳은 것은? (다툼이 있으면 판례에 따름)

▶ 공인노무사 23년

① 불공정한 법률행위에는 무효행위 전환에 관한 제138조가 적용될 수 없다.
② 선량한 풍속 기타 사회질서에 위반한 사항을 내용으로 하는 법률행위의 무효는 이를 주장할 이익이 있는 자라면 누구든지 무효를 주장할 수 있다.
③ 취소할 수 있는 법률행위를 취소한 후 그 취소 원인이 소멸하였다면, 취소할 수 있는 법률행위의 추인에 의하여 그 법률행위를 다시 확정적으로 유효하게 할 수 있다.
④ 법률행위의 일부분이 무효인 경우 원칙적으로 그 일부분만 무효이다.
⑤ 甲이 乙의 기망행위로 자신의 X토지를 丙에게 매도한 경우, 甲은 매매계약의 취소를 乙에 대한 의사표시로 하여야 한다.

해설 ② 취소와 달리 무효는 누구든지 주장할 수 있다(대판 2015다11281).

오답해설
① 불공정한 법률행위에도 무효행위 전환에 관한 제138조가 적용될 수 있다(대판 2009다50308).
③ 취소한 법률행위는 처음부터 무효인 것으로 간주되므로 취소할 수 있는 법률행위가 일단 취소된 이상 그 후에는 취소할 수 있는 법률행위의 추인에 의하여 이미 취소되어 무효인 것으로 간주된 당초의 의사표시를 다시 확정적으로 유효하게 할 수는 없고, 다만 무효인 법률행위의 추인의 요건과 효력으로서 추인할 수는 있으나, 당초의 취소사유인 강박상태에서 벗어난 후에만 추인할 수 있다(대판 95다38240).
④ 전부무효가 원칙이다(제137조).
⑤ 상대방 丙에게 취소권을 행사하여야 한다(제142조).

02 甲은 「부동산 거래신고 등에 관한 법률」상 토지거래허가 구역에 있는 자신 소유의 X토지를 乙에게 매도하는 매매계약을 체결하였다. 아직 토지거래허가(이하 '허가')를 받지 않아 유동적 무효 상태에 있는 법률관계에 기한 설명으로 옳지 않은 것은? (다툼이 있으면 판례에 따름)

▶ 공인노무사 23년

① 甲은 허가 전에 乙의 대금지급의무의 불이행을 이유로 매매계약을 해제할 수 없다.
② 甲의 허가신청절차 협력의무와 乙의 대금지급의무는 동시이행관계에 있다.
③ 甲과 乙이 허가신청절차 협력의무 위반에 따른 손해배상액을 예정하는 약정은 유효하다.
④ 甲이 허가신청절차에 협력할 의무를 위반한 경우, 乙은 협력의무 위반을 이유로 매매계약을 해제할 수 없다.
⑤ 甲이 허가신청절차에 협력하지 않는 경우, 乙은 협력의무의 이행을 소구할 수 있다.

해설 ② 매도인의 토지거래계약허가 신청절차에 협력할 의무와 매수인의 매매대금 지급의무 사이에는 상호 이행상의 견련성이 없으므로, 동시이행관계에 있지 않다(대판 96다23825).

오답해설

① 대금지급의무 자체가 존재하지 않기 때문이다(대판 2009다92685).

③ 대판 95다18673

④ 협력의무는 주된 의무가 아니기 때문이다(대판 98다40459).

⑤ 대판 92다36830

03 甲은 토지거래허가구역에 있는 자신 소유의 X토지에 관하여 허가를 받을 것을 전제로 乙과 매매계약을 체결한 후 계약금을 수령하였으나 아직 토지거래허가는 받지 않았다. 이에 관한 설명으로 옳지 않은 것을 모두 고른 것은? (다툼이 있으면 판례에 따름) ▶ 공인노무사 24년

> ㄱ. 甲은 乙에게 계약금의 배액을 상환하면서 매매계약을 해제할 수 있다.
> ㄴ. 甲이 허가신청절차에 협력하지 않는 경우, 乙은 甲의 채무불이행을 이유로 하여 매매계약을 해제할 수 있다.
> ㄷ. 乙은 부당이득반환청구권을 행사하여 甲에게 계약금의 반환을 청구할 수 있다.
> ㄹ. 매매계약 후 X에 대한 토지거래허가구역 지정이 해제되었다면 더 이상 토지거래허가를 받을 필요 없이 매매계약은 확정적으로 유효로 된다.

① ㄱ, ㄴ   ② ㄴ, ㄷ
③ ㄷ, ㄹ   ④ ㄱ, ㄴ, ㄷ
⑤ ㄱ, ㄷ, ㄹ

해설 ㄴ. (×) 허가를 받지 않는 한 계약은 (유동적) 무효이므로 채권·채무와 관련해서는 어떠한 청구도 할 수 없다(대판 93다25875).

ㄷ. (×) 유동적 무효 상태에서는 서로 허가신청에 협력할 의무가 있으므로 아직은 부당이득반환을 청구할 수 없다. 확정적 무효가 되어야 비로소 부당이득반환을 청구할 수 있다(대판 95다5401).

오답해설

ㄱ. (○) 중도금을 수령하지 않는 한 토지거래허가구역 내의 토지매매계약도 허가여부를 불문하고 계약금해제는 가능하다(대판 2008다62427).

ㄹ. (○) 토지거래허가구역 지정기간 중에 허가구역 안의 토지에 대하여 토지거래허가를 받지 아니하고 토지거래계약을 체결한 후 허가구역 지정이 해제되거나 허가구역 지정기간이 만료되었음에도 재지정을 하지 아니한 때에는 그 토지거래계약이 허가구역 지정이 해제되기 전에 확정적으로 무효로 된 경우를 제외하고는, 더 이상 관할 행정청으로부터 토지거래허가를 받을 필요가 없이 확정적으로 유효로 된다(대판 2009다41465).

정답 01 ② 02 ② 03 ②

04 무효행위에 관한 설명으로 옳지 않은 것은? (다툼이 있으면 판례에 따름) ▸ 공인노무사 21년

① 취소할 수 있는 법률행위가 취소된 후에는 무효행위의 추인요건을 갖추더라도 다시 추인될 수 없다.
② 무효행위의 추인은 묵시적으로 이루어질 수 있다.
③ 무효행위의 추인이 있었다는 사실은 새로운 법률행위의 성립을 주장하는 자가 증명하여야 한다.
④ 법률행위의 일부분이 무효인 때에는 특별한 사정이 없는 한 그 전부를 무효로 한다.
⑤ 불공정한 법률행위에는 무효행위의 전환에 관한 민법 제138조가 적용될 수 있다.

해설 ① 취소한 법률행위는 처음부터 무효인 것으로 간주되므로 취소할 수 있는 법률행위가 일단 취소된 이상 그 후에는 취소할 수 있는 법률행위의 추인에 의하여 이미 취소되어 무효인 것으로 간주된 당초의 의사표시를 다시 확정적으로 유효하게 할 수는 없고, 다만 무효인 법률행위의 추인의 요건과 효력으로서 추인할 수는 있다(대판 95다38240).

오답해설
② 묵시적인 추인도 인정된다(대판 2012다112299).
③ 대판 91다26546
④ 제137조
⑤ 민법 제104조에서 정하는 '불공정한 법률행위'에 해당하며 무효인 경우에도 무효행위의 전환에 관한 민법 제138조가 적용될 수 있다(대판 2009다50308).

05 법률행위의 무효와 취소에 관한 설명으로 옳은 것은? (다툼이 있으면 판례에 따름)

▸ 공인노무사 22년

① 반사회질서의 법률행위는 당사자가 그 무효를 알고 추인하면 원칙적으로 유효가 된다.
② 담보의 제공은 법정추인사유에 해당하지 않는다.
③ 무효행위의 추인은 무효원인이 소멸하기 전에도 할 수 있다.
④ 피성년후견인은 법정대리인의 동의가 있으면 취소할 수 있는 법률행위를 추인할 수 있다.
⑤ 제한능력을 이유로 법률행위가 취소된 경우, 제한능력자는 현존이익의 한도에서 상환할 책임이 있다.

해설 ⑤ 제141조

오답해설
① 반사회질서법률행위는 절대적 무효이므로 추인이 인정되지 않는다.
② 담보의 제공은 법정추인사유이다(제145조 제4호).
③ 무효행위의 추인은 무효원인이 소멸한 후에만 할 수 있다(대판 95다38240).
④ 피성년후견인은 법정대리인의 동의가 있어도 단독으로 법률행위를 할 수 없으므로(제10조), 법정대리인의 동의를 얻어도 취소할 수 있는 법률행위를 추인할 수 없다.

PART
01

06 법률행위의 무효 또는 취소에 관한 설명으로 옳은 것은? (다툼이 있으면 판례에 따름)

▸ 공인노무사 20년

① 법률행위의 일부분이 무효인 경우 원칙적으로 그 일부분만 무효이다.
② 제한능력자가 법률행위를 취소한 경우 원칙적으로 그가 받은 이익 전부를 상환하여야 한다.
③ 취소할 수 있는 법률행위는 추인권자의 추인이 있은 후에는 취소하지 못한다.
④ 법률행위의 취소권은 법률행위를 한 날로부터 3년 내에, 추인할 수 있는 날로부터 10년 내에 행사하여야 한다.
⑤ 매도인에게 부과될 공과금을 매수인이 책임진다는 취지의 특약은 사회질서에 반하므로 무효이다.

해설 ③ 취소는 유동적 무효상태에서만 가능한데, 추인을 하면 확정적 유효가 되므로 다시 취소하지 못한다(제143조 제1항).

오답해설
① 전부무효가 원칙이다(제137조).
② 제한능력자는 선악을 불문하고 현존이익만 반환하면 된다(제141조).
④ 취소권은 추인할 수 있는 날로부터 3년, 법률행위를 한 날로부터 10년 내에 행사하여야 한다(제146조).
⑤ 세금이나 공과금을 매수인이 부담한다는 약정은 사회질서에 반한다고 단정하기 어렵고 특별한 사정이 없는 한 유효하다(대판 93다296).

07 무효와 취소에 관한 설명으로 옳은 것은? (다툼이 있으면 판례에 따름) ▸ 공인노무사 19년

① 무효인 법률행위의 당사자가 그 무효임을 알고 추인한 때에는 새로운 법률행위로 본다.
② 취소권자가 이의의 보류 없이 상대방으로부터 일부의 이행을 수령한 경우에도 법정추인이 되지 않는다.
③ 불공정한 법률행위는 법정추인에 의해 유효로 될 수 있다.
④ 강박에 의한 의사표시를 취소하여 무효가 된 법률행위는 그 무효원인이 종료하더라도 무효행위의 추인의 요건에 따라 다시 추인할 수 없다.
⑤ 토지거래허가구역 내의 토지의 매도인은 거래허가 전이라도 매수인의 대금지급의무의 불이행을 이유로 계약을 해제할 수 있다.

해설 ① 제139조

오답해설
② 취소권자가 이행을 수령한 경우에도 법정추인이 된다(제145조 제1호).
③ 불공정한 법률행위는 절대적 무효이므로 (법정)추인이 인정되지 않는다(대판 94다10900).

④ 취소한 법률행위는 처음부터 무효인 것으로 간주되므로 취소할 수 있는 법률행위가 일단 취소된 이상 그 후에는 취소할 수 있는 법률행위의 추인에 의하여 이미 취소되어 무효인 것으로 간주된 당초의 의사표시를 다시 확정적으로 유효하게 할 수는 없고, 다만 무효인 법률행위의 추인의 요건과 효력으로서 추인할 수는 있으나, 당초의 취소사유인 강박상태에서 벗어난 후에만 추인할 수 있다(대판 95다38240).

⑤ 허가받기 전의 상태에서는 채권·채무가 발생하지 않으므로 채무불이행을 이유로 해제할 수 없다(대판 2009다92685).

08 법률행위의 무효와 취소에 관한 설명으로 옳지 않은 것은? (다툼이 있으면 판례에 따름)

▸ 공인노무사 17년

① 가분적 법률행위의 일부분에만 취소사유가 있는 경우 나머지 부분이라도 이를 유지하려는 당사자의 가정적 의사가 인정되더라도 그 일부만의 취소는 불가능하다.

② 반사회적 법률행위는 당사자의 추인으로 유효하게 할 수 없다.

③ 법정대리인의 동의 없이 행한 미성년자의 법률행위는 미성년자가 단독으로 취소할 수 있다.

④ 법률행위의 일부분이 무효인 경우 원칙적으로 그 전부를 무효로 한다.

⑤ 제한능력을 이유로 법률행위가 취소된 경우, 제한능력자는 현존이익의 한도에서 상환할 책임이 있다.

해설 ① 하나의 법률행위의 일부분에만 취소사유가 있는 경우에 그 법률행위가 가분적이거나 그 목적물의 일부가 특정될 수 있다면, 그 나머지 부분이라도 이를 유지하려는 당사자의 가정적 의사가 인정되는 경우 그 일부만의 취소도 가능하다(대판 98다56607).

오답해설

② 반사회질서 법률행위는 절대적 무효이기 때문이다(민법 제103조 참조).

③ 제140조

④ 제137조

⑤ 제141조

09 법률행위의 무효에 관한 설명으로 옳지 않은 것은? (다툼이 있으면 판례에 따름)

▶ 공인노무사 16년

① 무효인 법률행위의 내용에 따른 법률효과를 침해하는 것처럼 보이는 위법행위가 있다면 그로 인한 손해의 배상을 청구할 수 있다.
② 토지거래허가를 받지 않아 유동적 무효의 상태에 있는 토지매매계약의 당사자는 허가신 청절차에 협력할 의무를 부담한다.
③ 법률행위의 일부가 무효인 때에는 원칙적으로 그 전부를 무효로 한다.
④ 약정된 매매대금의 과다로 말미암아 불공정한 법률행위에 해당하고 무효인 경우에도 무 효행위의 전환에 관한 규정이 적용될 수 있다.
⑤ 무효행위의 추인은 묵시적인 방법으로도 할 수 있다.

해설 ① 무효인 법률행위는 그 법률행위가 성립한 당초부터 당연히 효력이 발생하지 않는 것이므로, 무효인 법률행위에 따른 법률효과를 침해하는 것처럼 보이는 위법행위나 채무불이행이 있다고 하여도 법률효과의 침해에 따른 손해는 없는 것이므로 그 손해배상을 청구할 수는 없다(대판 2002다72125).

오답해설
② 대판 90다12243
③ 제137조
④ 대판 2009다50308
⑤ 대판 95다38240

10 무효와 취소에 관한 설명으로 옳지 않은 것은? (다툼이 있으면 판례에 따름) ▶ 공인노무사 25년

① 경개는 법정추인사유이다.
② 불공정한 법률행위에는 무효행위 전환에 관한 민법 제138조가 적용될 수 있다.
③ 취소권의 행사기간은 소멸시효기간이다.
④ 토지거래허가구역 내에 있는 토지에 관한 매매계약이 확정적 무효인 경우, 그 무효에 귀 책사유가 있는 자도 계약의 무효를 주장할 수 있다.
⑤ 포괄승계인은 피승계인의 법률행위의 취소권을 행사할 수 있다.

해설 ③ 취소권은 형성권이므로 취소권의 행사기간은 제척기간이다(대판 96다25371).

오답해설
① 제145조 제3호
② '불공정한 법률행위'에 해당하여 무효인 경우에도 무효행위의 전환에 관한 민법 제138조가 적용될 수 있다(대판 2009다50308).
④ 무효는 누구든지 주장할 수 있기 때문이다(대판 97다4357).
⑤ **제140조(법률행위의 취소권자)** 취소할 수 있는 법률행위는 제한능력자, 착오로 인하거나 사기·강박에 의하여 의사표시를 한 자, 그의 대리인 또는 승계인만이 취소할 수 있다.

정답 ▶ **08** ① **09** ① **10** ③

Section 05 조건과 기한

01 민법상 조건에 관한 설명으로 옳지 않은 것은? (다툼이 있으면 판례에 따름)

▶ 공인노무사 23년

① 조건을 붙이고자 하는 의사는 법률행위의 내용으로 외부에 표시되어야 하므로 그 의사표시는 묵시적 방법으로는 할 수 없다.
② 조건이 법률행위의 당시 이미 성취한 것인 경우에는 그 조건이 정지조건이면 조건 없는 법률행위이다.
③ 조건의 성취로 인하여 불이익을 받을 당사자가 과실로 신의성실에 반하여 조건의 성취를 방해한 때에는 상대방은 그 조건이 성취한 것으로 주장할 수 있다.
④ 조건의 성취가 미정한 권리의무는 일반규정에 의하여 담보로 할 수 있다.
⑤ 선량한 풍속에 반하는 불법조건이 붙은 법률행위는 무효이다.

해설 ① 조건을 붙이고자 하는 의사의 표시는 그 방법에 관하여 일정한 방식이 요구되지 않으므로 묵시적 의사표시나 묵시적 약정으로도 할 수 있다(대판 2016다221368).

오답해설
② 제151조 제2항
③ 고의에 의한 것이 과실에 의한 경우에도 신의성실에 반하여 조건의 성취를 방해(제150조 제1항)한 때에 해당한다(대판 98다42356).
④ 제149조
⑤ 즉 조건만이 아니라 법률행위 전부가 무효이다(대판 2005마541).

02 조건과 기한에 관한 설명으로 옳은 것은? (다툼이 있으면 판례에 따름) ▶ 공인노무사 22년

① 기한의 이익을 가지고 있는 채무자가 그가 부담하는 담보제공 의무를 이행하지 아니하더라도 그 기한의 이익은 상실되지 않는다.
② 해제조건 있는 법률행위는 조건이 성취한 때로부터 그 효력이 생긴다.
③ 기성조건이 정지조건이면 그 법률행위는 무효로 한다.
④ 기한이익 상실특약은 특별한 사정이 없는 한 정지조건부 기한이익 상실특약으로 본다.
⑤ 기한은 원칙적으로 채무자의 이익을 위한 것으로 추정한다.

해설 ⑤ 제153조 제1항

오답해설
① 담보제공의무를 이행하지 않으면 기한의 이익이 상실한다(제388조 제2호).
② 해제조건 있는 법률행위는 조건이 성취한 때로부터 그 효력을 잃는다(제147조 제2항).
③ 기성조건이 정지조건이면 그 법률행위는 조건 없는 법률행위가 된다(제151조 제2항).
④ 기한이익 상실특약은 특별한 사정이 없는 한 형성권적 기한이익 상실의 특약으로 추정한다(대판 2002다28340).

03 법률행위의 조건에 관한 설명으로 옳은 것은? (다툼이 있으면 판례에 따름) ▸ 공인노무사 21년

① 법률행위에 조건이 붙어 있는지 여부는 사실인정의 문제로서 그 조건의 존재를 주장하는 자가 이를 증명하여야 한다.
② 조건의 성취가 미정한 권리의무는 일반규정에 의하여 담보로 할 수 없다.
③ 조건이 선량한 풍속 기타 사회질서에 위반한 경우, 그 조건만 무효로 될 뿐 그 법률행위는 조건 없는 법률행위로서 유효하다.
④ 법률행위 당시 조건이 이미 성취된 경우, 그 조건이 정지조건이면 그 법률행위는 무효이다.
⑤ 당사자가 조건성취의 효력을 그 성취 전으로 소급하게 할 의사를 표시한 경우, 그 소급의 의사표시는 효력이 없다.

> **해설** ① 대판 2006다35766

오답해설
② 조건의 성취가 미정한 권리의무는 일반규정에 의하여 처분, 상속, 보존 또는 담보로 할 수 있다(제149조).
③ 조건부 법률행위에 있어 조건의 내용 자체가 불법적인 것이어서 무효일 경우 또는 조건을 붙이는 것이 허용되지 아니하는 법률행위에 조건을 붙인 경우 그 조건만을 분리하여 무효로 할 수는 없고 그 법률행위 전부가 무효로 된다(대결 2005마541). 조건 없는 법률행위는 완벽한 유효를 의미한다.
④ 법률행위 당시 조건이 이미 성취된 경우, 그 조건이 정지조건이면 그 법률행위는 조건 없는 법률행위로 한다(제151조 제2항).
⑤ 당사자가 조건성취의 효력을 그 성취 전에 소급하게 할 의사를 표시한 때에는 그 의사에 의한다(제147조 제3항).

04 민법상 조건에 관한 설명으로 옳은 것은? (다툼이 있으면 판례에 따름) ▸ 공인노무사 20년

① '대금이 완납되면 매매목적물의 소유권이 이전된다'는 조항이 있는 소유권유보부 매매에서 대금완납은 해제조건이다.
② 선량한 풍속에 반하는 불법조건이 붙은 법률행위는 조건 없는 법률행위가 된다.
③ 당사자의 의사표시로 조건성취의 효력을 소급시킬 수 없다.
④ 조건은 법률행위의 내용을 이룬다.
⑤ 유언에는 조건을 붙일 수 없다.

> **해설** ④ 조건은 법률행위 효력의 발생 또는 소멸을 장래 불확실한 사실의 발생 여부에 따라 좌우되게 하는 법률행위의 부관이고, 법률행위에서 효과의사와 일체적인 내용을 이루는 의사표시 그 자체이다(대판 2020다202821).

오답해설
① 할부대금을 완납해야 소유권이 이전되므로, 소유권유보부매매는 대금완납을 정지조건으로 하는 법률행위이다(대판 99다30534).

> **정답** 01 ① 02 ⑤ 03 ① 04 ④

② 조건부 법률행위에 있어 조건의 내용 자체가 불법적인 것이어서 무효일 경우 또는 조건을 붙이는 것이 허용되지 아니하는 법률행위에 조건을 붙인 경우 그 조건만을 분리하여 무효로 할 수는 없고 그 법률행위 전부가 무효로 된다(대결 2005마541).

③ 당사자가 조건성취의 효력을 그 성취 전에 소급하게 할 의사를 표시한 때에는 그 의사에 의한다(제147조 제3항).

⑤ 단독행위라도 상대방에게 불리하지 않은 채무면제나 유언(유증)에는 조건을 붙일 수 있다.

05 조건에 관한 설명으로 옳지 않은 것은? (다툼이 있으면 판례에 따름) ▸공인노무사 19년

① 정지조건부 권리의 경우, 조건이 미성취인 동안에는 소멸시효가 진행되지 않는다.

② 불법조건이 붙어 있는 법률행위는 그 조건뿐만 아니라 법률행위 전부가 무효로 된다.

③ 조건의 성취가 미정인 조건부 권리도 일반규정에 의하여 담보로 할 수도 있다.

④ 기성조건을 해제조건으로 한 법률행위는 무효이다.

⑤ 정지조건부 법률행위는 권리가 성립한 때에 소급하여 그 효력이 생긴다.

해설 ⑤ 조건의 성취는 원칙적으로 소급효가 없다(제147조 참조).

오답해설

① 정지조건부 권리는 조건이 성취되지 않는 한 권리를 행사할 수 없기 때문이다(대판 92다28822).

② 대결 2005마541

③ 제149조

④ 제151조 제2항

06 법률행위의 조건에 관한 설명으로 옳지 않은 것은? (다툼이 있으면 판례에 따름)

▸공인노무사 18년

① 정지조건이 법률행위 당시에 이미 성취된 경우에는 그 법률행위는 무효이다.

② 해제조건 있는 법률행위는 조건이 성취한 때로부터 그 효력을 잃는다.

③ 조건의 성취가 미정한 권리의무는 일반규정에 의하여 처분, 상속, 보존 또는 담보로 할 수 있다.

④ 당사자가 합의한 경우에는 조건성취의 효력을 소급시킬 수 있다.

⑤ 정지조건부 법률행위에서 조건성취의 사실은 권리를 취득하는 자가 증명책임을 진다.

해설 ① 조건 없는 법률행위가 된다(제151조 제2항).

오답해설

② 제147조 제2항

③ 제149조

④ 제147조 제3항

⑤ 대판 81다카692

07 법률행위의 조건과 기한에 관한 설명으로 옳지 않은 것은? (다툼이 있으면 판례에 따름)
▸ 공인노무사 17년

① 조건이 법률행위의 당시 이미 성취한 것인 경우에는 그 조건이 정지조건이면 조건 없는 법률행위이다.
② 조건의 성취 여부가 확정 전인 권리의무는 일반규정에 의하여 처분, 상속, 보존 또는 담보로 할 수 있다.
③ 어느 법률행위에 어떤 조건이 붙어 있었는지 여부는 그 조건의 존재를 주장하는 자가 이를 증명하여야 한다.
④ 당사자의 특약이 없거나 법률행위의 성질상 분명하지 않으면 기한의 이익은 채권자에게 있는 것으로 추정된다.
⑤ 기한의 이익이 상대방에게 있는 경우 당사자 일방은 상대방의 손해를 배상하고 기한의 이익을 포기할 수 있다.

해설 ④ 기한은 채무자의 이익을 위한 것으로 추정한다(제153조 제1항).

오답해설
① 제151조 제2항
② 제149조
③ 대판 93다20832
⑤ 제153조 제2항

08 민법상 조건과 기한에 관한 설명으로 옳은 것은? (다툼이 있으면 판례에 따름) ▸ 공인노무사 24년

① 대여금채무의 이행지체에 따른 확정된 지연손해금채무는 그 이행청구를 받은 때부터 지체책임이 발생한다.
② 지명채권의 양도에 대한 채무자의 승낙은 채권양도 사실을 승인하는 의사를 표명하는 행위로 조건을 붙여서 할 수 없다.
③ 부당이득반환채권과 같이 이행기의 정함이 없는 채권이 자동채권으로 상계될 때 상계적상에서 의미하는 변제기는 상계의 의사표시를 한 시점에 도래한다.
④ 조건을 붙이고자 하는 의사는 법률행위의 내용으로 외부에 표시되어야 하므로 묵시적 의사표시나 묵시적 약정으로는 할 수 없다.
⑤ 당사자가 금전소비대차계약에 붙인 기한이익 상실특약은 특별한 사정이 없는 한 정지조건부 기한이익 상실특약으로 추정한다.

정답 05 ⑤ 06 ① 07 ④ 08 ①

해설 ① 금전채무의 지연손해금 채무는 이행기에 정함이 없는 채무에 해당하므로 채권자로부터 이행청구를 받은 때로부터 지체책임이 있다(대판 2004다11582).

오답해설
② 채권양도의 통지에는 조건이나 기한을 붙일 수 없으나, 승낙에는 조건을 붙일 수 있다(대판 2011다8614).
③ 제492조의 '채무의 이행기가 도래한 때'란 채권자가 채무자에게 이행을 청구할 수 있는 시기가 도래하였음을 말하는 것이지 채무자가 이행지체에 빠지는 시기를 말하는 것이 아니다. 따라서 기한의 정함이 없는 채권은 그 채권의 성립과 동시에 상계할 수 있는 것이고, 그 이행청구를 필요로 하는 것은 아니다(대판 81다카10).
④ 묵시적 의사표시로도 조건을 붙일 수 있다(대판 2016다221368).
⑤ 기한이익 상실특약은 특별한 사정이 없는 한 형성권적 기한이익 상실특약으로 추정한다(대판 2002다28340).

09 조건과 기한에 관한 설명으로 옳지 않은 것은? (다툼이 있으면 판례에 따름) ▸ 공인노무사 25년
① 장래 반드시 실현되는 사실은 실현 시기가 확정되지 않더라도 조건이 될 수 없다.
② 채무자가 자기 소유의 물적담보를 고의로 감소하게 하여 남은 담보가 채무를 담보할 수 없게 된 경우, 그 채무자는 기한의 이익을 주장하지 못한다.
③ 현상광고에서 정한 행위의 완료에는 기한을 붙일 수 없다.
④ 기한은 원칙적으로 채무자의 이익을 위한 것으로 추정한다.
⑤ 조건을 붙이고자 하는 의사가 있더라도 외부에 표시되지 않으면 이는 법률행위의 동기에 불과하다.

해설 ③ 제678조(우수현상광고) ① 광고에 정한 행위를 완료한 자가 수인인 경우에 그 우수한 자에 한하여 보수를 지급할 것을 정하는 때에는 그 광고에 응모기간을 정한 때에 한하여 그 효력이 생긴다.

오답해설
① 조건은 법률행위의 효력의 발생 또는 소멸을 장래의 '불확실한 사실'의 성부의 의존케 하는 법률행위의 부관이기 때문이다(대판 2003다10797).
② 제388조 제1호
④ 제153조 제1항
⑤ 조건은 법률행위의 효력의 발생 또는 소멸을 장래의 불확실한 사실의 성부에 의존케 하는 법률행위의 부관으로서 당해 법률행위를 구성하는 의사표시의 일체적인 내용을 이루는 것이므로, 의사표시의 일반원칙에 따라 조건을 붙이고자 하는 의사, 즉 조건의사와 그 표시가 필요하며, 조건의사가 있더라도 그것이 외부에 표시되지 않으면 법률행위의 동기에 불과할 뿐이고 그것만으로는 법률행위의 부관으로서의 조건이 되는 것은 아니다(대판 2003다10797).

정답 **09 ③**

Chapter 05   기간

---

01 민법상 기간에 관한 설명으로 옳지 않은 것은? (다툼이 있으면 판례에 따름)

▸ 공인노무사 23년

① 기간의 기산점에 관한 제157조의 초일 불산입의 원칙은 당사자의 합의로 달리 정할 수 있다.

② 정관상 사원총회의 소집통지를 1주간 전에 발송하여야 하는 사단법인의 사원총회일이 2023년 6월 2일(금) 10시인 경우, 총회소집통지는 늦어도 2023년 5월 25일 중에는 발송하여야 한다.

③ 2023년 5월 27일(토) 13시부터 9시간의 만료점은 2023년 5월 27일 22시이다.

④ 2023년 5월 21일(일) 14시부터 7일간의 만료점은 2023년 5월 28일 24시이다.

⑤ 2017년 1월 13일(금) 17시에 출생한 사람은 2036년 1월 12일 24시에 성년자가 된다.

해설 ④ 5월 28일이 일요일이므로 5월 29일 24시가 만료점이 된다.

오답해설
① 제155조에 의하여 법률행위로 초일을 산입할 수도 있다(대판 2006다62942).
② 역산도 초일불산입이므로 6월 1일부터 기산해서 5월 26일 0시 이전에 통지를 하여야 한다.
③ 자연적 계산방법이다.
⑤ 연령계산은 초일을 산입하기 때문이다(제158조).

---

02 민법상 기간에 관한 설명으로 옳지 않은 것은?

▸ 공인노무사 22년

① 연령계산에는 출생일을 산입한다.

② 월의 처음으로 기간을 기산하지 아니하는 때에는 최후의 월에서 그 기산일에 해당한 날의 익일로 기간이 만료한다.

③ 기간의 말일이 공휴일에 해당한 때에는 기간은 그 익일로 만료한다.

④ 기간을 분으로 정한 때에는 즉시로부터 기산한다.

⑤ 기간을 월로 정한 때에는 역(曆)에 의하여 계산한다.

해설 ② 주, 월 또는 연의 처음으로부터 기간을 기산하지 아니하는 때에는 최후의 주, 월 또는 연에서 그 기산일에 해당한 날의 전일로 기간이 만료한다(제160조 제2항).

정답 01 ④   02 ②

오답해설
① 제158조
③ 제161조
④ 기간을 시, 분, 초로 정한 때에는 즉시로부터 기산한다(제156조).
⑤ 제160조 제1항

03 2021년 5월 8일(토)에 계약기간을 '앞으로 3개월'로 정한 경우, 기산점과 만료점을 바르게 나열한 것은? (단, 기간의 계산방법에 관하여 달리 정함은 없고, 8월 6일은 금요일임)

▶ 공인노무사 21년

① 5월 8일, 8월 7일　　　　　　　② 5월 8일, 8월 9일
③ 5월 9일, 8월 8일　　　　　　　④ 5월 9일, 8월 9일
⑤ 5월 10일, 8월 9일

해설 ④ 초일불산입이므로 5월 9일이 기산점이고(제157조), 만료점인 8월 8일은 일요일, 즉 공휴일이므로 다음 날인 8월 9일이 만료점이 된다(제161조).

04 민법상 기간에 관한 설명으로 옳지 않은 것은? (다툼이 있으면 판례에 따름) ▶ 공인노무사 25년

① 나이가 1세에 이르지 아니한 경우에는 월수(月數)로 표시할 수 있다.
② 기간을 주(週)로 정한 때에는 역(曆)에 의하여 계산한다.
③ 기간의 말일이 토요일 또는 공휴일에 해당한 때에는 기간은 그 익일로 만료한다.
④ 정년이 60세라 함은 60세에 도달하는 날이 아니라 60세가 만료되는 날을 말한다.
⑤ 사원총회의 선거일이 2025.6.2.인 경우에 '선거일 전 3년간'은 2022.6.2. 00:00부터 2025.6.1. 24:00 사이를 말한다.

해설 ④ 도달한 날을 의미한다(대판 71다2669).

오답해설
① 제158조
② 제160조 제1항
③ 제161조
⑤ 기간에 관한 민법규정은 역산의 경우에도 그대로 적용되기 때문이다.

정답　03 ④　04 ④

Chapter **06** **소멸시효**

01 제척기간과 소멸시효에 관한 설명으로 옳지 않은 것은? (다툼이 있으면 판례에 따름)

▸공인노무사 24년

① 제척기간이 완성된 채권이 그 완성 전에 상계할 수 있었던 것이면 채권자는 이를 자동채권으로 하여 상대방의 채권과 상계할 수 있다.

② 제척기간이 도과하였는지 여부는 법원이 직권으로 조사하여 고려할 수 없고, 당사자의 주장에 따라야 한다.

③ 보증채무의 부종성을 부정하여야 할 특별한 사정이 있는 경우, 보증인은 주채무의 시효소멸을 이유로 보증채무의 시효소멸을 주장할 수 없다.

④ 부작위를 목적으로 하는 채권의 소멸시효는 위반행위를 한 때로부터 진행한다.

⑤ 도급받은 자의 공사에 관한 채권은 3년간 행사하지 아니하면 소멸시효가 완성한다.

해설 ② 제척기간이 도과하였는지 여부는 법원이 직권으로 조사하여야 할 사항이다(대판 99다18725).

오답해설

① 매도인이나 수급인의 담보책임을 기초로 한 손해배상채권의 제척기간이 지난 경우에도 제척기간이 지나기 전 상대방의 채권과 상계할 수 있었던 경우에는 매수인이나 도급인은 민법 제495조를 유추적용해서 위 손해배상채권을 자동채권으로 해서 상대방의 채권과 상계할 수 있다고 봄이 타당하다(대판 2018다255648).

③ 주채무에 대한 소멸시효가 완성된 경우에는 부종성에 따라 보증채무 역시 당연히 소멸되는 것이 원칙이다. 다만 보증채무의 부종성을 부정하여야 할 특별한 사정이 있는 경우에는 예외적으로 보증인은 주채무의 시효소멸을 이유로 보증채무의 소멸을 주장할 수 없으나, 특별한 사정을 인정하여 보증채무의 본질적인 속성에 해당하는 부종성을 부정하려면 보증인이 주채무의 시효소멸에도 불구하고 보증채무를 이행하겠다는 의사를 표시하거나 채권자와 그러한 내용의 약정을 하였어야 하고, 단지 보증인이 주채무의 시효소멸에 원인을 제공하였다는 것만으로는 보증채무의 부종성을 부정할 수 없다(대판 2016다211620).

④ 제166조 제2항

⑤ 제163조 제3호

정답 01 ②

02 소멸시효와 제척기간에 관한 설명으로 옳은 것은? (다툼이 있으면 판례에 따름)

▶ 공인노무사 25년

① 시효의 기산점과 관련하여 사실상 권리의 존재를 알지 못하였다는 것은 법률상 장애사유에 해당한다.

② 근로계약상 보호의무 위반에 따른 근로자의 손해배상청구권에는 특별한 사정이 없는 한 10년의 민사시효기간이 적용된다.

③ 소멸시효는 법률행위에 의하여 배제할 수 있다.

④ 부동산의 매수인이 그 부동산을 인도받아 계속 점유하는 경우에도 그 소유권이전등기청구권의 소멸시효는 진행한다.

⑤ 법원은 제척기간의 경과 여부를 직권으로 조사할 수 없다.

해설 ② 상법 제64조에서 5년의 상사시효를 정하는 것은 대량, 정형, 신속이라는 상거래 관계 특성상 법률관계를 신속하게 해결할 필요성이 있기 때문이다. 사용자가 상인으로서 영업을 위하여 근로자와 체결하는 근로계약이 보조적 상행위에 해당하더라도 사용자가 근로계약에 수반되는 신의칙상의 부수적 의무인 보호의무를 위반하여 근로자에게 손해를 입힘으로써 발생한 근로자의 손해배상청구와 관련된 법률관계는 근로자의 생명, 신체, 건강 침해 등으로 인한 손해의 전보에 관한 것으로서 그 성질상 정형적이고 신속하게 해결할 필요가 있다고 보기 어렵다. 따라서 근로계약상 보호의무 위반에 따른 근로자의 손해배상청구권은 특별한 사정이 없는 한 10년의 민사 소멸시효기간이 적용된다(대판 2018다270876).

오답해설

① 소멸시효에서 '권리를 행사할 수 없는' 경우라 함은 그 권리행사에 법률상의 장애사유, 예컨대 기간의 미도래나 조건불성취 등이 있는 경우를 말하는 것이고, 사실상 권리의 존재나 권리행사 가능성을 알지 못하였고 알지 못함에 과실이 없다고 하여도 이러한 사유는 법률상 장애사유에 해당하지 않는다(대판 2006다1381).

③ 제184조(시효의 이익의 포기 기타) ② 소멸시효는 법률행위에 의하여 이를 배제, 연장 또는 가중할 수 없으나 이를 단축 또는 경감할 수 있다.

④ 시효제도의 존재이유에 비추어 보아 부동산 매수인이 그 목적물을 인도받아서 이를 사용·수익하고 있는 경우에는 그 매수인의 등기청구권은 다른 채권과는 달리 소멸시효에 걸리지 않는다고 해석함이 타당하다(대판[전합] 76다148).

⑤ 민법 제146조는 취소권은 추인할 수 있는 날로부터 3년 내에 행사하여야 한다고 규정하고 있는 바, 이 때의 3년이라는 기간은 일반 소멸시효기간이 아니라 제척기간으로서 제척기간이 도과하였는지 여부는 당사자의 주장에 관계없이 법원이 당연히 조사하여 고려하여야 할 사항이다(대판 96다25371). 따라서, 제척기간은 법원의 직권조사항이다.

03 소멸시효의 중단과 정지에 관한 설명으로 옳은 것은? (다툼이 있으면 판례에 따름)

▶ 공인노무사 25년

① 형사소송에서 피해자가 신청하는 배상명령은 시효중단사유가 아니다.

② 채권자가 전소(前訴)로 이행청구를 하여 승소 확정판결을 받은 경우, 시효중단을 위해 후소(後訴)로서 재판상의 청구가 있다는 점에 대하여만 확인을 구하는 소는 허용되지 아니한다.

③ 시효중단의 효력 있는 승인에는 상대방의 권리에 관한 처분의 능력을 요한다.

④ 이행인수인이 채권자에 대하여 채무자의 채무를 승인하면 특별한 사정이 없으면 그 승인은 시효중단효력이 없다.

⑤ 유체동산에 대한 가압류결정을 집행한 경우, 가압류에 의한 시효중단의 효력은 본압류가 되면 소멸한다.

해설 ④ 이행인수인은 채무자의 채무를 변제하는 등으로 면책시킬 의무를 부담하지만 채권자에 대한 관계에서 직접 이행의무를 부담하게 되는 것은 아니다. 한편 소멸시효 중단사유인 채무의 승인은 시효이익을 받을 당사자나 대리인만 할 수 있으므로 이행인수인이 채권자에 대하여 채무자의 채무를 승인하더라도 다른 특별한 사정이 없는 한 시효중단사유가 되는 채무승인의 효력은 발생하지 않는다(대판 2015다239744).

오답해설

① 피해자가 형사소송에서 소송촉진 등에 관한 특례법에서 정한 배상명령을 신청한 경우에는 시효중단사유인 재판상 청구에 해당한다(대판 98다18124).

② 종래 대법원은 시효중단사유로서 권리자가 재판상 그 권리를 주장하여 권리 위에 잠자는 것이 아님을 표명한 것으로 볼 수 있는 때에는 널리 시효중단사유로서 재판상의 청구에 해당하는 것으로 해석하여 왔다. 이와 같은 법리는 이미 승소 확정판결을 받은 채권자가 그 판결상 채권의 시효중단을 위해 후소를 제기하는 경우에도 동일하게 적용되므로, 채권자가 전소로 이행청구를 하여 승소 확정판결을 받은 후 그 채권의 시효중단을 위한 후소를 제기하는 경우, 후소의 형태로서 이행소송 외에 전소 판결로 확정된 채권의 시효를 중단시키기 위한 조치, 즉 '재판상의 청구'가 있다는 점에 대하여만 확인을 구하는 형태의 '새로운 방식의 확인소송'이 허용되고, 채권자는 두 가지 형태의 소송 중 자신의 상황과 필요에 보다 적합한 것을 선택하여 제기할 수 있다고 보아야 한다(대판[전합] 2015다232316).

③ **제177조(승인과 시효중단)** 시효중단의 효력 있는 승인에는 상대방의 권리에 관한 처분의 능력이나 권한 있음을 요하지 아니한다.

⑤ 유체동산에 대한 가압류결정을 집행한 경우 가압류에 의한 시효중단 효력은 가압류 집행보전의 효력이 존속하는 동안 계속된다. 그러나 유체동산에 대한 가압류 집행절차에 착수하지 않은 경우에는 시효중단 효력이 없고, 집행절차를 개시하였으나 가압류할 동산이 없기 때문에 집행불능이 된 경우에는 집행절차가 종료된 때로부터 시효가 새로이 진행된다(대판 2011다10044). 따라서, 여전히 가압류 시점을 기준으로 시효가 중단된다.

04 소멸시효에 관한 설명으로 옳지 않은 것은? (다툼이 있으면 판례에 따름) ▸공인노무사 23년

① 주채무자가 소멸시효 이익을 포기하더라도 보증인에게는 그 효력이 미치지 않는다.
② 시효중단의 효력 있는 승인에는 상대방의 권리에 관한 처분의 능력이나 권한 있음을 요하지 않는다.
③ 당사자가 주장하는 소멸시효 기산일이 본래의 기산일과 다른 경우, 특별한 사정이 없는 한 당사자가 주장하는 기산일을 기준으로 소멸시효를 계산하여야 한다.
④ 어떤 권리의 소멸시효 기간이 얼마나 되는지는 법원이 직권으로 판단할 수 있다.
⑤ 민법 제163조 제1호의 '1년 이내의 기간으로 정한 금전 또는 물건의 지급을 목적으로 한 채권'이란 변제기가 1년 이내의 채권을 말한다.

해설 ⑤ 민법 제163조 제1호 소정의 '1년 이내의 기간으로 정한 금전 또는 물건의 지급을 목적으로 하는 채권'이란 1년 이내의 정기에 지급되는 채권을 의미하는 것이지, 변제기가 1년 이내의 채권을 말하는 것이 아니다(대판 96다25302).

오답해설
① 포기는 상대적 효력이 있을 뿐이기 때문이다(대판 89다카1114).
② 제177조
③ 변론주의에 의하기 때문이다(대판 94다35886).
④ 기산점이 아닌 '기간'은 법원의 직권조사사항이다(대판 2012다68217).

05 소멸시효의 중단에 관한 설명으로 옳지 않은 것은? (다툼이 있으면 판례에 따름)
▸공인노무사 22년

① 3년의 소멸시효기간이 적용되는 채권이 지급명령에서 확정된 경우, 그 시효기간은 10년으로 한다.
② 채권자가 동일한 목적을 달성하기 위하여 복수의 채권을 가지고 있는 경우, 특별한 사정이 없으면 그중 하나의 채권을 행사한 것만으로는 다른 채권에 대한 시효중단의 효력은 없다.
③ 대항요건을 갖추지 못한 채권양도의 양수인이 채무자를 상대로 재판상 청구를 하여도 시효중단사유인 재판상 청구에 해당하지 아니한다.
④ 채권자가 최고를 여러 번 거듭하다가 재판상 청구를 한 경우, 시효중단의 효력은 재판상 청구를 한 시점을 기준으로 하여 이로부터 소급하여 6월 이내에 한 최고 시에 발생한다.
⑤ 동일한 당사자 사이에 계속적 거래관계로 인한 수개의 금전채무가 있고, 채무자가 그 채무 전액을 변제하기에는 부족한 금액으로 채무의 일부를 변제하는 경우에 그 수개의 채무전부에 관하여 시효중단의 효력이 발생하는 것이 원칙이다.

해설 ③ 채권양도에 의하여 채권은 그 동일성을 잃지 않고 양도인으로부터 양수인에게 이전되며, 이러한 법리는 채권양도의 대항요건을 갖추지 못하였다고 하더라도 마찬가지인 점, 채무자를 상대로 재판상의 청구를 한 채권의 양수인을 '권리 위에 잠자는 자'라고 할 수 없는 점 등에 비추어 보면, 비록 대항요건을 갖추지 못하여 채무자에게 대항하지 못한다고 하더라도 채권의 양수인이 채무자를 상대로 재판상의 청구를 하였다면 이는 소멸시효 중단사유인 재판상의 청구에 해당한다고 보아야 한다(대판 2005다41818).

오답해설

① 제165조 제2항

② 대판 2010다81285, 제168조

④ 대판 83다카437

⑤ 동일 당사자 간의 계속적인 금전거래로 인하여 수개의 금전채무가 있는 경우에 채무의 일부변제는 채무의 일부로서 변제한 이상 그 채무전부에 관하여 시효중단의 효력을 발생하는 것으로 보아야 하고 동일당사자 간에 계속적인 거래관계로 인하여 수개의 금전채무가 있는 경우에 채무자가 전채무액을 변제하기에 부족한 금액을 채무의 일부로 변제한 때에는 특별한 사정이 없는 한 기존의 수개의 채무전부에 대하여 승인을 하고 변제한 것으로 보는 것이 상당하다(대판 78다1790).

06 소멸시효에 관한 설명으로 옳지 않은 것은? (다툼이 있으면 판례에 따름) ▸공인노무사 21년

① 공유관계가 존속하는 한 공유물분할청구권은 소멸시효에 걸리지 않는다.

② 소멸시효는 그 기산일에 소급하여 효력이 생긴다.

③ 정지조건부채권의 소멸시효는 조건성취 시부터 진행된다.

④ 시효중단의 효력 있는 승인에는 상대방의 권리에 관한 처분의 능력이나 권한 있음을 요하지 아니한다.

⑤ 천재지변으로 인하여 소멸시효를 중단할 수 없을 경우, 그 사유가 종료한 때로부터 6월 내에는 시효가 완성되지 아니한다.

해설 ⑤ 천재지변의 경우에는 6월이 아니라 1월 내에는 시효가 완성되지 아니한다(제182조).

오답해설

① 공유물분할청구권은 공유관계에서 수반되는 형성권이므로 공유관계가 존속하는 한 그 분할청구권만이 독립하여 시효소멸될 수 없다(대판 80다1888).

② 제167조

③ 조건의 성취 전에는 권리를 행사할 수 없어 권리 위에 잠자는 자로 볼 수 없기 때문이다(대판 92다28822).

④ 제177조

07 소멸시효에 관한 설명으로 옳지 않은 것은? (다툼이 있으면 판례에 따름) ▶ 공인노무사 20년

① 변론주의의 원칙상 법원은 당사자가 주장하는 기산점을 기준으로 소멸시효를 계산하여
    야 한다.
② 매수인이 목적부동산을 인도받아 계속 점유하고 있다면 그 소유권이전등기청구권의 소
    멸시효는 진행하지 않는다.
③ 계속적 물품공급계약에 기하여 발생한 외상대금채권은 특별한 사정이 없는 한 거래종료
    일로부터 외상대금채권 총액에 대하여 한꺼번에 소멸시효가 기산한다.
④ 건물신축공사도급계약에서 수급인이 도급인에 대한 저당권설정청구권의 소멸시효기간
    은 3년이다.
⑤ 변론주의 원칙상 당사자의 주장이 없으면 법원은 소멸시효의 중단에 관해서 직권으로
    판단할 수 없다.

> **해설** ③ 계속적 물품공급계약에 기하여 발생한 외상대금채권은 특별한 사정이 없는 한 개별 거래로 인한
> 각 외상대금채권이 발생한 때로부터 개별적으로 소멸시효가 진행하는 것이지 거래종료일부터 외
> 상대금채권 총액에 대하여 한꺼번에 소멸시효가 기산한다고 할 수 없다(대판 2006다68940).
>
> **오답해설**
> ① 대판 94다35886
> ② 권리 위에 잠자는 자가 아니기 때문이다(대판 전합 98다32175).
> ④ 도급계약에서 수급인의 권리는 3년의 소멸시효에 걸린다(제163조 제3호).
> ⑤ 변론주의 원칙상 피고가 응소행위를 하였다고 하여 바로 시효중단의 효과가 발생하는 것은 아니
> 고 시효중단의 주장을 하여야 그 효력이 생기는 것이다(대판 2008다42416 · 42423).

08 소멸시효에 관한 설명으로 옳지 않은 것은? (다툼이 있으면 판례에 따름) ▶ 공인노무사 19년

① 음식료, 채권의 시효기간은 1년이다.
② 소멸시효의 이익은 시효가 완성된 뒤에는 포기할 수 있다.
③ 가처분은 소멸시효 정지사유 중의 하나이다.
④ 가압류에 의한 시효중단의 효력은 가압류의 집행보전의 효력이 존속하는 동안 계속된다.
⑤ 동시이행의 항변권이 붙은 매매대금 채권은 그 지급기일 이후부터 소멸시효가 진행한다.

> **해설** ③ 가처분은 소멸시효의 중단사유이다(제168조).
>
> **오답해설**
> ① 제164조 제1호
> ② 제184조 제1항
> ④ 제175조
> ⑤ 대판 90다9797. 다만 이행지체의 시점은 상대방의 자기채무의 이행제공을 하면서 이행을 청구
> 한 때부터이다(대판 2001다3764).

09 소멸시효에 관한 설명으로 옳지 않은 것은? (다툼이 있으면 판례에 따름) ▸ 공인노무사 18년

① 주채무자가 소멸시효 이익을 포기하면, 보증인에게도 그 효력이 미친다.
② 소멸시효의 기간만료 전 6개월 내에 제한능력자에게 법정대리인이 없는 경우에는 그가 능력자가 되거나 법정대리인이 취임한 때부터 6개월 내에는 시효가 완성되지 않는다.
③ 시효중단의 효력 있는 승인에는 상대방의 권리에 관한 처분의 능력이나 권한 있음을 요하지 않는다.
④ 채무자가 제기한 소에 채권자인 피고가 응소하여 권리를 주장하였으나, 그 소가 각하된 경우에 6개월 이내에 재판상 청구를 하면 응소시에 소급하여 시효중단의 효력이 있다.
⑤ 세무사 직무에 관한 채권은 10년의 소멸시효에 걸린다.

해설 ① 포기는 상대적 효력만 인정되므로 주채무자가 시효이익을 포기해도 보증인에게는 그 효력이 미치지 않는다(대판 89다카1114).

오답해설
② 제179조
③ 제177조
④ 대판 2008다42416
⑤ 대판 2021다311111

10 소멸시효에 관한 설명으로 옳은 것은? (다툼이 있으면 판례에 따름) ▸ 공인노무사 17년

① 소멸시효완성에 의한 권리의 소멸은 법원의 직권조사사항이다.
② 소멸시효는 그 시효기간이 완성된 때로부터 장래에 향하여 권리가 소멸한다.
③ 소멸시효는 법률행위에 의하여 그 기간을 단축할 수 없다.
④ 채무자가 소멸시효 완성 후에 채권자에 대하여 채무를 승인함으로써 그 시효이익을 포기한 경우에도 그때부터 소멸시효가 진행한다.
⑤ 부작위를 목적으로 하는 채권의 소멸시효는 채권이 성립한 때로부터 진행한다.

해설 ④ 대판 2009다14340

오답해설
① 변론주의의 원칙상 당사자가 원용하여야 법원은 소멸시효를 고려할 수 있다.
② 소멸시효는 그 기산일에 소급하여 효력이 생긴다(제167조).
③ 소멸시효는 법률행위에 의하여 이를 배제, 연장 또는 가중할 수 없으나 이를 단축 또는 경감할 수 있다(제184조 제2항).
⑤ 부작위를 목적으로 하는 채권의 소멸시효는 위반행위를 한 때로부터 진행한다(제166조 제2항).

11 소멸시효기간의 기산점에 관한 설명으로 옳은 것은? (다툼이 있으면 판례에 따름)

▶ 공인노무사 16년

① 불확정기한부 권리는 채권자가 기한 도래 사실을 안 때로부터 소멸시효가 진행한다.
② 동시이행항변권이 붙은 채권은 이행기가 도래하더라도 소멸시효가 진행하지 않는다.
③ 이행불능으로 인한 손해배상청구권은 이행불능이 된 때로부터 소멸시효가 진행한다.
④ 선택채권은 선택권을 행사한 때로부터 소멸시효가 진행한다.
⑤ 부작위를 목적으로 하는 채권은 성립 시부터 소멸시효가 진행한다.

해설 ③ 대판 2005다29474

오답해설
① 불확정기한부채권은 객관적으로 기한이 도래한 때로부터 소멸시효가 진행한다.
② 동시이행의 항변권이 붙은 채권은 이행기가 도래하면 언제든지 권리를 행사할 수 있으므로 그 지급기일 이후 소멸시효가 진행한다(대판 90다9797).
④ 선택채권은 그 선택권을 행사할 수 있을 때부터 소멸시효가 진행한다(대판 80다1888).
⑤ 부작위를 목적으로 하는 채권은 위반 시부터 소멸시효가 진행한다(제166조 제2항).

12 甲은 乙에 대하여 2023.10.17.을 변제기로 하는 대여금채권을 갖고 있다. 이에 관한 설명으로 옳은 것을 모두 고른 것은? (다툼이 있으면 판례에 따름)

▶ 공인노무사 24년

> ㄱ. 甲이 乙을 상대로 2023.12.20. 대여금의 지급을 구하는 소를 제기하였으나 그 소가 취하된 경우, 甲의 재판상 청구는 재판 외의 최고의 효력을 갖는다.
> ㄴ. 甲이 乙에 대한 대여금채권을 丙에게 양도한 경우, 채권양도의 대항요건을 갖추지 못한 상태에서 2023.12.20. 丙이 乙을 상대로 양수금의 지급을 구하는 소를 제기하였다면 양수금채권의 소멸시효가 중단되지 않는다.
> ㄷ. 甲이 乙을 상대로 2023.12.20. 대여금의 지급을 구하는 소를 제기하여 2024.4.20. 판결이 확정된 경우, 甲의 乙에 대한 대여금채권의 소멸시효는 2023.10.17.부터 다시 진행된다.

① ㄱ
② ㄴ
③ ㄱ, ㄷ
④ ㄴ, ㄷ
⑤ ㄱ, ㄴ, ㄷ

해설 ㄱ. (○) 제170조 제2항

오답해설
ㄴ. (×) 비록 대항요건을 갖추지 못하여 채무자에게 대항하지 못한다고 하더라도 채권의 양수인이 채무자를 상대로 재판상의 청구를 하였다면 이는 소멸시효 중단사유인 재판상의 청구에 해당한다고 보아야 한다(대판 2005다41818).
ㄷ. (×) 재판이 확정된 때, 즉 2024.4.21.부터 다시 시효가 진행된다(제178조 제2항).

정답 11 ③ 12 ①

PART 02
채권법

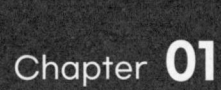

Chapter 01 **채권의 목적**

01 민법상 채권의 목적에 관한 설명으로 옳지 않은 것은? (다툼이 있으면 판례에 따름)

▸ 공인노무사 22년

① 선택채권의 경우, 특별한 사정이 없는 한 선택의 효력은 소급하지 않는다.
② 금전으로 가액을 산정할 수 없는 것이라도 채권의 목적으로 할 수 있다.
③ 종류채권의 경우, 목적물이 특정된 때부터 그 특정된 물건이 채권의 목적물이 된다.
④ 특정물매매계약의 매도인은 특별한 사정이 없는 한 그 목적물을 인도할 때까지 선량한 관리자의 주의로 그 물건을 보존하여야 한다.
⑤ 금전채무에 관하여 이행지체에 대비한 지연손해금 비율로 따로 약정한 경우, 그 약정은 일종의 손해배상액의 예정이다.

해설 ① 선택의 효력은 그 채권이 발생한 때에 소급한다(제386조).

오답해설
② 제373조
③ 종류채권의 경우에 채무자가 이행에 필요한 행위를 완료하거나 채권자의 동의를 얻어 이행할 물건을 지정한 때에는 그때로부터 그 물건을 채권의 목적물로 한다(제375조 제2항).
④ 제374조
⑤ 금전채무에 관하여 이행지체에 대비한 지연손해금 비율을 따로 약정한 경우에 이는 일종의 손해배상액의 예정으로서 민법 제398조에 의한 감액의 대상이 된다(대판 2017다228762).

02 금전채권에 관한 설명으로 옳지 않은 것은? (다툼이 있으면 판례에 따름) ▸ 공인노무사 20년

① 우리나라 통화를 외화채권에 변제충당할 때 특별한 사정이 없는 한 채무이행기의 외국환 시세에 의해 환산한다.
② 금전채무의 이행지체로 발생하는 지연손해금의 성질은 손해배상금이지 이자가 아니다.
③ 금전채무의 이행지체로 인한 지연손해금채무는 이행기의 정함이 없는 채무에 해당한다.
④ 금전채무의 약정이율은 있었지만 이행지체로 인해 발생한 지연손해금에 관한 약정이 없는 경우, 특별한 사정이 없는 한 지연손해금은 그 약정이율에 의해 산정한다.
⑤ 금전채무에 관하여 이행지체에 대비한 지연손해금 비율을 따로 약정한 경우, 이는 일종의 손해배상액의 예정이다.

PART
02

해설 ① 채권액이 외국통화로 지정된 금전채권인 외화채권을 채무자가 우리나라 통화로 변제함에 있어서는 제378조가 그 환산시기에 관하여 외화채권에 관한 제376조, 제377조 제2항의 "변제기"라는 표현과는 다르게 "지급할 때"라고 규정한 취지에서 새겨 볼 때 그 환산시기는 이행기가 아니라 현실로 이행하는 때 즉 현실이행 시의 외국환시세에 의하여 환산한 우리나라 통화로 변제하여야 한다고 풀이함이 상당하다(대판 전합 90다2147).

오답해설
② 금전채무의 이행지체로 인하여 발생하는 지연손해금은 그 성질이 손해배상금이지 이자가 아니다(대판 94다57800).
③ 금전채무의 지연손해금채무는 금전채무의 이행지체로 인한 손해배상채무로서 이행기의 정함이 없는 채무에 해당하므로, 채무자는 확정된 지연손해금채무에 대하여 채권자로부터 이행청구를 받은 때부터 지체책임을 부담하게 된다(대판 2020다268760).
④ 대판 80다2649
⑤ 대판 2017다228762

03 금전채무에 관한 설명으로 옳은 것은? (다툼이 있으면 판례에 따름) ▶ 공인노무사 17년

① 채권의 목적이 다른 나라 통화로 지급할 것인 경우, 채무자는 그 국가의 강제통용력 있는 각종 통화로 변제할 수 있다.
② 민사채권과 상사채권의 법정이율은 모두 연 5분이다.
③ 금전채무 불이행책임의 경우, 그 손해에 대한 채권자의 증명이 필요하다.
④ 금전채무의 이행지체로 인하여 발생하는 지연손해금은 3년의 단기소멸시효의 대상이다.
⑤ 금전채권의 경우, 특정물채권이 될 여지가 없다.

해설 ① 제377조 제1항

오답해설
② 민사채권의 법정이율은 연 5%이나(제379조), 상사채권은 연 6%이다(상법 제54조).
③ 금전채무의 불이행에 따른 손해배상에 관하여는 채권자는 손해의 증명을 요하지 아니하고 채무자는 과실 없음을 항변하지 못한다(제397조 제2항).
④ 금전채무의 이행지체로 인하여 발생하는 지연손해금은 그 성질이 손해배상금이지 이자가 아니며, 민법 제163조 제1호의 1년 이내의 기간으로 정한 채권도 아니므로 3년간의 단기소멸시효의 대상이 되지 아니한다(대판 94다57800).
⑤ 기념주화, 고화폐 등 금전을 물건으로 거래하는 경우에는 특정물채권이다.

정답 ▶ 01 ① 02 ① 03 ①

04 채권의 목적에 관한 설명으로 옳지 않은 것은? (다툼이 있으면 판례에 따름) ▸공인노무사 25년

① 특정물채권에서 채무자는 원칙적으로 그 물건을 인도하기까지 선량한 관리자의 주의로 보존하여야 한다.

② 금전채무의 이행지체로 인한 손해배상에서 채권자는 손해를 증명할 필요가 없다.

③ 외화채권에서 채무자는 우리나라 통화로 변제할 수 있고 그 환산시기는 현실 지급 시가 아니라 이행 기이다.

④ 선택채권에서 다른 정함이 없으면 그 선택권은 채무자에게 있다.

⑤ 선택채권의 목적으로 선택할 수개의 행위 중에 처음부터 불능한 것이 있으면 채권의 목적은 잔존한 것에 존재한다.

해설 ③ 외화채권을 채무자가 우리나라 통화로 변제함에 있어서는 민법 제378조가 그 환산시기에 관하여 "변제기"라는 표현과는 다르게 "지급할 때"라고 규정한 취지에서 새겨 볼 때 그 환산시기는 이행 기가 아니라 현실로 이행하는 때. 즉 현실이행 시의 외국환시세에 의하여 환산한 우리나라 통화로 변제하여야 한다(대판[전합] 90다2147).

오답해설

① 제374조

② **제397조(금전채무불이행에 대한 특칙)** ② 금전채무불이행의 손해배상에 관하여는 채권자는 손해의 증명을 요하지 아니하고 채무자는 과실 없음을 항변하지 못한다.

④ 제380조

⑤ 제385조 제1항

정답 ▸ 04 ③

Chapter 02 채권의 효력

01 변제에 관한 설명으로 옳지 않은 것은? (다툼이 있으면 판례에 따름) ▶공인노무사 20년

① 금액이 서로 다른 채무가 부진정연대관계에 있을 때, 다액채무자가 일부 변제를 하는 경우 변제로 먼저 소멸하는 부분은 다액채무자가 단독으로 채무를 부담하는 부분이다.

② 채권의 준점유자에게 한 변제는 변제자가 선의이며 과실 없음을 입증하면 채권자에 대하여 효력이 있다.

③ 변제충당에 관한 당사자의 특별한 합의가 없으면 그 채무의 비용, 이자, 원본의 순서로 변제에 충당하여야 한다.

④ 채권의 일부에 대하여 변제자대위가 인정되는 경우 그 대위자는 채무자의 채무불이행을 이유로 채권자와 채무자 간의 계약을 해제할 수 있다.

⑤ 채권자가 변제수령을 거절하면 채무자는 공탁함으로써 그 채무를 면할 수 있다.

> **해설** ④ 채권의 일부에 대하여 변제자대위가 인정되는 경우에도 채무불이행을 원인으로 하는 계약의 해지 또는 해제는 계약의 당사자인 채권자만이 할 수 있다(제483조 제2항).
>
> **오답해설**
> ① 다액채무자가 일부 변제를 하는 경우 변제로 인하여 먼저 소멸하는 부분은 당사자의 의사와 채무 전액의 지급을 확실히 확보하려는 부진정연대채무 제도의 취지에 비추어 볼 때 다액채무자가 단독으로 채무를 부담하는 부분으로 보아야 한다(대판[전합] 2012다74236).
> ② 제470조
> ③ 제479조
> ⑤ 제487조

정답 01 ④

02 변제에 관한 설명으로 옳은 것은? (다툼이 있으면 판례에 따름) ▸ 공인노무사 25년

① 채무 없음을 알고 임의로 변제한 경우, 변제자는 반환을 청구할 수 있다.

② 변제기 전에 변제한 채무자는 변제한 것의 반환을 청구할 수 있다.

③ 채무자가 변제 수령권한이 없는 자에게 변제를 한 경우, 이로 인하여 채권자가 받은 이익이 일부분 존재하더라도 그 부분에 대한 변제의 효력은 발생하지 않는다.

④ 1억원의 채무 중 7천만원을 변제공탁한 경우, 채권자가 이를 수락하지 않으면 채무자는 3천만원을 변제제공하더라도 채무불이행책임을 부담한다.

⑤ 변제금액이 채권액에 부족한 경우, 채무자는 이자에 앞서 원본에 충당할 것을 지정할 수 있다.

해설 ④ 채무의 일부변제공탁은 특별한 사정이 있는 경우를 제외하고는 채권자가 이를 수락하지 아니하는 한 유효한 변제공탁이라고 할 수 없다(대판 91다13380). 따라서 7천만원 변제공탁에 대하여 채권자가 수락하지 않는 한 무효이므로 채무자는 3천만원을 변제제공하더라도 7천만원에 대하여 채무불이행책임을 진다.

오답해설

① 제742조(비채변제) 채무 없음을 알고 이를 변제한 때에는 그 반환을 청구하지 못한다.

② 제743조(기한 전의 변제) 변제기에 있지 아니한 채무를 변제한 때에는 그 반환을 청구하지 못한다.

③ 제472조(권한 없는 자에 대한 변제) 전2조의 경우 외에 변제받을 권한 없는 자에 대한 변제는 채권자가 이익을 받은 한도에서 효력이 있다.

⑤ 비용, 이자, 원본에 대한 변제충당에 있어서는 민법 제479조에 그 충당 순서가 법정되어 있고 지정 변제충당에 관한 같은 법 제476조는 준용되지 않으므로 당사자 사이에 특별한 합의가 없는 한 비용, 이자, 원본의 순서로 충당하여야 할 것이고, 채무자는 물론 채권자라고 할지라도 위 법정 순서와 다르게 일방적으로 충당의 순서를 지정할 수는 없다(대판 2002다12871・12888).

03 변제에 관한 설명으로 옳지 않은 것을 모두 고른 것은? (다툼이 있으면 판례에 따름)

▸ 공인노무사 24년

> ㄱ. 미리 저당권의 등기에 그 대위를 부기하지 않은 피담보채무의 보증인은 저당물에 후순위 근저당권을 취득한 제3자에 대하여 채권자를 대위할 수 없다.
>
> ㄴ. 변제자가 주채무자인 경우 보증인이 있는 채무와 보증인이 없는 채무의 변제이익은 차이가 없다.
>
> ㄷ. 채무자로부터 담보부동산을 취득한 제3자와 물상보증인 상호 간에는 각 부동산의 가액에 비례하여 채권자를 대위할 수 있다.

① ㄱ

② ㄴ

③ ㄱ, ㄷ

④ ㄴ, ㄷ

⑤ ㄱ, ㄴ, ㄷ

해설 ㄱ. (×) 보증인은 미리 전세권이나 저당권의 등기에 그 대위를 부기하지 아니하면 전세물이나 저당물에 대한 권리를 취득한 제3자에 대하여 채권자를 대위하지 못한다(제482조 제1호). 그러나 제3취득자가 목적부동산에 대해 권리를 취득한 후 채무를 변제한 보증인은 대위의 부기등기를 하지 않고도 대위할 수 있다. 보증인이 변제하기 전에 목적부동산에 대해 권리를 취득한 제3자는 등기부상 저당권 등의 존재를 알고 권리를 취득하였으므로 불측의 손해가 없기 때문이다(대판 2019다222041).
ㄷ. (×) 제3취득자는 보증인에 대하여 채권자를 대위하지 못한다(제482조 제2항 제2호).

오답해설
ㄴ. (○) 대판 99다26481

04 甲은 乙에 대하여 A채무(원본 : 5천만원, 대여일 : 2021년 3월 1일, 이자 : 월 0.5%, 변제기 : 2021년 4월 30일)와 B채무(원본 : 4천만원, 대여일 : 2021년 4월 1일, 이자 : 월 1%, 변제기 : 2021년 5월 31일)를 부담하고 있다. 이에 관한 설명으로 옳은 것을 모두 고른 것은? (다툼이 있으면 판례에 따름)   ▸ 공인노무사 22년

> ㄱ. 甲은 2021년 6월 5일에 5천만원을 변제하면서 乙과의 합의로 B채무의 원본에 충당한 후 나머지는 A채무의 원본에 충당하는 것으로 정할 수 있다.
> ㄴ. 甲이 2021년 6월 5일에 5천만원을 변제하면서 법정충당이 이루어지는 경우, B채무에 보증인이 있다면 A채무의 변제에 먼저 충당된다.
> ㄷ. 甲이 2021년 5월 3일에 5천만원을 변제하면서 법정충당이 이루어지는 경우, B채무에 먼저 충당된다.
> ㄹ. 甲이 2021년 4월 28일에 5천만원을 변제하면서 법정충당이 이루어지는 경우, B채무에 먼저 충당된다.

① ㄱ, ㄴ   ② ㄱ, ㄹ
③ ㄴ, ㄷ   ④ ㄱ, ㄷ, ㄹ
⑤ ㄴ, ㄷ, ㄹ

해설 ㄱ. (○) 변제충당에 관한 민법규정은 임의규정이므로 당사자의 합의에 의하여 자유롭게 충당할 수 있다(대판 2001다53349).
ㄹ. (○) 두 채무가 모두 이행기에 도래하지 않은 경우에는 채무자에게 변제이익이 많은 B채무의 변제에 먼저 충당한다(제477조 제2호).

오답해설
ㄴ. (×) 두 채무가 모두 이행기에 도래한 경우에는 채무자에게 변제이익이 많은 B채무의 변제에 먼저 충당한다(제477조 제2호). 보증인이 있는 채무와 보증인이 없는 채무는 변제이익의 차이가 없다.
ㄷ. (×) 이행기가 도래한 A채무의 변제에 충당한다(제477조 제1호).

정답 ▸ 02 ④ 03 ③ 04 ②

05 상계에 관한 설명으로 옳은 것은? (다툼이 있으면 판례에 따름) ▶ 공인노무사 22년

① 고의의 불법행위로 인하여 손해배상채무를 부담하는 자는 그 채무를 수동채권으로 하여 상계하지 못한다.

② 자동채권의 변제기는 도래하였으나 수동채권의 변제기가 도래하지 않은 경우에는 상계를 할 수 없다.

③ 채권자가 주채무자에 대하여 상계적상에 있는 자동채권을 상계하지 않는 경우, 보증채무자는 이를 이유로 보증한 채무의 이행을 거부할 수 있다.

④ 채무자는 채권양도를 승낙한 후에도 양도인에 대한 채권을 새로 취득한 경우에 이를 가지고 양수인에 대하여 상계할 수 있다.

⑤ 벌금형이 확정된 경우, 그 벌금채권은 상계의 자동채권이 될 수 없다.

> **해설** ① 제496조
>
> **오답해설**
> ② 상계권자가 기한의 이익을 포기하는 것이므로 상계가 가능하다(대판 79다662).
> ③ 상계를 할지는 채권자의 의사에 따른 것이고 상계적상에 있는 자동채권이 있다고 하여 반드시 상계를 해야 할 것은 아니다. 채권자가 주채무자에 대하여 상계적상에 있는 자동채권을 상계하지 않았다고 하여 이를 이유로 보증채무자가 보증한 채무의 이행을 거부할 수 없으며 나아가 보증채무자의 책임이 면책되는 것도 아니다(대판 2015다209347).
> ④ 채무자는 채권양도를 승낙한 후에 취득한 양도인에 대한 채권으로서 양수인에 대하여 상계로서 대항하지 못한다(대판 83다카2288).
> ⑤ 형벌의 일종인 벌금도 다른 금전채권들과 본질적으로 다를 것이 없으므로 이를 금하는 특별한 법률상 근거가 없는 이상 상계를 할 수 있다(대판 2003다37891).

06 상계에 관한 설명으로 옳지 않은 것은? (다툼이 있으면 판례에 따름) ▶ 공인노무사 18년

① 채무의 이행지가 서로 다른 채권은 상계할 수 없다.

② 지급을 중지하는 명령을 받은 제3채무자는 그 후에 취득한 채권에 의한 상계로 그 명령을 신청한 채권자에게 대항하지 못한다.

③ 채권이 압류하지 못한 것인 때에는 그 채무자는 상계로 채권자에게 대항하지 못한다.

④ 소멸시효가 완성된 채권이 그 완성 전에 상계할 수 있었던 것이면 채권자는 상계할 수 있다.

⑤ 쌍방의 채무가 상계적상에 있었으나 상계 의사표시를 않는 동안에 일방의 채무가 변제로 소멸한 후에는 상계할 수 없다.

> **해설** ① 각 채무의 이행지가 다른 경우에도 상계할 수 있다(제494조).
>
> **오답해설**
> ② 제498조

③ 제497조

④ 제495조

⑤ 쌍방의 채무가 상계적상에 있었는데, 채무자가 그 수동채권에 관하여 상계 의사표시를 않고 그것이 변제 등의 사유로 소멸한 경우에는 이를 수동채권으로 하여 상계할 수 없다(대판 79다1077).

07 상계가 허용되는 경우는? (다툼이 있으면 판례에 따름) ▸ 공인노무사 16년

① 수동채권이 고의의 불법행위로 인한 손해배상청구권인 경우

② 자동채권에 조건 미성취의 항변권이 붙어 있는 경우

③ 자동채권의 변제기가 도래하지 않은 경우

④ 수동채권이 압류금지 채권인 경우

⑤ 자동채권과 수동채권이 이행지가 다른 경우

해설 ⑤ 각 채무의 이행지가 다른 경우에도 상계할 수 있다(제494조).

오답해설

① 고의의 불법행위로 인하여 손해배상채무를 부담하는 자는 그 채무를 수동채권으로 하여 상계하지 못한다(제496조).

② 자동채권에 조건 미성취의 항변권이 붙어 있는 경우에는 상계할 수 없다. 이 경우에도 상계를 허용하면 상대방은 항변권이 소멸하는 손해를 입기 때문이다.

③ 자동채권은 변제기에 도달하여야만 상계할 수 있다. 자동채권의 변제기 전에도 상계할 수 있다면 상대방의 기한의 이익이 소멸하기 때문이다.

④ 수동채권이 압류금지 채권(임금채권)인 경우에는 상계를 할 수 없다(제497조).

08 민법상 상계에 관한 설명으로 옳지 않은 것은? (다툼이 있으면 판례에 따름) ▸ 공인노무사 25년

① 자동채권과 수동채권의 이행지가 다른 경우에도 상계할 수 있다.

② 수동채권은 원칙적으로 상대방이 상계자에 대하여 가지는 채권이어야 한다.

③ 제척기간이 완성된 채권이 그 완성 전에 상계할 수 있었던 것이면 그 채권자는 상계할 수 있다.

④ 수동채권의 변제기는 도래하였으나 자동채권의 변제기가 도래하지 않은 경우에는 상계할 수 없다.

⑤ 손해배상채무가 중과실의 불법행위로 인한 것인 때에는 그 채무자는 상계로 채권자에게 대항하지 못한다.

정답 05 ① 06 ① 07 ⑤ 08 ⑤

해설 ⑤ 고의의 불법행위에 인한 손해배상채권에 대한 상계금지를 중과실의 불법행위에 인한 손해배상채 권에까지 유추 또는 확장적용하여야 할 필요성이 있다고 할 수 없다(대판 93다52808).

오답해설

① 제494조
② 상계적상의 원칙상 당연한 요건이다.
③ 매도인이나 수급인의 담보책임을 기초로 한 손해배상채권의 제척기간이 지난 경우에도 제척기간 이 지나기 전 상대방의 채권과 상계할 수 있었던 경우에는 매수인이나 도급인은 민법 제495조를 유추적용해서 위 손해배상채권을 자동채권으로 해서 상대방의 채권과 상계할 수 있다고 봄이 타 당하다(대판 2018다255648).
④ 이는 상계권자가 자기의 기한의 이익을 포기한 것이므로 가능하다(대판 2015다252501).

09 甲의 乙에 대한 5천만원의 A채권(변제기 2016.2.8.)과 乙의 甲에 대한 3천만원의 B채권(변 제기 2016.5.8.)이 있다. 이에 관한 설명으로 옳지 않은 것은? (다툼이 있으면 판례에 따름)

▶ 공인노무사 17년

① 乙은 B채권으로 2016.5.8. 이후 A채권과 상계할 수 있다.
② 乙의 甲에 대한 상계의 의사표시가 2016.7.20. 도달하였다면, 도달한 날을 기준으로 두 채권은 대등액의 범위 내에서 소멸한다.
③ B채권이 임금채권인 경우, 특별한 사유가 존재하지 않는 한 甲은 A채권으로 상계할 수 없으나 乙은 B채권으로 상계할 수 있다.
④ B채권이 甲의 고의의 불법행위에 의한 손해배상채권인 경우, 甲은 A채권으로 상계할 수 없으나 乙은 B채권으로 상계할 수 있다.
⑤ 丙의 A채권에 대한 가압류신청에 따른 가압류명령이 2016.4.15. 乙에게 송달된 후, 乙 은 B채권으로 가압류된 A채권을 상계하여 丙에게 대항할 수 없다.

해설 ② 상계는 소급효가 있으므로 양 채무가 상계적상에 이르게 된 2016.5.8. 대등액 범위 내에서 소멸 한다.

오답해설

① 양 채무가 모두 변제기에 이르게 된 2016.5.8.에 상계할 수 있다.
③ 압류금지채권인 임금채권을 수동채권으로 한 상계는 허용되지 않는다(제497조). 채권자는 임금 채권을 자동채권으로 하여 상계할 수 있다(대판 2000다4050).
④ 채권자는 고의의 불법행위로 인한 손해배상채권을 수동채권으로 하여 상계하지 못한다(제496 조). 그러나 피해자는 이를 자동채권으로 상계할 수 있다.
⑤ 지급을 금지하는 명령을 받은 제3채무자는 그 후에 취득한 채권에 의한 상계로 그 명령을 신청한 채권자에게 대항하지 못한다(제498조). 지급금지명령을 받은 채권은 압류 또는 가압류된 채권을 말한다.

10 甲은 2025.2.1. 乙과 인쇄기의 매도계약을 체결하면서 대금 3천만원을 2025.2.15. 지급받음과 동시에 인쇄기를 인도하기로 하였다. 한편 乙은 甲에 대하여 이행기가 2020.2.20.인 3천만원의 대여금채권을 가지고 있다. 이에 관한 설명으로 옳지 않은 것은? (이자나 지연손해금은 고려하지 않고, 다툼이 있으면 판례에 따름) ▸공인노무사 25년

① 乙이 상계하려는 경우, 그 의사표시에는 조건을 붙일 수 없다.

② 甲은 2025.2.15. 매매대금채권으로 대여금채무와 상계할 수 있다.

③ 乙은 2025.2.15. 대여금채권으로 매매대금채무와 상계하고 인쇄기의 인도를 구할 수 있다.

④ 만일 2025.2.10. 甲의 채권자 丙에 의해 매매대금채권이 압류된 경우, 乙은 2025.2.15. 매매대금채권을 수동채권으로 하여 상계할 수 있다.

⑤ 만일 대여금채권이 2025.2.20. 시효소멸하였더라도 乙은 2025.2.25. 상계의 의사표시를 하여 상계할 수 있다.

해설 ② 동시이행의 항변권이 붙은 채권을 자동채권으로 상계할 수 없다(대판 2010다11313). 상대방 乙의 항변권행사 기회를 박탈하기 때문이다.

오답해설

① 제493조 제1항

③ 동시이행의 항변권을 수동채권으로 한 상계는 허용된다. 이는 상계권자가 자신의 항변권을 포기하는 것이기 때문이다.

④ 乙의 자동채권(3천만원의 대여금채권)의 기초가 되는 원인은 수동채권이 발생하기 전에 이미 성립하여 존재하고 있었던 것이므로 이는 제498조의 상계의 금지사유에 해당하지 않는다(대판 92다55794).

⑤ 제495조(소멸시효완성된 채권에 의한 상계) 소멸시효가 완성된 채권이 그 완성 전에 상계할 수 있었던 것이면 그 채권자는 상계할 수 있다.

11 채권의 소멸에 관한 설명으로 옳지 않은 것은? (다툼이 있으면 판례에 따름) ▶ 공인노무사 24년

① 변제공탁은 채권자의 수익의 의사표시 여부와 상관없이 공탁공무원의 수탁처분과 공탁물보관자의 공탁물수령으로 그 효력이 발생한다.

② 기존 채권·채무의 당사자가 그 목적물을 소비대차의 목적으로 할 것을 약정한 경우, 당사자의 의사가 명백하지 않을 때에는 특별한 사정이 없는 한 그 약정은 경개가 아닌 준소비대차로 보아야 한다.

③ 벌금형이 확정된 이상 벌금채권의 변제기는 도래한 것이므로 법률상 이를 금지할 근거가 없는 한 벌금채권은 상계의 자동채권이 될 수 있다.

④ 상계로 인한 채무소멸의 효력은 소멸한 채무 전액에 관하여 다른 부진정연대채무자에 대하여도 미치며, 이는 부진정연대채무자 중 1인이 채권자와 상계계약을 체결한 경우에도 마찬가지이다.

⑤ 손해배상채무가 중과실에 의한 불법행위로 발생한 경우, 그 채무자는 이를 수동채권으로 하는 상계로 채권자에게 대항하지 못한다.

해설 ⑤ '고의'가 아닌 한 중과실에 의한 경우에는 상계할 수 있다(대판 93다52808).

오답해설
① 대결 72마401
② 판례는 경개인지, 대물변제인지 내지 소비대차인지가 불분명한 경우에는 경개로 보지 않고 대물변제나 소비대차로 본다.
③ 대판 2003다37891
④ 대판[전합] 2008다97218

정답 11 ⑤

Section 02 채무의 불이행과 그 구제

01 이행보조자에 관한 설명으로 옳은 것은? (다툼이 있으면 판례에 따름) ▶공인노무사 21년

① 이행보조자는 채무자에게 종속되어 지시·감독을 받는 관계에 있는 자를 말한다.

② 동일한 사실관계에 기하여 채무자와 이행보조자가 각 채무불이행책임과 불법행위책임을 지는 경우, 이들의 책임은 연대채무관계에 있다.

③ 채무자가 이행보조자의 선임·감독상의 주의의무를 다하더라도 채무자는 이행보조자에 의해 유발된 채무불이행책임을 면하지 못한다.

④ 이행보조자의 경과실에 대하여 채무자가 채무불이행 책임을 지지 아니한다는 내용의 특약은 원칙적으로 무효이다.

⑤ 이행보조자가 제3자를 복이행보조자로 사용하는 경우, 채무자가 이를 묵시적으로 동의했다면 복이행보조자의 경과실에 대해서 채무자는 책임을 부담하지 않는다.

해설 ③ 특약이 있는 경우가 아니라면 채무자는 이행보조자의 선임·감독에 주의의무 위반이 없더라도 면책될 수 없다.

오답해설

① 민법 제391조에서의 이행보조자로서의 피용자라 함은 일반적으로 채무자의 의사관여 아래 그 채무의 이행행위에 속하는 활동을 하는 사람이면 족하고, 반드시 채무자의 지시 또는 감독을 받는 관계에 있어야 하는 것은 아니므로 채무자에 대하여 종속적인가 독립적인 지위에 있는가는 문제되지 않는다(대판 98다51077·51084).

② 임대인인 피고 갑은 이행보조자인 피고 을이 임차물인 점포의 출입을 봉쇄하고 내부시설공사를 중단시켜 임차인인 원고로 하여금 그 사용·수익을 하지 못하게 한 행위에 대하여 임대인으로서의 채무불이행으로 인한 손해를 배상할 의무가 있고, 또한 피고 을이 원고가 임차인이라는 사정을 알면서도 위와 같은 방법으로 원고로 하여금 점포를 사용·수익하지 못하게 한 것은 원고의 임차권을 침해하는 불법행위를 이룬다고 할 것이므로 피고 을은 원고에게 불법행위로 인한 손해배상의무가 있다고 할 경우, 피고 갑의 채무불이행책임과 피고 을의 불법행위책임은 동일한 사실관계에 기한 것으로 부진정연대채무관계에 있다(대판 94다22446).

④ 고의 또는 중과실의 경우가 아니라면 이행보조자의 경과실에 대하여 채무자가 채무불이행 책임을 지지 않는다는 면책특약은 유효하다(약관법 제7조 제1호, 제2호 참조).

⑤ 이행보조자가 채무의 이행을 위하여 제3자를 복이행보조자로서 사용하는 경우에도 채무자가 이를 승낙하였거나 적어도 묵시적으로 동의한 경우에는 채무자는 복이행보조자의 고의·과실에 관하여 민법 제391조에 의하여 책임을 부담한다(대판 2011다1330).

정답 **01** ③

02 이행지체책임의 발생시기에 관한 설명으로 옳지 않은 것은? (다툼이 있으면 판례에 따름)

▶ 공인노무사 18년

① 지시채권의 경우, 기한이 도래한 후 소지인이 그 증서를 제시하여 이행을 청구한 때로부터 지체책임이 발생한다.
② 동시이행관계에 있는 채무는 상대방이 채무의 이행을 제공하지 않는 한, 이행기가 도래하여도 지체책임이 발생하지 않는다.
③ 불확정기한부 채무의 경우, 기한 도래 사실의 인식여부를 불문하고 기한이 객관적으로 도래한 때로부터 지체책임을 진다.
④ 채무이행의 기한이 없는 경우, 채무자는 이행청구를 받은 때부터 지체책임을 진다.
⑤ 불법행위로 인한 손해배상채무는 원칙적으로 그 성립과 동시에 당연히 이행지체가 성립한다.

해설 ③ 채무이행의 불확정한 기한이 있는 경우에는 채무자는 기한이 도래함을 안 때로부터 지체책임이 있다(제387조 제1항 제2문).

오답해설
① 지시채권의 경우에는 증서에 변제기한이 있는 경우에도 그 기한이 도래한 후에 소지인이 증서를 제시하여 이행을 청구한 때로부터 채무자는 지체책임이 있다(제517조).
② 쌍무계약에서 쌍방의 채무가 동시이행관계에 있는 경우 일방의 채무의 이행기가 도래하더라도 상대방 채무의 이행제공이 있을 때까지는 그 채무를 이행하지 않아도 이행지체의 책임을 지지 않는다(대판 2001다3764).
④ 채무이행의 기한이 없는 경우에는 채무자는 이행청구를 받은 때로부터 지체책임이 있다(제387조 제2항).
⑤ 불법행위로 인한 손해배상채권은 불법행위 시에 발생하고 그 이행기가 도래하는 것이므로, 불법행위 시부터 지연손해금을 부가하여 지급을 명하는 것이 원칙이다(대판 97다26043).

03 민법상 채무의 종류에 따른 이행지체책임의 발생시기가 잘못 연결된 것을 모두 고른 것은? (당사자 사이에 다른 약정은 없으며, 다툼이 있으면 판례에 따름)

▶ 공인노무사 23년

ㄱ. 부당이득반환의무 – 수익자가 이행청구를 받은 때
ㄴ. 불확정기한부 채무 – 채무자가 기한의 도래를 안 때
ㄷ. 동시이행의 관계에 있는 쌍방의 채무 – 쌍방의 이행제공 없이 쌍방 채무의 이행기가 도래한 때

① ㄱ
② ㄴ
③ ㄷ
④ ㄱ, ㄴ
⑤ ㄴ, ㄷ

해설 ㄷ. (✕) 쌍방의 채무가 동시이행의 관계에 있는 경우에는 동시이행의 항변권이 존재한다는 자체로 이행지체가 되지 않으므로, 상대방으로부터 이행의 제공을 받으면서 자기의 채무를 이행하지 않는 때에 비로소 이행지체가 된다(대판 2001다3764).

오답해설
ㄱ. (○) 부당이득반환의무는 이행기한의 정함이 없는 채무이므로 그 채무자는 이행청구를 받은 때에 비로소 지체책임을 진다(대판 2009다24187).
ㄴ. (○) 제387조

---

04 채무자의 이행지체책임 발생시기로 옳은 것을 모두 고른 것은? (다툼이 있으면 판례에 따름)
▶ 공인노무사 20년

> ㄱ. 불확정기한부 채무의 경우, 채무자가 기한이 도래함을 안 때
> ㄴ. 부당이득반환채무의 경우, 수익자가 이행청구를 받은 때
> ㄷ. 불법행위로 인한 손해배상채무의 경우, 가해자가 피해자로부터 이행청구를 받은 때

① ㄱ
② ㄱ, ㄴ
③ ㄱ, ㄷ
④ ㄴ, ㄷ
⑤ ㄱ, ㄴ, ㄷ

해설 ㄱ. (○) 제387조 제1항 제2문
ㄴ. (○) 대판 2009다24187·24194

오답해설
ㄷ. (✕) 불법행위로 인한 손해배상채권은 불법행위 시에 그 이행기가 도래한다(대판 97다26043).

---

05 이행지체에 관한 설명으로 옳지 않은 것은? (다툼이 있으면 판례에 따름) ▶ 공인노무사 24년

① 이행지체를 이유로 채권자에게 전보배상청구가 인정되는 경우, 그 손해액은 원칙적으로 최고할 당시의 시가를 기준으로 산정하여야 한다.
② 중도금지급기일을 '2층 골조공사 완료 시'로 한 경우, 그 공사가 완료되었더라도 채무자가 그 완료사실을 알지 못하였다면 특별한 사정이 없는 한 지체책임을 지지 않는다.
③ 금전채무의 이행지체로 인하여 발생하는 지연이자의 성질은 손해배상금이다.
④ 저당권이 설정된 부동산 매도인의 담보책임에 기한 손해배상채무는 이행청구를 받은 때부터 지체책임이 있다.
⑤ 이행기의 정함이 없는 채권을 양수한 채권양수인이 채무자를 상대로 그 이행을 구하는 소를 제기하고 소송 계속 중 채무자에 대한 채권양도통지가 이루어진 경우, 특별한 사정이 없는 한 채무자는 채권양도통지가 도달된 다음 날부터 지체책임을 진다.

정답 02 ③ 03 ③ 04 ② 05 ①

해설 ① 최고 후 상당한 기간이 경과한 때의 시가에 의한다(대판 97다24542).

오답해설

② 이는 불확정기한에 해당하므로(대판 2005다38546), 채무자는 기한이 도래함을 안 때로부터 지체책임이 있다(제387조 제1항).
③ 금전채무의 이행지체로 인하여 발생하는 지연손해금은 그 성질이 손해배상금이지 이자가 아니다(대판 94다57800).
④ 매도인의 담보책임은 기한의 정함이 없는 채무에 해당하므로 이행청구를 받은 때로부터 이행지체의 책임을 진다(제387조 제2항).
⑤ 채무에 이행기의 정함이 없는 경우에는 채무자가 이행의 청구를 받은 다음 날부터 이행지체의 책임을 지는 것이나, 한편 지명채권이 양도된 경우 채무자에 대한 대항요건이 갖추어질 때까지 채권양수인은 채무자에게 대항할 수 없으므로, 이행기의 정함이 없는 채권을 양수한 채권양수인이 채무자를 상대로 그 이행을 구하는 소를 제기하고 소송 계속 중 채무자에 대한 채권양도통지가 이루어진 경우에는 특별한 사정이 없는 한 채무자는 채권양도통지가 도달된 다음 날부터 이행지체의 책임을 진다(대판 2012다29557).

06 이행지체에 관한 설명으로 옳은 것은? (다툼이 있으면 판례에 따름) ▶ 공인노무사 25년

① 금전채무의 이행지체로 인해 확정된 지연손해금채무의 경우, 채무자는 채권자로부터 이행청구를 받은 때부터 지체책임을 진다.
② 반환시기의 약정이 없는 소비대차의 경우, 대주가 반환을 최고한 때부터 이행지체가 된다.
③ 은행의 양도성예금증서에 변제기한이 있는 경우, 은행은 그 기한이 도래한 때부터 지체책임을 진다.
④ 채무이행의 불확정한 기한이 있는 경우, 채무자는 그 기한이 객관적으로 도래한 때부터 지체책임을 진다.
⑤ 불법행위로 인한 손해배상책임은 인정되지만 그 배상액이 확정되지 않은 경우, 채무자는 지체책임을 면한다.

해설 ① 금전채무의 지연손해금채무는 금전채무의 이행지체로 인한 손해배상채무로서 이행기의 정함이 없는 채무에 해당하므로, 채무자는 확정된 지연손해금채무에 대하여 채권자로부터 이행청구를 받은 때로부터 지체책임을 부담하게 된다(대판 2004다11582).

오답해설

② 반환시기의 약정이 없는 소비대차의 경우 대주는 상당한 기간을 정하여 반환을 최고하여야 하므로(제603조 제2항), 차주는 대주가 최고한 때로부터 상당한 기간이 지난 후에 지체책임을 진다.
③ 채권자가 증서를 제시하여 이행을 청구한 때로부터 은행은 지체책임을 진다(제517조).
④ **제387조(이행기와 이행지체)** ① 채무이행의 불확정한 기한이 있는 경우에는 채무는 기한이 도래함을 안 때로부터 지체책임이 있다.
⑤ 원래 불법행위로 인한 손해배상채권은 불법행위 시에 발생하고 그 이행기가 도래하는 것이므로 불법행위와 동시에 이행지체가 되어 지연손해금이 발생한다(대판 93다38444 참조).

07 손해배상에 관한 설명으로 옳은 것은? (다툼이 있으면 판례에 따름) ▸공인노무사 24년

① 채무불이행으로 인한 손해배상액이 예정되어 있는 경우, 채권자는 채무불이행 사실 및 손해의 발생 사실을 모두 증명하여야 예정배상액을 청구할 수 있다.

② 특별한 사정으로 인한 손해배상에서 채무자가 그 사정을 알았거나 알 수 있었는지의 여부는 계약체결 당시를 기준으로 판단한다.

③ 부동산소유권이전채무가 이행불능이 되어 채권자가 채무자에게 갖게 되는 손해배상채권의 소멸시효는 계약체결 시부터 진행된다.

④ 채무불이행으로 인한 손해배상액을 예정한 경우에는 특별한 사정이 없는 한 통상손해는 물론 특별손해까지도 예정액에 포함된다.

⑤ 불법행위로 영업용 건물이 일부 멸실된 경우, 그에 따른 휴업손해는 특별손해에 해당한다.

> **해설** ④ 대판 2007다18478

> **오답해설**
> ① 손해배상액의 예정이 있는 경우, 채무불이행 사실만 증명하면 되고, 손해의 발생 및 손해액의 입증을 요하지 않는다(대판 74다296).
> ② 특별한 사정으로 인한 손해배상에서 채무자가 그 사정을 알았거나 알 수 있었는지의 여부는 계약체결 당시가 아니라 채무의 이행기까지를 기준으로 판단하여야 한다(대판 84다카1532).
> ③ 계약체결 시가 아니라 이해불능이 된 때로부터 소멸시효가 진행한다(대판 2005다29474).
> ⑤ 불법행위로 영업용 건물이 일부 멸실된 경우, 그에 따른 휴업손해는 통상손해에 해당한다(대판 [전합] 2001다82507).

08 채무불이행책임에 관한 설명으로 옳은 것은? (다툼이 있으면 판례에 따름) ▸공인노무사 21년

① 강제이행과 손해배상청구는 양립할 수 없다.

② 채권자의 단순한 부주의라도 그것이 손해확대의 원인이 되는 경우, 이를 이유로 과실상계할 수 있다.

③ 하는 채무에 대한 대체집행은 허용되지 않는다.

④ 손해배상청구권의 소멸시효는 본래의 채권을 행사할 수 있는 때로부터 진행된다.

⑤ 채무불이행으로 인하여 채권자의 생명침해가 있는 경우, 채권자의 직계존속은 민법 제752조를 유추적용하여 채무불이행을 이유로 한 위자료를 청구할 수 있다.

> **해설** ② 불법행위에 있어서 가해자의 과실은 의무위반이라는 강력한 과실인 데 반하여 피해자의 과실을 따지는 과실상계에 있어서의 과실은 전자의 것과는 달리 사회통념상, 신의성실의 원칙상, 공동생활상 요구되는 약한 의미의 부주의를 가리키는 것으로 보아야 한다(대판 98다31868).

오답해설
① 강제이행의 규정은 손해배상의 청구에 영향을 미치지 아니한다(제389조 제4항). 즉 양립할 수 있다.
③ 채무자의 일신에 전속하지 아니한 작위를 목적으로 한 때에는 채무자의 비용으로 제3자에게 이를 하게 할 것을 법원에 청구할 수 있다(제389조 제2항). 즉 누가 하더라도 상관없는 '하는 채무'에 대해서는 당연히 대체집행이 인정된다.
④ 채무불이행으로 인한 손해배상청구권의 소멸시효는 채무불이행 시로부터 진행한다(대판 2002다57119).
⑤ 숙박업자가 숙박계약상의 고객 보호의무를 다하지 못하여 투숙객이 사망한 경우, 숙박계약의 당사자가 아닌 그 투숙객의 근친자가 그 사고로 인하여 정신적 고통을 받았다 하더라도 숙박업자의 그 망인에 대한 숙박계약상의 채무불이행을 이유로 위자료를 청구할 수는 없다(대판 2000다38718・38725).

09 채무불이행에 관한 설명으로 옳은 것은? (다툼이 있으면 판례에 따름) ▶ 공인노무사 17년

① 기한이 정해져 있는 지시채권이나 무기명채권의 경우에는 그 증서의 제시 없이도 이행기에 도달하면 당연히 지체책임을 진다.
② 당사자가 불확정한 사실이 발생한 때를 이행기한으로 정한 경우에는 그 사실이 발생한 때는 물론이고 그 사실이 발생이 불가능하게 된 때에도 이행기한은 도래한 것으로 보아야 한다.
③ 부동산 이중매매의 경우, 제1매수인이 아닌 제2매수인과 그 부동산에 관한 매매계약이 체결된 사실이 있으면 이행불능으로서 채무불이행에 해당한다.
④ 부동산의 이중매매에서 매매목적물을 제2매수인에게 처분한 가격이 통상가격을 넘는 경우, 그 처분가격이 매도인의 제1매수인에 대한 배상액 산정의 기준이 된다.
⑤ 아파트 광고모델계약을 체결하면서 품위유지약정을 한 유명 연예인이 남편과의 물리적 충돌로 멍들고 부은 얼굴 등을 언론에 공개한 행위는 채무불이행에 해당하지 않는다.

해설 ② 당사자가 불확정한 사실(예 임대차)이 발생한 때를 이행기한으로 정한 경우에는 그 사실(예 임대차)이 발생한 때는 물론 그 사실의 발생이 불가능하게 된 때(예 사용대차를 한 때)에도 이행기한은 도래한 것으로 보아야 한다(대판 2001다41766).

오답해설
① 지시채권의 경우에는 증서에 변제기한이 있는 경우에도 그 기한이 도래한 후에 소지인이 증서를 제시하여 이행을 청구한 때로부터 채무자는 지체책임이 있다(제517조).
③ 매매목적물에 관하여 이중으로 제3자와 매매계약을 체결하였다는 사실만 가지고는 매매계약이 법률상 이행불능이라고 할 수 없다(대판 96다14616).
④ 토지의 소유권이전등기가 이행불능된 데 대한 전보배상을 명함에 있어 이행불능사유 발생 당시의 시가를 감정하여 그 가액 상당의 배상을 명한 것은 정당한 것이고, 매도인이 그것을 타에 처분한 가격이 통상가격을 넘는다고 하더라도 그것을 배상액산정의 기준으로 삼을 수는 없다(대판 90다5672).
⑤ 채무불이행에 해당한다(대판 2006다32354).

10 민법상 과실상계에 관한 설명으로 옳지 않은 것은? (다툼이 있으면 판례에 따름)

▸공인노무사 20년

① 불법행위의 성립에 관한 가해자의 과실과 과실상계에서의 피해자의 과실은 그 의미를 달리한다.

② 피해자에게 과실이 있는 경우 가해자가 과실상계를 주장하지 않았더라도 법원은 손해배상액을 정함에 있어서 이를 참작하여야 한다.

③ 매도인의 하자담보책임은 법이 특별히 인정한 무과실책임이지만 그 하자의 발생 및 확대에 가공한 매수인의 잘못이 있다면 법원은 이를 참작하여 손해배상의 범위를 정하여야 한다.

④ 피해자의 부주의를 이용하여 고의의 불법행위를 한 자는 특별한 사정이 없는 한 피해자의 그 부주의를 이유로 과실상계를 주장할 수 없다.

⑤ 손해를 산정함에 있어서 손익상계와 과실상계를 모두 하는 경우 손익상계를 먼저 하여야 한다.

해설 ⑤ 손해를 산정함에 있어서는 먼저 과실상계를 한 후에 보험급여 공제(손익상계)를 하여야 한다 (대판 2002다55149).

오답해설
① 과실상계에서의 과실은 가해자의 과실과 달리 사회통념이나 신의성실의 원칙에 따라 공동생활에 있어 요구되는 약한 의미의 부주의를 가리키는 것으로 보아야 한다(대판 98다52469).
② 대판 94다23920
③ 매도인의 하자담보책임은 법이 특별히 인정한 무과실책임으로서 여기에 민법 제396조의 과실상계 규정이 준용될 수는 없다 하더라도, 담보책임이 민법의 지도이념인 공평의 원칙에 입각한 것인 이상 하자 발생 및 그 확대에 가공한 매수인의 잘못을 참작하여 손해배상의 범위를 정함이 상당하다(대판 94다23920).
④ 피해자에게 과실이 인정되면 법원은 손해배상의 책임 및 그 금액을 정함에 있어서 이를 참작하여야 하며, 배상의무자가 피해자의 과실에 관하여 주장하지 않는 경우에도 소송자료에 의하여 과실이 인정되는 경우에는 이를 법원이 직권으로 심리·판단하여야 할 것이지만, 피해자의 부주의를 이용하여 고의로 불법행위를 저지른 자가 바로 그 피해자의 부주의를 이유로 자신의 책임을 감하여 달라고 주장하는 것은 허용될 수 없다(대판 99다50538).

11 과실상계에 관한 설명으로 옳은 것은? (다툼이 있으면 판례에 따름) ▸ 공인노무사 19년

① 과실상계의 비율에 대한 당사자의 주장은 법원을 구속한다.
② 배상의무자가 피해자의 과실에 관하여 주장하지 않는 경우, 법원이 이를 직권으로 심리
 ·판단할 수 없다.
③ 한 개의 손해배상청구권 중 일부가 소송상 청구된 경우, 법원이 과실상계를 함에 있어서
 손해의 전액에서 과실비율에 의한 감액을 하고 그 잔액이 청구액을 초과하지 않을 경우
 에는 그 잔액을 인용해야 한다.
④ 채무내용에 따른 본래의 급부의 이행을 구하는 경우에도 과실상계는 적용된다.
⑤ 채무불이행에 관하여 채권자의 과실이 있고 채권자가 그로 인하여 이익을 받은 경우, 손
 해배상액을 산정함에 있어서 손익상계를 한 다음 과실상계를 해야 한다.

해설 ③ 일개의 손해배상청구권 중 일부가 소송상 청구되어 있는 경우에 과실상계를 함에 있어서는 손해
 의 전액에서 과실비율에 의한 감액을 하고 그 잔액이 청구액을 초과하지 않을 경우에는 그 잔액
 을 인용할 것이고 잔액이 청구액을 초과할 경우에는 청구의 전액을 인용하는 것으로 풀이하는
 것이 일부청구를 하는 당사자의 통상적 의사라고 할 것이다(대판 75다819).

오답해설
①·② 과실상계사유에 관한 사실인정이나 그 비율을 정하는 것이 사실심의 전권사항이다(대판
 2003다6873).
④ 과실상계는 채무불이행 내지 불법행위로 인한 손해배상책임에 대하여 인정되는 것이고, 채무 내
 용에 따른 본래의 급부의 이행을 구하는 경우에 적용되지 않는다(대판 99다53742).
⑤ 과실상계를 한 다음 손익상계를 하여야 한다(대판 2002다50149 등).

12 손해배상액의 예정에 관한 설명으로 옳지 않은 것은? (다툼이 있으면 판례에 따름)

▸ 공인노무사 21년

① 채무자는 특별한 사정이 없는 한 자신의 귀책사유 없음을 이유로 예정배상액의 지급책임
 을 면할 수 있다.
② 손해배상액의 예정에는 특별한 사정이 없는 한 통상손해뿐만 아니라 특별손해도 포함된다.
③ 손해배상액이 예정되어 있는 경우라도 과실상계할 수 있다.
④ 예정배상액의 감액범위에 대한 판단은 사실심 변론종결 당시를 기준으로 한다.
⑤ 금전채무에 관하여 이행지체에 대비한 지연손해금비율에 대한 합의는 손해배상액의 예
 정으로 보아 감액의 대상이 된다.

해설 ③ 손해배상액을 예정한 경우에는 과실상계를 적용할 성질의 것이 아니다(대판 72다108).

오답해설
① 채무불이행으로 인한 손해배상액이 예정되어 있는 경우 채권자는 채무불이행 사실만 증명하면
 손해의 발생 및 그 액수를 증명하지 아니하고 예정배상액을 청구할 수 있으나, 반면 채무자는
 채권자와 채무불이행에 있어 채무자의 귀책사유를 묻지 아니한다는 약정을 하지 아니한 이상 자

신의 귀책사유가 없음을 주장·증명함으로써 위 예정배상액의 지급책임을 면할 수 있다(대판 2009다83797).

② 계약 당시 손해배상액을 예정한 경우에는 다른 특약이 없는 한 채무불이행으로 인하여 입은 통상손해는 물론 특별손해까지도 예정액에 포함되고 채권자의 손해가 예정액을 초과한다 하더라도 초과부분을 따로 청구할 수 없다(대판 92다41719).

④ 손해배상의 예정액이 부당하게 과다한지의 여부 내지 그에 대한 적당한 감액의 범위를 판단하는 데 있어서는 법원이 구체적으로 그 판단을 하는 때, 즉 사실심의 변론종결 당시를 기준으로 하여 그 사이에 발생한 위와 같은 모든 사정을 종합적으로 고려하여야 할 것이다(대판 2004다3543).

⑤ 대판 2017다228762

13 甲은 자기 소유의 토지에 대해 乙과 매매계약을 체결하면서 이행지체로 인한 손해배상액을 예정하였다. 乙의 이행지체를 이유로 甲이 손해배상을 청구하는 경우에 관한 설명으로 옳지 않은 것은? (다툼이 있으면 판례에 따름) ▸ 공인노무사 19년

① 甲은 손해액에 대한 증명을 하지 않더라도 乙의 이행지체가 있었던 사실을 증명하면 예정배상액을 청구할 수 있다.

② 甲에게 손해가 발생하였더라도 특별한 사정이 없는 한 乙은 자신에게 귀책사유가 없음을 증명함으로서 예정배상액의 지급책임을 면할 수 있다.

③ 乙은 甲에게 손해가 발생하지 않았다는 사실을 증명하더라도 예정배상액의 지급책임을 면할 수 없다.

④ 甲은 乙의 이행지체로 인하여 입은 실제 손해액이 예정배상액보다 크다는 사실을 증명하더라도 다른 특약이 없는 한 그 초과부분을 따로 청구할 수 없다.

⑤ 乙의 이행지체로 인하여 특별손해가 발생한 경우, 다른 특약이 없는 한 甲은 乙에게 특별손해에 대한 손해배상을 별도로 청구할 수 있다.

해설 ⑤ 계약 당시 손해배상액을 예정한 경우에는 다른 특약이 없는 한 채무불이행으로 인하여 입은 통상손해는 물론 특별손해까지도 예정액에 포함되고 채권자의 손해가 예정액을 초과한다 하더라도 초과부분을 따로 청구할 수 없다(대판 92다41719).

오답해설

①·② 채무불이행으로 인한 손해배상액이 예정되어 있는 경우에는 채권자는 채무불이행 사실만 증명하면 손해의 발생 및 그 액을 증명하지 아니하고 예정배상액을 청구할 수 있고, 채무자는 채권자와 채무불이행에 있어 채무자의 귀책사유를 묻지 아니한다는 약정을 하지 아니한 이상 자신의 귀책사유가 없음을 주장·입증함으로써 예정배상액의 지급책임을 면할 수 있다(대판 2006다9408).

③ 손해배상액 예정이 있는 경우, 채무자가 실제로 손해발생이 없다거나 손해액이 예정액보다 적다는 것을 입증하더라도 채무자는 그 예정액의 지급을 면하거나 감액을 청구하지 못한다(대판 2008다46906).

④ 대판 92다41719

정답 11 ③ 12 ③ 13 ⑤

14 손해배상액의 예정에 관한 설명으로 옳은 것은? (다툼이 있으면 판례에 따름) ▶ 공인노무사 18년

① 특별손해는 예정액을 초과하더라도 원칙적으로 청구할 수 있다.

② 계약체결 시 손해배상액을 예정을 한 경우, 그 예정은 그 계약과 관련된 불법행위로 인한 손해배상까지 예정한 것으로 볼 수 있다.

③ 손해배상 예정액이 부당하게 과다한 경우에는 법원은 당사자의 주장이 없더라도 직권으로 이를 감액할 수 있다.

④ 채권자가 예정된 손해배상액을 청구하기 위하여 손해배상액을 증명할 필요는 없으나 적어도 손해의 발생은 증명하여야 한다.

⑤ 손해배상액 예정이 있어도 손해의 발생에 있어서 채권자의 과실이 있으면, 공평의 원칙상 과실상계를 한다.

해설 ③ 대판 99다38637

오답해설

① 계약 당시 손해배상액을 예정한 경우에는 다른 특약이 없는 한 채무불이행으로 인하여 입은 통상손해는 물론 특별손해까지도 예정액에 포함되고 채권자의 손해가 예정액을 초과한다 하더라도 초과부분을 따로 청구할 수 없다(대판 92다41719).

② 계약 당시 당사자 사이에 손해배상액을 예정하는 내용의 약정이 있는 경우에는 그것은 계약상의 채무불이행으로 인한 손해액에 관한 것이고 이를 그 계약과 관련된 불법행위상의 손해까지 예정한 것이라고는 볼 수 없다(대판 98다48033).

④ 채무불이행으로 인한 손해배상액이 예정되어 있는 경우에는 채권자는 채무불이행 사실만 증명하면 손해의 발생 및 그 액을 증명하지 아니하고 예정배상액을 청구할 수 있다(대판 2006다9408).

⑤ 손해배상액을 예정한 경우에는 과실상계를 적용할 성질의 것이 아니다(대판 72다108).

15 손해배상액의 예정에 관한 설명으로 옳은 것은? (다툼이 있으면 판례에 따름) ▸ 공인노무사 17년

① 사용자는 근로계약 불이행에 대한 위약금 또는 손해배상액을 예정하는 계약을 체결할 수 있다.

② 매매계약에서 채권자는 실제 손해액이 예정액을 초과하는 경우에 그 초과액을 청구할 수 있다.

③ 계약 내용에 손해배상액을 예정하는 약정이 있는 경우에는 계약상의 채무불이행으로 인한 손해액과 함께 그 계약과 관련된 불법행위상의 손해액까지 예정한 것이다.

④ 건물 신축공사에 있어 준공 후에도 건물에 다수의 하자와 미시공 부분이 있어 수급인이 약정기한 내에 그 하자와 미시공 부분에 대한 공사를 완료하지 못할 경우 미지급 공사비 등을 포기하고 이를 도급인의 손해배상금으로 충당한다는 내용의 합의각서를 작성한 경우, 채무불이행에 관한 손해배상액을 예정한 경우에 해당한다.

⑤ 금전채무에 관하여 이행지체에 대비한 지연손해금 비율을 따로 약정한 경우, 손해배상액의 예정으로서 감액의 대상이 되지 않는다.

해설 ④ 건물 신축공사에 있어 준공 후에도 건물에 다수의 하자와 미시공 부분이 있어 수급인이 약정기한 내에 그 하자와 미시공 부분에 대한 공사를 완료하지 못할 경우 미지급 공사비 등을 포기하고 이를 도급인의 손해배상금으로 충당한다는 내용의 합의각서를 작성한 경우, 위 약정은 민법 제398조에 정한 채무불이행에 관한 손해배상액을 예정한 경우에 해당한다(대판 2007다69186).

오답해설

① 사용자는 근로계약 불이행에 대한 위약금 또는 손해배상액을 예정하는 계약을 체결하지 못한다(근로기준법 제20조).

② 계약 당시 손해배상액을 예정한 경우에는 다른 특약이 없는 한 채무불이행으로 인하여 입은 통상손해는 물론 특별손해까지도 예정액에 포함되고 채권자의 손해가 예정액을 초과한다 하더라도 초과부분을 따로 청구할 수 없다(대판 92다41719).

③ 계약 당시 당사자 사이에 손해배상액을 예정하는 내용의 약정이 있는 경우에는 그것은 계약상의 채무불이행으로 인한 손해액에 관한 것이고 이를 그 계약과 관련된 불법행위상의 손해까지 예정한 것이라고는 볼 수 없다(대판 98다48033).

⑤ 금전채무에 관하여 이행지체에 대비한 지연손해금 비율을 따로 약정한 경우에 이는 손해배상액의 예정으로서 감액의 대상이 된다(대판 2017다228762).

16 민법상 손해배상액의 예정에 관한 설명으로 옳지 않은 것은? (다툼이 있으면 판례에 따름)

▶ 공인노무사 25년

① 채권자는 특약이 없는 한 손해배상예정액을 초과한 배상액을 청구할 수는 없다.

② 손해배상예정액의 감액비율을 정하는 것은 원칙적으로 사실심의 전권에 속한다.

③ 채권자가 예정된 손해배상액을 청구하기 위하여 손해의 발생 및 그 액을 증명할 필요는 없으나 적어도 채무불이행 사실은 증명하여야 한다.

④ 위약벌 약정액이 부당히 과다한 경우, 손해배상액의 예정에 관한 민법 제398조 제2항을 유추적용하여 그 액을 감액할 수 있다.

⑤ 지체상금을 계약 총액에 지체상금률을 곱하여 산출하기로 정한 경우, 손해배상의 예정에 해당하는 지체상금의 과다 여부는 지체상금 총액을 기준으로 판단하여야 한다.

해설 ④ 위약벌의 약정은 채무의 이행을 확보하기 위하여 정하는 것으로서 손해배상의 예정과 다르므로 손해배상의 예정에 관한 민법 제398조 제2항을 유추적용하여 그 액을 감액할 수 없고, 다만 의무의 강제로 얻는 채권자의 이익에 비하여 약정된 벌이 과도하게 무거울 때에는 일부 또는 전부가 공서양속에 반하여 무효로 된다(대판 2015다239324).

오답해설

① 대판 2007다18478

② 대판 2004다3543

③ 채무불이행으로 인한 손해배상액이 예정되어 있는 경우에는 채권자는 채무불이행 사실만 증명하면 손해의 발생 및 그 액을 증명하지 아니하고 예정배상액을 청구할 수 있고, 채무자는 채권자와 채무불이행에 있어 채무자의 귀책사유를 묻지 아니한다는 약정을 하지 아니한 이상 자신의 귀책사유가 없음을 주장·입증함으로써 예정배상액의 지급책임을 면할 수 있다(대판 2006다9408).

⑤ 지체상금을 계약 총액에서 지체상금률을 곱하여 산출하기로 정한 경우, 민법 제398조 제2항에 의하면 손해배상액의 예정액이 부당히 과다한 경우에는 법원은 적당히 감액할 수 있다고 규정되어 있고 여기의 손해배상의 예정액이란 문언상 그 예정한 손해배상액의 총액을 의미한다고 해석되므로, 손해배상의 예정에 해당하는 지체상금의 과다 여부는 지체상금 총액을 기준으로 하여 판단하여야 한다(대판 95다11436).

정답 **16** ④

Section 03 책임재산의 보전

Ⅰ 채권자대위권

01 乙의 채권자 甲이 乙의 丙에 대한 금전채권에 대하여 채권자대위권을 행사하는 경우에 관한 설명으로 옳은 것은? (다툼이 있으면 판례에 따름) ▸ 공인노무사 23년

① 甲은 乙의 동의를 받지 않는 한 채권자대위권을 행사할 수 없다.

② 甲의 乙에 대한 채권이 금전채권인 경우, 甲은 丙에게 직접 자기에게 이행하도록 청구하여 상계적상에 있는 자신의 채권과 상계할 수 없다.

③ 甲이 丙을 상대로 채권자대위권을 행사한 경우, 甲의 채권자대위소송의 제기로 인한 소멸시효 중단의 효력은 乙의 丙에 대한 채권에 생긴다.

④ 甲이 丙을 상대로 채권자대위권을 행사하고 그 사실을 乙에게 통지한 이후 乙이 丙에 대한 채권을 포기한 경우, 丙은 乙의 채권포기 사실을 들어 甲에게 대항할 수 있다.

⑤ 乙이 丙을 상대로 금전채무 이행청구의 소를 제기하여 패소판결이 확정된 경우, 甲은 乙에 대한 금전채권을 보전하기 위해 丙을 상대로 채권자대위권을 행사할 수 있다.

> **해설** ③ 채권자대위권 행사의 효과는 채무자 乙에게 귀속되는 것이므로 채권자대위소송의 제기로 인한 소멸시효 중단의 효과 역시 채무자 乙에게 생긴다(대판 2010다80930).
>
> **오답해설**
> ① 채권자대위권 행사에 채무자의 동의는 필요 없다(대판 71다1931).
> ② 채권자대위권을 행사함에 있어서 채권자가 제3채무자에 대하여 자기에게 직접 급부를 요구하여도 상관없다(대판 95다27998). 그리고 이를 가지고 상계하여 사실상 우선변제를 받을 수 있다.
> ④ 채무자가 대위권 행사의 통지를 받은 후에는 그 권리를 처분하여도 이로써 채권자에게 대항할 수 없다(제405조 제2항).
> ⑤ 채권자대위권은 채무자의 권리불행사가 있어야 행사할 수 있는데, 채무자가 패소한 경우란 어쨌든 채무자 乙이 권리를 행사한 것이므로 甲은 乙을 대위할 수 없다(대판 92다32876).

02 채권자대위권에 관한 설명으로 옳지 않은 것은? (다툼이 있으면 판례에 따름)

> ▸ 공인노무사 22년

① 물권적 청구권도 채권자대위권의 피보전권리가 될 수 있다.

② 피보전채권의 이행기가 도래하기 전이라도 채권자는 법원의 허가를 얻어 채무자의 제3자에 대한 채권자취소권을 대위행사할 수 있다.

③ 민법상 조합원의 조합탈퇴권은 특별한 사정이 없는 한 채권자대위권의 목적이 될 수 없다.

④ 행사상 일신전속권은 채권자대위권의 목적이 되지 못한다.

⑤ 채권대위소송에서 피보전채권의 존재 여부는 법원의 직권조사사항이다.

> **정답** 01 ③ 02 ③

해설 ③ 조합원이 조합을 탈퇴할 권리는 그 성질상 조합계약의 해지권으로서 그의 일반재산을 구성하는 재산권의 일종이라 할 것이고 채권자대위가 허용되지 않는 일신전속적 권리라고는 할 수 없다 (대결 2005마1130).

오답해설

① 대판 2006다82700
② 채권자취소권도 채권자가 채무자를 대위하여 행사하는 것이 가능하고(대판 2000다73049), 이행 기가 도래하기 전이라도 법원의 허가를 받으면 채권자대위권을 행사할 수 있다(제404조 제2항).
④ 제404조 제1항 제2문
⑤ 채무자에 대한 소유권이전등기청구권을 보전하기 위하여 채무자를 대위하여 제3자 명의의 소유 권이전등기의 말소를 청구하기 위하여는 우선 채권자의 채무자에 대한 소유권이전등기청구권을 보전할 필요가 인정되어야 할 것이고 그러한 보전의 필요가 인정되지 않는 경우에는 소가 부적법 하므로 직권으로 이를 각하하여야 할 것이다(대판 92다25151).

03 乙의 채권자 甲이 乙의 丙에 대한 금전채권에 대하여 채권자대위권을 행사하는 경우에 관한 설명으로 옳지 않은 것은? (다툼이 있으면 판례에 따름)　　▸공인노무사 19년

① 甲의 乙에 대한 채권의 소멸시효가 이미 완성된 경우, 丙은 乙의 甲에 대한 소멸시효의 항변을 원용할 수 없다.
② 丙이 乙의 이행청구에 대하여 동시이행항변권을 행사할 수 있는 경우, 丙은 甲에게 그 동시이행항변권을 가지고 대항할 수 있다.
③ 채권자대위소송에서 甲의 乙에 대한 채권이 존재하는지 여부는 법원의 직권조사사항이 아니다.
④ 甲의 乙에 대한 채권의 이행기가 도래하기 전이라도 甲은 법원의 허가를 받아 乙의 丙에 대한 채권을 대위행사할 수 있다.
⑤ 甲은 丙에게 직접 자기에게 이행하도록 청구하여 급부를 대위수령할 수 있다.

해설 ③ 피보전채권의 존재는 법원의 직권조사사항이다(대판 2009다3234).

오답해설

① 채권의 소멸시효가 완성된 경우 이를 원용할 수 있는 자는 원칙적으로는 시효이익을 직접 받는 자뿐이고, 채권자대위소송의 제3채무자는 이를 행사할 수 없다(대판 2001다10151).
② 임차인이 임대인의 동의를 얻어 전대한 경우에 전차인은 임대인에 대하여 그 사용의 편익을 위하 여 임대인의 동의를 얻어 시설한 부속물의 매수청구권을 행사할 수 있고, 임대인을 대위하여 명 도청구를 하는 원고에 대하여도 부속물 매수대금 지급 시까지의 연기적 항변권을 주장할 수 있다 (대판 81다378).
④ 제404조 제2항
⑤ 채권자대위권을 행사함에 있어서 채권자가 제3채무자에 대하여 자기에게 직접 급부를 요구하여 도 상관없다(대판 95다27998).

04 甲은 乙에게 변제기가 도래한 1억원의 금전채권을 가지고 있다. 乙은 현재 무자력 상태에 있고 丙에 대하여 변제기가 도래한 5,000만원의 금전채권을 가지고 있다. 이에 대한 설명으로 옳지 않은 것은? (다툼이 있으면 판례에 따름) ▶공인노무사 18년

① 乙이 반대하는 경우에도 甲은 丙에 대하여 채권자대위권을 행사할 수 있다.

② 甲이 채권자대위권을 행사하는 경우에 丙은 乙에 대해 가지는 모든 항변사유로써 甲에게 대항할 수 있다.

③ 甲은 丙에게 5,000만원을 乙에게 이행할 것을 청구할 수 있을 뿐만 아니라, 직접 자기에게 이행할 것을 청구할 수 있다.

④ 甲이 丙으로부터 5,000만원을 대위수령한 경우, 甲은 상계적상에 있는 때에 상계함으로써 사실상 우선변제를 받을 수 있다.

⑤ 甲이 丙에게 채권자대위소송을 제기한 경우, 乙은 소송당사자가 아니므로 乙의 丙에 대한 채권은 소멸시효가 중단되지 않는다.

> **해설** ⑤ 채권자대위권 행사의 효과는 채무자 乙에게 귀속되는 것이므로 채권자대위소송의 제기로 인한 소멸시효 중단의 효과 역시 채무자 乙에게 생긴다(대판 2010다80930).
>
> **오답해설**
> ① 채권자대위권의 행사는 채무자가 그 행사를 반대하는 경우에도 가능하다(대판 63다634).
> ② 채권자대위권의 행사는 乙의 권리를 행사하는 것이므로 丙은 乙에 대한 모든 항변사유로 甲에게 대항할 수 있다(대판 81다378 참조).

05 채권자대위권에 관한 설명으로 옳은 것은? (다툼이 있으면 판례에 따름) ▶공인노무사 17년

① 채권자대위권 행사는 채무자의 무자력을 요하므로, 소유권이전등기청구권은 피보전채권이 될 수 없다.

② 토지거래규제구역 내의 토지 매매의 경우, 매수인이 매도인에 대하여 가지는 토지거래허가신청 절차 협력의무의 이행청구권도 채권자대위권 행사의 대상이 될 수 있다.

③ 채무자의 채권자대위권은 대위할 수 있지만, 채무자의 채권자취소권은 대위할 수 없다.

④ 조합원의 조합탈퇴권은 일신전속적 권리이므로 대위의 대상이 되지 못한다.

⑤ 피보전채권이 금전채권인 경우, 대위채권자는 채무자의 금전채권을 자신에게 직접 이행하도록 청구할 수 없다.

> **해설** ② 대판 2010다50014
>
> **오답해설**
> ① 특정채권을 보전하기 위하여 채권자대위권을 행사하는 경우에는 채무자의 무자력을 요하지 않는다(대판 91다483).

③ 채권자취소권의 대위행사도 가능하다(대판 2000다73049).
④ 조합원이 조합을 탈퇴할 권리는 일신전속적 권리라고는 할 수 없으므로 대위가 가능하다(대결 2005마1130).
⑤ 채권자가 자기의 금전채권을 보전하기 위하여 채무자의 금전채권을 대위행사하는 경우, 제3채무자로 하여금 직접 대위채권자 자신에게 이행하도록 청구할 수 있다(대판 2015다236547).

06 채권자대위권에 관한 설명으로 옳은 것은? (다툼이 있으면 판례에 따름) ▸공인노무사 16년 변형

① 채권자대위권은 절차법상의 권리이다.
② 채권자대위권으로 보전되는 채권은 제3채무자에게 대항할 수 있는 것임을 요하지 않는다.
③ 채무자와 제3채무자 사이의 소송이 계속된 이후의 소송수행과 관련한 개개의 소송상 행위도 채권자대위가 허용된다.
④ 채무자가 대위권 행사의 통지를 받지 못한 경우에는 채권자가 대위권을 행사한다는 것을 알았더라도, 채무자는 대위 행사되는 권리를 처분할 수 있으며 이를 가지고 채권자에게 대항할 수 있다.
⑤ 특별한 사정이 없는 한, 유류분반환청구권은 행사상의 일신전속성을 가지므로 채권자대위권의 목적이 될 수 없다.

해설 ② 채권자대위권에 의하여 보전되는 채권은 보전의 필요성이 인정되고 이행기가 도래한 것이면 족하고, 그 채권의 발생원인이 어떠하든 대위권을 행사함에는 아무런 방해가 되지 아니하며, 또한 채무자에 대한 채권이 제3채무자에게까지 대항할 수 있는 것임을 요하는 것도 아니다(대판 2003다1250).
⑤ 대판 2009다93992

오답해설
① 실체법상의 권리이다.
③ 채권을 보전하기 위하여 대위행사가 필요한 경우는 실체법상 권리뿐만 아니라 소송법상 권리에 대하여서도 대위가 허용되나, 채무자와 제3채무자 사이의 소송이 계속된 이후의 소송수행과 관련한 개개의 소송상 행위는 그 권리의 행사를 소송당사자인 채무자의 의사에 맡기는 것이 타당하므로 채권자대위가 허용될 수 없다. 같은 취지에서 볼 때 상소의 제기와 마찬가지로 종전 재심대상판결에 대하여 불복하여 종전 소송절차의 재개, 속행 및 재심판을 구하는 재심의 소 제기는 채권자대위권의 목적이 될 수 없다(대판 2012다75239).
④ 채권자가 민법 제404조에 의한 채권자대위권에 기하여 채무자의 권리를 행사하면서 그 사실을 채무자에게 통지를 하지 아니한 경우라도 채무자가 자기의 채권이 채권자에 의하여 대위행사되고 있는 사실을 알고 있는 경우에는 그 대위행사한 권리의 처분을 가지고 채권자에게 대항할 수 없다(대판 85다카1792).

07 채권자대위권에 관한 설명으로 옳은 것을 모두 고른 것은? (다툼이 있으면 판례에 따름)
▸ 공인노무사 24년

> ㄱ. 피보전채권이 특정채권인 경우에 채무자의 무자력은 그 요건이 아니다.
> ㄴ. 임차인은 특별한 사정이 없는 한 임차권 보전을 위하여 제3자에 대한 임대인의 임차
> 목적물 인도청구권을 대위행사할 수 있다.
> ㄷ. 채권자대위권도 채권자대위권의 피대위권리가 될 수 있다.

① ㄱ
② ㄷ
③ ㄱ, ㄴ
④ ㄴ, ㄷ
⑤ ㄱ, ㄴ, ㄷ

해설 ㄱ. (○) 대판 91다483
ㄴ. (○) 임차목적물의 인도청구권은 일신전속적 권리가 아니므로 임차인은 이를 대위할 수 있다.
ㄷ. (○) 대판 67다2440

Section 04 채권자취소권

01 乙의 채권자 甲은 乙이 채무초과상태에서 자신의 유일한 재산은 X부동산을 丙에게 매도하고 소유권이전등기를 해 준 사실을 알고 채권자취소권을 행사하려고 한다. 이에 관한 설명으로 옳은 것은? (다툼이 있으면 판례에 따름) ▸ 공인노무사 23년

① 甲이 채권자취소권을 행사하기 위해서는 재판 외 또는 재판상 이를 행사하여 한다.

② 甲이 채권자취소권을 행사하기 위해서는 乙 및 丙의 사해의사 및 사해행위에 대한 악의를 증명하여야 한다.

③ 甲의 乙에 대한 채권이 X부동산에 대한 소유권이전등기청구권인 경우, 甲은 이를 피보전채권으로 하여 채권자취소권을 행사할 수 없다.

④ 甲이 채권자취소권을 재판상 행사하는 경우, 사해행위를 직접 행한 乙을 피고로 하여 그 권리를 행사하여야 한다.

⑤ 甲의 乙에 대한 채권이 시효로 소멸한 경우, 丙은 이를 들어 채권자취소권을 행사하는 甲에게 대항할 수 없다.

> **해설** ③ 채권자취소권은 모든 채권자의 이익을 위하여 행사하여야 하기 때문에 특정채권인 소유권이전등기청구권을 보전하기 위하여는 행사할 수 없다(대판 98다56690). 즉 금전채권에 한하여 허용된다.

> **오답해설**
> ① 채권자취소권은 재판상으로만 행사할 수 있다(제406조 제1항).
> ② 채무자의 사해의사가 증명되면 수익자나 전득자의 사해의사가 추정되므로 수익자나 전득자가 스스로 선의라는 사실을 증명하여야 한다(대판 95다51908).
> ④ 채권자취소소송의 피고는 수익자나 전득자이지 채무자는 피고가 되지 못한다(대판 2008다72394).
> ⑤ 수익자는 채권의 소멸에 의하여 직접 이익을 얻는 자이므로, 甲의 피보전채권이 시효로 소멸하였다는 항변을 할 수 있다(대판 2007다54849).

02 채권자취소권에 관한 설명으로 옳은 것을 모두 고른 것은? (다툼이 있으면 판례에 따름)

▶ 공인노무사 21년

> ㄱ. 채권자취소의 소는 취소원은 안 날로부터 3년, 법률행위가 있은 날로부터 10년 내에 제기하여야 한다.
> ㄴ. 채권자가 채무자의 사해의사를 증명하면 수익자의 악의는 추정된다.
> ㄷ. 채무초과상태에 있는 채무자의 상속포기는 채권자취소권의 대상이 되지 못한다.
> ㄹ. 사해행위 이전에 성립된 채권을 양수하였으나, 그 대항요건을 사해행위 이후에 갖춘 양수인은 이를 피보전채권으로 하는 채권자취소권을 행사할 수 없다.
> ㅁ. 건물신축의 도급인이 민법 제666조에 따른 수급인의 저당권설정청구권 행사에 의해 그 건물에 저당권을 설정하는 행위는 특별한 사정이 없는 한 사해행위에 해당하지 않는다.

① ㄱ, ㄴ, ㅁ   ② ㄱ, ㄷ, ㄹ
③ ㄱ, ㄹ, ㅁ   ④ ㄴ, ㄷ, ㄹ
⑤ ㄴ, ㄷ, ㅁ

해설 ㄴ. (○) 대판 2003다60891
ㄷ. (○) 상속의 포기는 민법 제406조 제1항에서 정하는 "재산권에 관한 법률행위"에 해당하지 아니하여 사해행위취소의 대상이 되지 못한다(대판 2011다29307).
ㅁ. (○) 대판 2007다78616

오답해설
ㄱ. (×) 채권자가 취소원인을 안 날로부터 1년, 법률행위가 있은 날로부터 5년 내에 채권자취소의 소를 제기하여야 한다(제406조 제2항).
ㄹ. (×) 채권자의 채권이 사해행위 이전에 성립된 이상 그 채권이 양도된 경우에도 그 양수인이 채권자취소권을 행사할 수 있고, 이 경우 채권양도의 대항요건을 사해행위 이후에 갖추었더라도 채권양수인이 채권자취소권을 행사하는 데 아무런 장애사유가 될 수 없다(대판 2004다5822).

03 채권자 甲, 채무자 乙, 수익자 丙을 둘러싼 채권자취소송에 관한 설명으로 옳은 것은? (단, 乙에게는 甲 외에 다수의 채권자가 존재하며 다툼이 있으면 판례에 따름) ▶ 공인노무사 20년

① 채권자취소소송에서 원고는 甲이고 피고는 乙과 丙이다.
② 원상회복으로 丙이 금전을 지급하여야 하는 경우에 甲은 직접 자신에게 이를 지급할 것을 청구할 수 있다.
③ 채권자취소권 행사의 효력은 소를 제기한 甲의 이익을 위해서만 발생한다.
④ 乙의 사해의사는 특정 채권자인 甲을 해한다는 인식이 필요하다.
⑤ 채권취소소송은 甲이 乙의 대리인으로서 수행하는 것이다.

해설 ② 원상회복을 가액배상으로 하는 경우에 그 이행의 상대방은 채권자이어야 한다(대판 2007다84352).

오답해설
① 원고는 甲이고 피고는 丙이다(대판 2008다72394).
③ 모든 채권자의 이익을 위하여 효력이 있다(제407조).
④ 사해의사란 공동담보 부족에 의하여 채권자가 채권변제를 받기 어렵게 될 위험이 생긴다는 사실을 인식하는 것이며, 이러한 인식은 일반 채권자에 대한 관계에서 있으면 족하고, 특정의 채권자를 해한다는 인식이 있어야 하는 것은 아니다(대판 2007다63102).
⑤ 채권자가 자신의 권리를 행사하는 것이다.

04 채권자취소권에 관한 설명으로 옳지 않은 것은? (다툼이 있으면 판례에 따름)
 ▶ 공인노무사 19년

① 채권자가 사해행위 취소소송을 통해 원상회복만을 구하는 경우, 법원은 가액배상을 명할 수 없다.
② 채권자가 사해행위의 취소와 원상회복을 구하는 경우, 사해행위의 취소만을 먼저 청구한 다음 원상회복을 나중에 청구할 수도 있다.
③ 채무초과상태의 채무자가 유일한 재산을 우선변제권 있는 채권자에게 대물변제로 제공하는 경우, 특별한 사정이 없는 한 사해행위가 되지 않는다.
④ 사해행위 취소소송에서 채무자는 피고적격이 없다.
⑤ 채권자취소권의 행사에 있어서 제척기간의 도과에 관한 증명책임은 사해행위 취소소송의 상대방에게 있다.

해설 ① 사해행위를 전부 취소하고 원상회복을 구하는 채권자의 주장 속에는 사해행위를 일부 취소하고 가액의 배상을 구하는 취지도 포함되어 있으므로, 채권자가 원상회복만을 구하는 경우에도 법원은 가액의 배상을 명할 수 있다(대판 2000다66416).

PART
02

오답해설
② 대판 2001다14108
③ 우선변제권 있는 채권자에 대한 대물변제의 제공행위는 특별한 사정이 없는 한 다른 채권자들의
이익을 해한다고 볼 수 없어 사해행위가 되지 않는다(대판 2006다33357).
⑤ 제척기간의 도과에 관한 입증책임은 채권자취소소송의 상대방에게 있다(대판 2007다63102).

05 채권자취소권에 관한 설명으로 옳은 것은? (다툼이 있으면 판례에 따름) ▸공인노무사 17년 변형
① 행위 당시에는 무자력이 아니었지만 후에 무자력이 되면 사해행위가 된다.
② 재산을 매각하여 금전으로 바꾸는 것은 재산감소가 없으므로 특별한 사정이 없는 한 사해행위가 아니다.
③ 채권자취소권에 의해 보전되는 채권은 특별한 경우 사해행위 이후에도 성립할 수 있다.
④ 상속재산의 분할협의는 채권자취소권의 대상이 될 수 없다.
⑤ 수인의 채권자 중 일부가 제기한 채권자취소권 행사의 효력은 취소소송을 행한 채권자에게만 귀속된다.

해설 ③ 사해행위 당시에 이미 채권 성립의 기초가 되는 법률관계가 발생되어 있고, 가까운 장래에 그 법률관계에 기하여 채권이 성립되리라는 점에 대한 고도의 개연성이 있으며, 실제로 가까운 장래에 그 개연성이 현실화되어 채권이 성립된 경우에는, 그 채권도 채권자취소권의 피보전채권이 될 수 있다(대판 95다27905).

오답해설
① 채무자의 무자력은 사해행위 당시를 기준으로 판단하여야 한다(대판 2010다64792).
② 재산을 매각하여 소비하기 쉬운 금전으로 바꾸는 행위는 특별한 사정이 없는 한 사해행위에 해당한다(대판 2013다40063).
④ 상속재산의 분할협의는 그 성질상 재산권을 목적으로 하는 법률행위이므로 사해행위취소권 행사의 대상이 될 수 있고, 이미 채무초과 상태에 있는 채무자가 상속재산의 분할협의를 하면서 자신의 상속분에 관한 권리를 포기함으로써 일반 채권자에 대한 공동담보가 감소한 경우에도 원칙적으로 채권자에 대한 사해행위에 해당한다(대판 2007다29119).
⑤ 채권자취소권에 의한 취소와 원상회복은 모든 채권자의 이익을 위하여 그 효력이 있다(제407조).

06 甲은 乙에 대하여 1억원의 물품대금채권을 가지고 있고, 乙은 丙에 대한 1억원의 대여금채권을 채무초과상태에서 丁에게 양도한 후 이를 丙에게 통지하였다. 甲은 丁을 피고로 하여 채권자취소소송을 제기하였다. 이에 관한 설명으로 옳은 것을 모두 고른 것은? (다툼이 있으면 판례에 따름) ▸ 공인노무사 24년

ㄱ. 甲의 乙에 대한 물품대금채권이 시효로 소멸한 경우, 丁은 이를 甲에게 원용할 수 있다.
ㄴ. 乙의 丁에 대한 채권양도행위가 사해행위로 취소되는 경우, 丁이 丙에게 양수금채권을 추심하지 않았다면 甲은 원상회복으로서 丁이 丙에게 채권양도가 취소되었다는 취지의 통지를 하도록 청구할 수 있다.
ㄷ. 乙의 丁에 대한 채권양도행위가 사해행위로 취소되어 원상회복이 이루어진 경우, 甲은 乙을 대위하여 丙에게 대여금채권의 지급을 청구할 수 있다.

---

① ㄱ
② ㄷ
③ ㄱ, ㄴ
④ ㄴ, ㄷ
⑤ ㄱ, ㄴ, ㄷ

해설 ㄱ. (○) 사해행위의 수익자 丁은 채권의 소멸에 의하여 직접 이익을 받는 자에 해당하므로 채권자 甲의 피보전채권이 시효로 소멸하였다는 항변을 할 수 있다(대판 2007다54849).
ㄴ. (○) 대판 2012다2743

오답해설
ㄷ. (×) 채권자취소권 행사는 상대적 효력만 인정된다. 즉 사안의 경우, 甲과 丁의 관계에서만 그 채권이 채무자 乙의 책임재산으로 취급될 뿐 채무자 乙이 그 채권을 취득하여 권리자로 되는 것은 아니므로 채권자 甲은 채무자 乙을 대위하여 제3채무자에게 그 채권에 관한 지급을 청구할 수 없다(대판 2012다2743).

07 사해행위취소의 소에 관한 설명으로 옳지 않은 것을 모두 고른 것은? (다툼이 있으면 판례에 따름) ▸ 공인노무사 24년

ㄱ. 취소채권자의 채권이 정지조건부 채권인 경우에는 특별한 사정이 없는 한 이를 피보전채권으로 하여 채권자취소권을 행사할 수 없다.
ㄴ. 사해행위 후 그 목적물에 관하여 선의의 제3자가 저당권을 취득하였음을 이유로 가액배상을 명하는 경우, 그 목적물의 가액에서 제3자가 취득한 저당권의 피담보채권액을 공제하여야 한다.
ㄷ. 사해행위의 목적물이 동산이고 그 원상회복으로 현물반환이 가능하더라도 취소채권자는 직접 자기에게 그 목적물의 인도를 청구할 수 없다.

---

① ㄱ
② ㄷ
③ ㄱ, ㄴ
④ ㄴ, ㄷ
⑤ ㄱ, ㄴ, ㄷ

해설 ㄱ. (×) 정지조건부 권리도 특별한 사정이 없는 한 피보전채권이 될 수 있다(대판 2011다55542).
ㄴ. (×) 채권자취소권의 행사는 상대적 효력만 지니므로 사해행위 당시 일반채권자들의 공동담보로 되어 있었던 부동산 가액 전부에 대하여 배상을 명하여야 한다(대판 2003다40286).
ㄷ. (×) 원상회복으로 취소채권자는 직접 자기에게 목적물의 인도를 청구할 수 있다. 다만 반환받은 목적물은 채무자의 모든 채권자를 위한 공동담보가 된다(대판 2005다4595).

PART 02

08 **채권자취소권에 관한 설명으로 옳은 것은? (다툼이 있으면 판례에 따름)** ▶ 공인노무사 25년

① 정지조건부채권은 특별한 사정이 없는 한 채권자취소권의 피보전채권이 될 수 없다.
② 사해행위 이전에 성립된 채권을 양수하였으나, 그 대항요건을 사해행위 이후에 갖춘 양수인은 그 채권을 피보전채권으로 하는 채권자취소권을 행사할 수 있다.
③ 채무자가 소멸시효 완성 후에 한 소멸시효이익의 포기행위는 채권자취소권의 대상인 사해행위가 될 수 없다.
④ 채권자가 전득자를 상대로 사해행위취소의 소를 제기한 경우, 그 취소의 대상은 수익자와 전득자 사이의 법률행위이다.
⑤ 사해행위 이후에 성립한 채권의 채권자는 사해행위취소와 원상회복의 효력을 받는 채권자에 포함된다.

해설 ② 채권자의 채권이 사해행위 이전에 성립되어 있는 이상 그 채권이 양도된 경우에도 그 양수인이 채권자취소권을 행사할 수 있고, 이 경우 채권양도의 대항요건을 사해행위 이후에 갖추었더라도 채권양수인이 채권자취소권을 행사하는 데 아무런 장애사유가 될 수 없다 할 것이다(대판 2004다5822).

오답해설
① 취소채권자의 채권이 정지조건부채권이라 하더라도 장래에 정지조건이 성취되기 어려울 것으로 보이는 등 특별한 사정이 없는 한, 이를 피보전채권으로 하여 채권자취소권을 행사할 수 있다(대판 2011다55542).
③ 채무자가 소멸시효 완성 후에 한 소멸시효이익의 포기행위는 소멸하였던 채무가 소멸하지 않았던 것으로 되어 결과적으로 채무자가 부담하지 않아도 되는 채무를 새롭게 부담하게 되는 것이므로 채권자취소권의 대상인 사해행위가 될 수 있다(대결 2012마712).
④ 채권자가 전득자를 상대로 하여 사해행위의 취소와 함께 책임재산의 회복을 구하는 사해행위취소의 소를 제기한 경우에 그 취소의 효과는 채권자와 전득자 사이의 상대적인 관계에서만 생기는 것이고 채무자 또는 채무자와 수익자 사이의 법률관계에는 미치지 않는 것이므로, 이 경우 취소의 대상이 되는 사해행위는 채무자와 수익자 사이에서 행하여진 법률행위에 국한되고, 수익자와 전득자 사이의 법률행위는 취소의 대상이 되지 않는다(대판 2004다21923).
⑤ 사해행위 이후에 성립한 채권의 채권자는 당연히 사해행위취소와 원상회복의 효력을 받는 채권자에 포함될 수가 없다.

Chapter **03** 　　**채권양도와 채무인수**

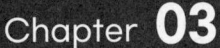

Section 01　　**채권양도**

01 지명채권의 양도에 관한 설명으로 옳지 않은 것은? (다툼이 있으면 판례에 따름)

▸ 공인노무사 20년

① 장래의 채권도 그 권리의 특정이 가능하고 가까운 장래에 발생할 것임이 상당 정도 기대되는 경우에는 채권양도의 대상이 될 수 있다.

② 채권의 양도를 승낙함에 있어서는 이의를 보류할 수 있고 양도금지의 특약이 있는 채권양도를 승낙하면서 조건을 붙일 수도 있다.

③ 채권양도에 대한 채무자의 승낙은 양도인 또는 양수인에 대하여 할 수 있다.

④ 채권이 이중으로 양도된 경우 양수인 상호간의 우열은 통지 또는 승낙에 붙여진 확정일자의 선후에 의하여 결정된다.

⑤ 채권양도 없이 채무자에게 채권양도를 통지한 경우 선의의 채무자는 양수인에게 대항할 수 있는 사유로 양도인에게 대항할 수 있다.

해설 ④ 채권이 이중으로 양도된 경우의 양수인 상호간의 우열은 통지 또는 승낙에 붙여진 확정일자의 선후에 의하여 결정할 것이 아니라, 채권양도에 대한 채무자의 인식, 즉 확정일자 있는 양도통지가 채무자에게 도달한 일시 또는 확정일자 있는 승낙의 일시의 선후에 의하여 결정하여야 할 것이다(대판 전합 93다24223).

오답해설

① 장래의 채권도 양도 당시 기본적 채권관계가 어느 정도 확정되어 있어 그 권리의 특정이 가능하고 가까운 장래에 발생할 것임이 상당 정도 기대되는 경우에는 이를 양도할 수 있다(대판 95다7932).

② · ③ 채권양도 통지가 채무자에 대하여 이루어져야 하는 것과는 달리 채무자의 승낙은 양도인 또는 양수인 모두가 상대방이 될 수 있다. 한편 채무자는 채권양도를 승낙하면서 조건을 붙여서 할 수 있다(대판 2011다8614).

⑤ 제452조 제1항

02 채권양도에 관한 설명으로 옳지 않은 것은? (다툼이 있으면 판례에 따름) ▸공인노무사 19년

① 근로자가 임금채권을 양도한 경우, 양수인은 스스로 사용자에 대하여 임금지급을 청구할 수 없다.

② 주채권과 분리하여 보증채권만을 양도하기로 하는 약정은 그 효력이 없다.

③ 지명채권의 양도통지를 한 후 그 양도계약이 해제된 경우, 양도인이 그 해제의 이유로 채무자에게 양도채권으로 대항하려면 양수인이 그 채무자에게 해제사실을 통지하여야 한다.

④ 매매로 인한 소유권이전등기청구권의 양도제한의 법리는 취득시효완성으로 인한 소유권이전등기청구권의 양도에도 적용된다.

⑤ 2인이 동업하는 조합의 조합원 1인이 다른 조합원의 동의 없이 한 조합채권의 양도행위는 무효이다.

[해설] ④ 부동산매매계약에서 매도인과 매수인은 이행과정에 신뢰관계가 따른다. 이러한 이유로 매매로 인한 소유권이전등기청구권의 양도는 특별한 사정이 없는 이상 양도가 제한되고 양도에 채무자의 승낙이나 동의를 요한다고 할 것이므로 통상의 채권양도와 달리 양도인의 채무자에 대한 통지만으로는 채무자에 대한 대항력이 생기지 않으며 반드시 채무자의 동의나 승낙을 받아야 대항력이 생긴다. 그러나 취득시효완성으로 인한 소유권이전등기청구권은 채권자와 채무자 사이에 아무런 계약관계나 신뢰관계가 없으므로 취득시효완성으로 인한 소유권이전등기청구권의 양도의 경우에는 매매로 인한 소유권이전등기청구권에 관한 양도제한의 법리가 적용되지 않는다(대판 2015다36167).

오답해설

① 근로자가 그 임금채권을 양도한 경우라 할지라도 사용자는 직접 근로자에게 임금을 지급하지 아니하면 안 되는 것이고 그 결과 비록 양수인이라고 할지라도 스스로 사용자에 대하여 임금의 지급을 청구할 수는 없다(대판 전합 87다카2803).

② 주채권과 보증인에 대한 채권의 귀속주체를 달리하는 것은 보증채무의 부종성에 반하고, 주채권을 가지지 않는 자에게 보증채권만을 인정할 실익도 없기 때문에 주채권과 분리하여 보증채권만을 양도하기로 하는 약정은 그 효력이 없다(대판 2002다21509).

③ 대판 93다17379

⑤ 합유재산의 처분은 전원의 동의가 있어야 하기 때문이다(대판 92다28075).

03 지명채권의 양도에 관한 설명으로 옳은 것은? (다툼이 있으면 판례에 따름) ▸ 공인노무사 18년

① 채권양도의 대항요건인 채무자의 승낙에는 조건을 붙일 수 있다.
② 채권양도행위가 사해행위에 해당하지 않는 경우에도 양도통지가 별도로 채권자취소권의 대상이 된다.
③ 근로자가 그 임금채권을 양도한 경우, 양수인은 사용자에 대하여 임금의 지급을 청구할 수 있다.
④ 채무자는 채권양도를 승낙한 후에도 양도인에 대한 채권을 새로 취득한 경우에 이를 가지고 양수인에 대하여 상계할 수 있다.
⑤ 채권양도에 대한 채무자의 승낙은 양도인에게 하여야 하며, 양수인에게 한 경우에는 효력이 없다.

해설 ① 채권양도 통지가 채무자에 대하여 이루어져야 하는 것과는 달리 채무자의 승낙은 양도인 또는 양수인 모두가 상대방이 될 수 있다. 한편 채무자는 채권양도를 승낙하면서 조건을 붙여서 할 수 있다(대판 2011다8614).

오답해설
② 채권양도의 경우 권리이전의 효과는 원칙적으로 당사자 사이의 양도계약 체결과 동시에 발생하며 채무자에 대한 통지 등은 채무자를 보호하기 위한 대항요건일 뿐이므로, 채권양도행위가 사해행위에 해당하지 않는 경우에 양도통지가 따로 채권자취소권 행사의 대상이 될 수는 없다(대판 2011다32785・32792).
③ 양수인은 임금의 지급을 청구할 수는 없다(대판 전합 87다카2803).
④ 채무자는 채권양도를 승낙한 후에 취득한 양도인에 대한 채권으로써 양수인에 대하여 상계로써 대항하지 못한다(대판 83다카2288).
⑤ 지명채권 양도의 대항요건인 채무자의 승낙은 채권양도 사실을 채무자가 승인하는 의사를 표명하는 채무자의 행위라고 할 수 있는데, 채무자는 채권양도를 승낙하면서 조건을 붙여서 할 수 있다(대판 2011다8614).

04 지명채권의 양도에 관한 설명으로 옳은 것은? (다툼이 있으면 판례에 따름) ▸ 공인노무사 16년

① 지명채권의 양도는 채권자의 통지 또는 채무자의 승낙에 의하여 효력이 발생한다.
② 양도인이 양도통지만을 한 때에는 채무자는 그 통지를 받은 때까지 양도인에 대하여 생긴 사유로써 양수인에게 대항할 수 있다.
③ 양도금지의 특약이 있는 채권은 압류가 금지된다.
④ 채권이 이중으로 양도된 경우, 양수인 상호 간의 우열은 양도 통지 증서의 확정일자 선후로 결정한다.
⑤ 채권양도의 통지는 관념의 통지로서, 양도인이 직접 하여야 하며 대리가 허용되지 않는다.

해설 ② 제451조 제2항

오답해설

① 채권양도는 합의에 의하여 바로 효력이 발생한다(처분행위). 통지나 승낙은 대항요건일 뿐이다(대판 2005다41818).

③ 당사자 사이에 양도금지의 특약이 있는 채권이라도 압류 및 전부명령에 따라 이전될 수 있고, 양도금지의 특약이 있는 사실에 관하여 압류채권자가 선의인가 악의인가는 전부명령의 효력에 영향이 없다(대판 2001다71699).

④ 채권이 이중으로 양도된 경우의 양수인 상호간의 우열은 확정일자 있는 양도통지가 채무자에게 도달한 일시 또는 확정일자 있는 승낙의 일시의 선후에 의하여 결정하여야 할 것이다(대판 전합 93다24223).

⑤ 채권양도의 통지는 관념의 통지이고, 법률행위의 대리에 관한 규정은 관념의 통지에도 유추적용된다고 할 것이어서, 채권양도의 통지도 양도인이 직접 하지 아니하고 사자를 통하여 하거나 나아가서 대리인으로 하여금 하게 하여도 무방하고, 그와 같은 경우에 양수인이 양도인의 사자 또는 대리인으로서 채권양도 통지를 하였다 하여 민법 제450조의 규정에 어긋난다고 할 수 없다(대판 95다40977・40984).

05 지명채권양도에 관한 설명으로 옳지 않은 것은? (다툼이 있으면 판례에 따름)

▶ 공인노무사 24년

① 채권양도에 대하여 채무자가 이의를 보류하지 않은 승낙을 하였더라도 채무자는 채권이 이미 타인에게 양도되었다는 사실로써 양수인에게 대항할 수 있다.

② 채권양도에 있어서 주채무자에 대하여 대항요건을 갖추었다면 보증인에 대하여도 그 효력이 미친다.

③ 채권양도가 다른 채무의 담보조로 이루어진 후 그 피담보채무가 변제로 소멸된 경우, 양도채권의 채무자는 이를 이유로 채권양수인의 양수금 지급청구를 거절할 수 있다.

④ 채권양도금지특약의 존재를 경과실로 알지 못하고 그 채권을 양수한 자는 악의의 양수인으로 취급되지 않는다.

⑤ 당사자 사이에 양도금지의 특약이 있는 채권이라도 압류 및 전부명령에 의하여 이전될 수 있다.

해설 ③ 채권양도가 다른 채무의 담보조로 이루어진 후 그 피담보채무가 변제로 소멸된 경우, 이는 채권양도인과 양수인 간의 문제일 뿐이고 양도채권의 채무자는 채권양도・양수인 간의 채무 소멸 여하에 관계없이 양도된 채무를 양수인에게 변제하여야 하는 것이므로 설령 그 피담보채무가 변제로 소멸되었다고 하더라도 양도채권의 채무자는 이를 이유로 채권양수인의 양수금 청구를 거절할 수 없다(대판 99다23093).

오답해설

① 채무자가 이의를 보류하지 않은 승낙을 하였다면 채무자는 양도인에 대한 항변사유로 양수인에게 대항하지 못한다(제451조 제1항). 다만 이는 채권의 귀속에 관해서는 적용되지 않는다. 즉 채권의 귀속에 관해서는 제450조에 따라 정해지기 때문이다(대판 93다35551).

정답 03 ① 04 ② 05 ③

② 대판 75다1100

④ 악의 또는 중과실의 양수인에게 대항할 수 있다. 즉 경과실은 악의에 해당하지 않는다(대판 99다 18039).

⑤ 대판 2001다71699

06 **지명채권양도에 관한 설명으로 옳은 것은? (다툼이 있으면 판례에 따름)** ▶ 공인노무사 25년

① 보증채권을 주채권과 함께 양도하는 경우, 대항요건은 양 채권 모두에 관하여 구비하여야 한다.

② 대항요건을 갖추지 못한 채권양도인은 채무자의 제3채무자에 대한 채권에 관하여 가압류를 할 수 없다.

③ 대항요건을 갖추지 못한 채권양수인이 채무자를 상대로 재판상 청구를 한 경우, 이는 소멸시효의 중단사유이다.

④ 임대차계약상 임차권양도금지 특약이 있는 경우, 특별한 사정이 없는 한 임대보증금 반환채권의 양도도 금지하는 것으로 보아야 한다.

⑤ 양도금지특약부 채권을 전부 받은 자로부터 다시 그 채권을 양수한 자가 특약에 대하여 악의인 경우, 채무자는 특약을 근거로 채권양도의 무효를 주장할 수 있다.

> **해설** ③ 채권양도에 의하여 채권은 그 동일성을 잃지 않고 양도인으로부터 양수인에게 이전되며, 이러한 법리는 채권양도의 대항요건을 갖추지 못하였다고 하더라도 마찬가지인 점, 채무자를 상대로 재판상의 청구를 한 채권의 양수인을 '권리 위에 잠자는 자'라고 할 수 없는 점 등에 비추어 보면, 비록 대항요건을 갖추지 못하여 채무자에게 대항하지 못한다고 하더라도 채권의 양수인이 채무자를 상대로 재판상의 청구를 하였다면 이는 소멸시효 중단사유인 재판상의 청구에 해당한다고 보아야 한다(대판 2005다41818).

오답해설

① 보증채무는 주채무에 대한 부종성 또는 수반성이 있어서 주채무자에 대한 채권이 이전되면 당사자 사이에 별도의 특약이 없는 한 보증인에 대한 채권도 함께 이전하고, 이 경우 채권양도의 대항요건도 주채권의 이전에 관하여 구비하면 족하고, 별도로 보증채권에 관하여 대항요건을 갖출 필요는 없다(대판 2002다21509).

② 채권양도 후 대항요건이 구비되기 전의 채권양도인은 채무자에 대한 관계에서는 여전히 채권자의 지위에 있으므로 채무자의 제3채무자에 대한 채권에 대하여 채권가압류 등의 보전조치를 할 수 있다(대판 2016다8589).

④ 임차권의 양도가 금지된다 하더라도 임차보증금반환채권의 양도마저 금지되는 것은 아니므로 양도인은 양수인에 대하여 그 채권의 양도에 관하여 임대인에게 통지를 하거나 그에 대한 승낙을 받아 주어야 할 의무를 부담한다(대판 93다13131).

⑤ 당사자 사이에 양도금지의 특약이 있는 채권이라도 압류 및 전부명령에 의하여 이전할 수 있고, 양도금지의 특약이 있는 사실에 관하여 압류채권자가 선의인가 악의인가는 전부명령의 효력에 영향을 미치지 못한다(대판 76다1623).

07 채권양도와 채무인수에 관한 설명으로 옳지 않은 것은? (다툼이 있으면 판례에 따름)

▸ 공인노무사 21년

① 매매로 인한 소유권이전등기청구권의 양도는 채무자의 동의나 승낙을 받아야 대항력이 생긴다.
② 중첩적 채무인수는 채권자와 채무인수인 사이에 합의가 있더라도 채무자의 의사에 반해서는 이루어질 수 없다.
③ 당사자 간 지명채권양도의 효과는 특별한 사정이 없는 한 통지 또는 승낙과 관계없이 양도계약과 동시에 발생한다.
④ 가압류된 채권도 특별한 사정이 없는 한 양도하는 데 제한이 없다.
⑤ 채무의 인수가 면책적인지 중첩적인지 불분명한 경우에는 중첩적 채무인수로 본다.

> **해설** ② 중첩적 채무인수는 채권자와 채무인수인과의 합의가 있는 이상 채무자의 의사에 반하여서도 이루어질 수 있다(대판 87다카1836).
>
> **오답해설**
> ① 즉 채무자에 대한 통지만으로는 대항력이 발생하지 않는다(대판 2015다36167).
> ③ 채권양도는 처분행위(준물권행위)이므로 계약과 동시에 채권이 이전한다. 동의나 승낙은 대항력 요건일 뿐이다(대판 2005다41818).
> ④ 가압류된 채권도 이를 양도하는 데 아무런 제한이 없으나, 다만 가압류된 채권을 양수받은 양수인은 그러한 가압류에 의하여 권리가 제한된 상태의 채권을 양수받는다고 보아야 할 것이다(대판 99다23888).
> ⑤ 대판 2002다36228

08 채권양도와 채무인수에 관한 설명으로 옳은 것은? (다툼이 있으면 판례에 따름)

▸ 공인노무사 17년

① 면책적 채무인수에 있어서 전(前)채무자에 대한 보증채무는 그 보증인이 채무인수에 동의하지 않아도 소멸하지 않는다.
② 기존채무에 관하여 제3자가 채무자를 위하여 어음이나 수표를 발행하는 것은 특별한 사정이 없는 한, 이는 면책적 채무인수이다.
③ 채무자와 인수인 간 채무인수의 합의는 다른 특별한 사정이 없는 한 병존적 채무인수로서, 이는 일종의 제3자를 위한 계약으로서 채권자가 수익의 의사표시를 함으로써 인수인에 대한 권리를 취득한다.
④ 지시채권 양도의 대항요건은 채무자에 대한 양도인의 통지 또는 채무자의 승낙이다.
⑤ 지명채권 양도의 경우 채무자는 승낙의 의사표시에 조건을 붙일 수 없다.

정답 06 ③ 07 ② 08 ③

해설 ③ 채무자와 인수인의 합의에 의한 중첩적 채무인수는 일종의 제3자를 위한 계약이라고 할 것이므로, 채권자는 인수인에 대하여 채무이행을 청구하거나 기타 채권자로서의 권리를 행사하는 방법으로 수익의 의사표시를 함으로써 인수인에 대하여 직접 청구할 권리를 갖게 된다(대판 2011다56033).

오답해설

① 전채무자의 채무에 대한 보증이나 제3자가 제공한 담보는 채무인수로 인하여 소멸한다. 그러나 보증인이나 제3자가 채무인수에 동의한 경우에는 그러하지 아니하다(제459조).

② 금전소비대차계약으로 인한 채무에 관하여 제3자가 채무자를 위하여 어음이나 수표를 발행하는 것은 특별한 사정이 없는 한 동일한 채무를 중첩적으로 인수한 것으로 봄이 타당하다(대판 97다52493).

④ 양도인의 통지 또는 채무자의 승낙은 지명채권 양도의 대항요건일 뿐(제405조), 배서가 필요한 지시채권의 경우에는 대항요건이 아니다.

⑤ 채무자는 채권양도를 승낙하면서 조건을 붙여서 할 수 있다(대판 2011다8614).

PART
02

Section 02 채무인수

01 채무인수에 관한 설명으로 옳지 않은 것은? (다툼이 있으면 판례에 따름) ▸공인노무사 22년

① 중첩적 채무인수는 채권자와 인수인 사이의 합의가 있으면 채무자의 의사에 반하여서도 이루어질 수 있다.

② 채무자와 인수인의 계약에 의한 면책적 채무인수는 채권자의 승낙이 없더라도 면책적 채무인수의 효력이 있다.

③ 채무인수가 면책적인지 중첩적인지 불분명한 경우에는 중첩적 채무인수로 본다.

④ 면책적 채무인수인은 전(前)채무자의 항변할 수 있는 사유로 채권자에게 대항할 수 있다.

⑤ 전(前)채무자의 채무에 대한 보증은 보증인의 동의가 없는 한 면책적 채무인수로 인하여 소멸한다.

[해설] ② 제3자가 채무자와의 계약으로 채무를 인수한 경우에는 채권자의 승낙에 의하여 그 효력이 생긴다(제454조 제1항).

오답해설
① 대판 87다카1836
③ 대판 2002다36228
④ 제458조
⑤ 제459조

02 채무인수에 관한 설명으로 옳은 것은? (다툼이 있으면 판례에 따름) ▸공인노무사 19년

① 채권자와 인수인의 계약에 의한 중첩적 채무인수는 채무자의 의사에 반하여 할 수 없다.

② 채무자와 인수인의 계약에 의한 면책적 채무인수는 채권자의 승낙이 없더라도 유효하다.

③ 면책적 채무인수로 인하여 종래의 채무가 소멸하는 것은 아니므로 특별한 사정이 없는 한 종래의 채무를 담보하는 저당권도 당연히 소멸하지는 않는다.

④ 채무인수가 면책적 인수인지, 중첩적 인수인지 분명하지 않은 때에는 이를 면책적 채무인수로 본다.

⑤ 부동산 매수인이 매매목적물에 설정된 저당권의 피담보채무를 인수하는 한편 그 채무액을 매매대금에서 공제하기로 약정한 경우, 특별한 사정이 없는 한 이는 매도인을 면책시키는 채무인수로 본다.

[해설] ③ 채무인수로 인하여 인수인은 종래의 채무자와 지위를 교체하여 새로이 당사자로서 채무관계에 들어서서 종래의 채무자와 동일한 채무를 부담하고 동시에 종래의 채무자는 채무관계에서 탈퇴

정답 01 ② 02 ③

하여 면책되는 것일 뿐 종래의 채무가 소멸하는 것이 아니므로, 채무인수로 종래의 채무가 소멸하였으니 저당권의 부종성으로 인하여 당연히 소멸한 채무를 담보하는 저당권도 소멸한다는 법리는 성립하지 않는다(대판 96다27476).

오답해설
① 중첩적 채무인수는 채무자의 의사에 반하여도 할 수 있다(대판 87다카1836).
② 채무자와 인수인 사이에 이루어진 면책적 채무인수는 채권자의 승낙이 효력발생요건이다(대판 2009다88303).
④ 중첩적 채무인수로 본다(대판 2002다36228).
⑤ 부동산의 매수인이 매매목적물에 관한 근저당권의 피담보채무, 가압류채무, 임대차보증금반환채무를 인수하는 한편 그 채무액을 매매대금에서 공제하기로 약정한 경우, 다른 특별한 약정이 없는 이상 이는 매도인을 면책시키는 채무인수가 아니라 이행인수로 보아야 한다(대판 92다23193).

03 채권자 甲, 채무자 乙, 인수인 丙으로 하는 채무인수 등의 법률관계에 관한 설명으로 옳은 것은? (다툼이 있으면 판례에 따름) ▸ 공인노무사 24년

① 乙과 丙 사이의 합의에 의한 면책적 채무인수가 성립하는 경우, 甲이 乙 또는 丙을 상대로 승낙을 하지 않더라도 그 채무인수의 효력은 발생한다.
② 乙과 丙 사이의 합의에 의한 이행인수가 성립한 경우, 丙이 그에 따라 자신의 출연으로 乙의 채무를 변제하였다면 특별한 사정이 없는 한 甲의 채권을 법정대위할 수 있다.
③ 乙의 의사에 반하여 이루어진 甲과 丙 사이의 합의에 의한 중첩적 채무인수는 무효이다.
④ 乙과 丙 사이의 합의에 의한 채무인수가 면책적 인수인지, 중첩적 인수인지 분명하지 않은 때에는 이를 면책적 채무인수로 본다.
⑤ 乙의 부탁을 받은 丙이 甲과 합의하여 중첩적 채무인수 계약을 체결한 경우, 乙과 丙은 부진정연대채무관계에 있다.

해설 ② 제482조

오답해설
① 채무자와 인수인 간의 계약으로 채무를 인수한 때에는 채권자의 승낙에 의해서 그 효력이 발생한다(제454조 제1항).
③ 채권자와 인수인 간의 계약으로 이루어진 중첩적 채무인수는 채무자의 승낙이 없더라도 유효하다(대판 87다카1836).
④ 중첩적 채무인수로 본다(대판 2002다36228).
⑤ 인수인이 채무자의 부탁을 받은 경우에는 주관적 공동관계가 있으므로 원칙적으로 연대채무이다(대판 2009다32409).

04 면책적 채무인수에 관한 설명으로 옳지 않은 것은? (다툼이 있으면 판례에 따름)

▸ 공인노무사 25년

① 채무자와 인수인의 계약에 의한 채무인수의 경우, 채권자의 승낙의 상대방은 채무자나 인수인이다.
② 채무자와 인수인의 계약에 의한 채무인수의 경우, 채권자의 승낙은 계약의 효력발생요건이 아니라 채권자가 인수인에 대하여 채권을 취득하기 위한 요건이다.
③ 인수채무의 소멸시효기간은 채무인수와 동시에 이루어진 채무승인에 따라 채무인수일로부터 새로이 진행된다.
④ 채무자와 인수인의 계약에 의한 채무인수의 경우, 채권자가 승낙을 거절하면 그 이후에는 채권자가 다시 승낙하여도 채무인수의 효력이 생기지 않는다.
⑤ 채권자와 인수인의 계약에 의한 채무인수의 경우, 금전채무의 보증인은 채무자의 의사에 반하여 채무를 인수할 수 있다.

해설 ② 제454조(채무자와의 계약에 의한 채무인수) ① 제3자가 채무자와의 계약으로 채무를 인수한 경우에는 채권자의 승낙에 의하여 그 효력이 생긴다.

오답해설
① 제454조 제2항
③ 대판 99다12376
④ 대판 98다33765
⑤ 이해관계 없는 제3자는 채무자의 의사에 반하여 채무를 인수하지 못한다(제453조 제2항). 따라서 이 조항의 반대해석상 이해관계 있는 제3자(보증인 등)는 채무자의 의사에 반해서도 채무를 인수할 수 있다.

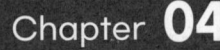

Chapter 04 수인의 채권자와 채무자

01 불가분 약정 등 특별한 사정이 없는 한, 불가분채권인 것은? (다툼이 있으면 판례에 따름)

▸ 공인노무사 16년

① A의 소유 건물을 B와 C가 공동으로 매수하는 경우, B와 C의 건물인도청구권
② A의 소유 건물을 B와 C가 공동으로 매수하는 경우, A의 매매대금청구권
③ A와 B가 공유하는 건물을 C에게 매도하는 경우, A와 B의 매매대금청구권
④ A와 B가 공유하는 건물을 C에게 매도하는 경우, C의 건물인도청구권
⑤ A와 B가 공유하는 토지를 C가 불법으로 점유한 경우, A와 B의 C에 대한 부당이득반환청구권

해설 ① 공동으로 건물을 매수하는 경우, 매수인의 건물인도청구권은 성질상 불가분채권에 속한다는 것이 일반적인 입장이다.

오답해설

② A의 매매대금채권은 분할채권이다. 금전은 가분채권이기 때문이다.
③ · ④ 공유자 전원이 공유물에 대한 각 그 소유지분 전부를 형식상 하나의 매매계약에 의하여 동일한 매수인에게 매도하는 경우라도 당사자들의 의사표시에 의하여 각 지분에 관한 소유권이전의무, 대금지급의무를 불가분으로 하는 특별한 사정이 없는 한 실질상 각 공유지분별로 별개의 매매계약이 성립되었다고 할 것이다(대판 94다59745). 즉 분할채권이다.
⑤ 공유토지를 제3자가 권원 없이 점유하는 경우, 이에 대한 부당이득반환청구권이나 불법행위에 따른 손해배상청구권은 자신의 지분 범위 내에서만 행사할 수 있다(대판 78다2088). 즉 분할채권이다.

02 다수당사자 간의 법률관계에 관한 설명으로 옳지 않은 것은? (다툼이 있으면 판례에 따름)

▸ 공인노무사 21년

① 공동임차인의 차임지급의무는 특별한 사정이 없는 한 불가분채무이다.
② 특별한 사정이 없는 한 연대채무자 중 1인이 채무 일부를 면제받더라도 그가 지급해야 할 잔존 채무액이 그의 부담부분을 초과한다면, 다른 연대채무자는 채무 전액을 부담한다.
③ 연대채무자 중 1인이 연대의 면제를 받더라도, 다른 연대채무자는 채무 전액을 부담한다.
④ 부진정연대채무의 다액채무자가 일부 변제한 경우, 그 변제로 인하여 먼저 소멸하는 부분은 다액채무자가 단독으로 부담하는 부분이다.
⑤ 보증채무의 이행을 확보하기 위하여 채권자와 보증인은 보증채무에 관해서만 손해배상액을 예정할 수 있다.

해설 ① 공동임차인의 차임지급의무는 연대채무이다(제654조, 제616조).

오답해설

② 연대채무자 중 1인이 채무 일부를 면제받는 경우에 그 연대채무자가 지급해야 할 잔존 채무액이 부담부분을 초과하는 경우에는 그 연대채무자의 부담부분이 감소한 것은 아니므로 다른 연대채무자의 채무에도 영향을 주지 않아 다른 연대채무자는 채무 전액을 부담하여야 한다. 반대로 일부 면제에 의한 피면제자의 잔존 채무액이 부담부분보다 적은 경우에는 차액(부담부분 − 잔존 채무액)만큼 피면제자의 부담부분이 감소하였으므로, 차액의 범위에서 면제의 절대적 효력이 발생하여 다른 연대채무자의 채무도 차액만큼 감소한다(대판 2019다216435).

③ 채무면제가 아닌 연대 면제는 상대적 효력이 있으므로 당연히 다른 연대채무자는 채무 전액을 부담한다(제423조 참조).

④ 금액이 다른 채무가 서로 부진정연대 관계에 있을 때 다액채무자가 일부 변제를 하는 경우 변제로 인하여 먼저 소멸하는 부분은 당사자의 의사와 채무 전액의 지급을 확실히 확보하려는 부진정연대채무 제도의 취지에 비추어 볼 때 다액채무자가 단독으로 채무를 부담하는 부분으로 보아야 한다(대판[전합] 2012다74236).

⑤ 제429조 제2항

03 甲, 乙, 丙이 丁에 대하여 9백만원의 연대채무를 부담하고 있고, 각자의 부담부분은 균등하다. 甲이 丁에 대하여 6백만원의 상계적상에 있는 반대채권을 가지고 있는 경우에 관한 설명으로 옳은 것은? (당사자 사이에 다른 약정은 없으며, 다툼이 있으면 판례에 따름)

▶ 공인노무사 23년

① 甲이 6백만원에 대해 丁의 채무와 상계한 경우, 남은 3백만원에 대해 乙과 丙이 丁에게 각각 1백 5십만원의 분할채무를 부담한다.

② 甲이 6백만원에 대해 丁의 채무와 상계한 경우, 甲, 乙, 丙은 丁에게 3백만원의 연대채무를 부담한다.

③ 甲이 상계권을 행사하지 않은 경우, 乙과 丙은 甲의 상계권을 행사할 수 없고, 甲, 乙, 丙은 丁에게 3백만원의 연대채무를 부담한다.

④ 甲이 상계권을 행사하지 않은 경우, 乙은 丁을 상대로 甲의 6백만원에 대해 상계할 수 있고, 乙과 丙이 丁에게 각각 1백 5십만원의 분할채무를 부담한다.

⑤ 甲이 상계권을 행사하지 않은 경우, 丙은 丁을 상대로 甲의 6백만원에 대해 상계할 수 있고, 乙과 丙이 丁에게 3백만원의 연대채무를 부담한다.

해설 ② 채권자에게 채권을 가진 연대채무자가 상계한 때에는 모든 연대채무자의 이익을 위하여 소멸하기 때문이다(제418조 제1항).

정답 01 ① 02 ① 03 ②

오답해설
③ 다른 연대채무자가 상계를 한 때에는 그 채무자의 부담부분에 한하여만 상계를 할 수 있다(제 418조 제2항). 따라서 甲의 부담부분 3백만원만 상계할 수 있고, 따라서 甲, 乙, 丙은 6백만원의 연대채무를 부담한다.

04 甲과 乙은 A에 대하여 2억원의 연대채무를 부담하고 있으며, 甲과 乙 사이의 부담부분은 균등하다. 이에 관한 설명으로 옳은 것은? (다툼이 있으면 판례에 따름) ▶ 공인노무사 22년

① 甲의 A에 대한 위 채무가 시효완성으로 소멸한 경우, 乙도 A에 대하여 위 채무 전부를 이행할 의무를 면한다.

② 甲이 A에게 2억원의 상계할 채권을 가지고 있음에도 상계를 하지 않는 경우, 乙은 甲이 A에게 가지는 2억원의 채권으로 위 채무 전부를 상계할 수 있다.

③ A가 甲에 대하여 채무의 이행을 청구하여 시효가 중단된 경우, 乙에게도 시효중단의 효력이 있다.

④ A의 신청에 의한 경매개시결정에 따라 甲소유의 부동산이 압류되어 시효가 중단된 경우, 乙에게도 시효중단의 효력이 있다.

⑤ A가 甲에 대하여 위 채무를 전부 면제해 준 경우, 乙도 A에 대하여 위 채무 전부를 이행할 의무를 면한다.

해설 ③ 어느 연대채무자에 대한 이행청구는 다른 연대채무자에게도 효력이 있다(제416조). 따라서 이행청구에 의한 소멸시효의 중단은 다른 연대채무자에게도 효력이 있다.

오답해설
① 어느 연대채무자에 대하여 소멸시효가 완성한 때에는 그 부담부분에 한하여 다른 연대채무자도 의무를 면한다(제421조). 따라서 1억원에 대하여만 채무를 이행할 의무를 면한다.
② 甲의 부담부분 1억원에 대하여만 상계할 수 있다(제418조 제2항).
④ 압류에 의한 시효중단은 상대적 효력만 있으므로(제423조), 乙에게는 시효가 중단되지 않는다.
⑤ 甲의 부담부분 1억원에 대하여만 乙을 위하여 효력이 있다(제419조).

05 A, B, C, D(부담부분은 균등)는 E에 대하여 1,200만원의 연대채무를 부담하고 있다. E는 A에 대하여 연대의 면제를 하였다. 그 후 B는 무자력이 되었다. A, C, D가 최종적으로 부담하는 금액은? (다툼이 있으면 판례에 따름) ▸ 공인노무사 16년

① A는 100만원, C는 300만원, D는 300만원
② A는 300만원, C는 300만원, D는 300만원
③ A는 300만원, C는 400만원, D는 400만원
④ A는 350만원, C는 350만원, D는 350만원
⑤ A는 400만원, C는 400만원, D는 400만원

해설 ③ 부담부분은 균등하므로 A, B, C, D의 부담부분 각 300만원이다. 그 후 B가 무자력이 된 경우, B의 부담부분은 다른 연대채무자가 비례하여 부담한다(제427조 제1항). 즉 A, C, D의 부담부분 각 400만원이다. 그런데 A가 연대의 면제를 받았으므로 A가 추가로 부담하는 100만원의 부담은 연대를 면제한 채권자 E가 부담한다(제427조 제2항). 최종적으로 A는 300만원, C와 D는 각 400만원을 부담한다.

06 甲, 乙, 丙이 丁에 대하여 부담부분이 균등한 9억원의 연대채무를 부담하는 경우에 관한 설명으로 옳은 것을 모두 고른 것은? (원본만을 고려하며, 다툼이 있으면 판례에 따름)
▸ 공인노무사 25년

> ㄱ. 甲이 9억원의 지급에 갈음하여 丁에게 자신의 X토지의 소유권이전을 내용으로 하는 경개계약을 체결하면, 乙과 丙의 연대채무는 모두 소멸한다.
> ㄴ. 丁이 甲에 대하여 4억원의 채무를 면제하면, 乙과 丙은 5억원에 관하여 연대채무를 부담한다.
> ㄷ. 丁이 甲에 대하여 8억원의 채무를 면제하면, 乙과 丙은 7억원에 관하여 연대채무를 부담한다.

① ㄱ
② ㄴ
③ ㄱ, ㄷ
④ ㄴ, ㄷ
⑤ ㄱ, ㄴ, ㄷ

해설 ㄱ. (○) **제417조(경개의 절대적 효력)** 어느 연대채무자와 채권자 간에 채무의 경개가 있는 때에는 채권은 모든 연대채무자의 이익을 위하여 소멸한다.
　　ㄷ. (○) 일부 면제의 경우, 면제받은 채무자의 채무액이 부담부분보다 많은 경우, 다른 연대채무자는 차액만큼 감소된다. 즉 1억원이 감소되므로 乙과 丙은 7억원의 연대채무를 부담한다.

정답 ▸ **04 ③　05 ③　06 ③**

오답해설

ㄴ. (×) 일부 면제의 경우, 잔존채무액이 부담부분을 초과하는 경우, 다른 연대채무자는 전액을 부담한다. 즉 甲이 여전히 부담부분 3억보다 많은 5억의 채무를 부담하므로 乙과 丙은 여전히 9억의 연대채무를 부담한다.

07 甲에 대하여 乙 및 丙은 1억 8,000만원의 연대채무를 부담하고 있으며, 乙과 丙의 부담부분은 각각 1/3과 2/3이다. 이에 관한 설명으로 옳은 것은? (원본만을 고려하며, 다툼이 있으면 판례에 따름) ▶ 공인노무사 24년

① 乙이 甲으로부터 위 1억 8,000만원의 채권을 양수받은 경우, 丙의 채무는 전부 소멸한다.

② 乙이 甲에 대하여 9,000만원의 반대채권이 있으나 乙이 상계를 하지 않은 경우, 丙은 그 반대채권 전부를 자동채권으로 하여 甲의 채권과 상계할 수 있다.

③ 甲이 乙에게 이행을 청구한 경우, 丙의 채무에 대해서는 시효중단의 효력이 없다.

④ 甲이 乙에게 채무를 면제해 준 경우, 丙도 1억 2,000만원의 채무를 면한다.

⑤ 丁이 乙 및 丙의 부탁을 받아 그 채무를 연대보증한 후에 甲에게 위 1억 8,000만원을 변제하였다면, 丁은 乙에게 1억 8,000만원 전액을 구상할 수 있다.

해설 ⑤ 채무자는 乙과 丙이므로 乙과 丙은 변제를 한 수탁 연대보증인 丁에게 채무전액의 책임을 부담한다.

오답해설

① 채권양도는 상대적 효력이 있으므로 丙의 채무는 소멸하지 않는다.

② 丙은 乙의 부담부분 6,000만원만 상계할 수 있다(제418조 제2항).

③ 이행청구는 절대적 효력이 있으므로(제416조), 丙의 채무에 대해서도 시효중단의 효력이 있다.

④ 乙의 부담부분 6,000만원의 채무를 면한다(제419조).

08 민법상 보증채무에 관한 설명으로 옳지 않은 것은? (다툼이 있으면 판례에 따름) ▶ 공인노무사 20년

① 주채무가 민사채무이고 보증채무가 상사채무인 경우 보증채무의 소멸시효기간은 주채무에 따라 결정된다.

② 보증은 불확정한 다수의 채무에 대하여도 할 수 있다.

③ 주채권과 분리하여 보증채권만을 양도하기로 하는 약정은 그 효력이 없다.

④ 보증채권을 주채권과 함께 양도하는 경우 대항요건은 주채권의 이전에 관하여만 구비하면 족하다.

⑤ 보증인은 주채무자의 채권에 의한 상계로 채권자에게 대항할 수 있다.

해설 ① 보증채무는 주채무와는 별개의 독립한 채무이므로 보증채무와 주채무의 소멸시효기간은 채무의 성질에 따라 각각 별개로 정해진다(대판 2011다76105).

오답해설

② 근보증(제428조의3 제1항).

③ 주채권과 보증인에 대한 채권의 귀속주체를 달리하는 것은, 주채무자의 항변권으로 채권자에게 대항할 수 있는 보증인의 권리가 침해되는 등 보증채무의 부종성에 반하고, 주채권을 가지지 않는 자에게 보증채권만을 인정할 실익도 없기 때문에 주채권과 분리하여 보증채권만을 양도하기로 하는 약정은 그 효력이 없다(대판 2002다21509).

④ 주채무자에 대한 채권이 이전되면 당사자 사이에 별도의 특약이 없는 한 보증인에 대한 채권도 함께 이전하고, 이 경우 채권양도의 대항요건도 주채권의 이전에 관하여 구비하면 족하고, 별도로 보증채권에 관하여 대항요건을 갖출 필요는 없다(대판 2002다21509).

⑤ 제434조

09 甲은 乙로부터 금전을 빌렸고, 丙은 甲의 채무를 위해 보증인이 되었다. 이에 관한 설명으로 옳은 것은? (다툼이 있으면 판례에 따름) ▸공인노무사 17년

① 丙이 모르는 사이에 주채무의 목적이나 형태가 변경되어 주채무의 실질적 동일성이 상실된 경우에도 丙의 보증채무는 소멸되지 않는다.

② 丙의 보증계약은 구두계약에 의하여도 그 효력이 발생한다.

③ 丙은 甲이 가지는 항변으로 乙에게 대항할 수 있으나, 甲이 이를 포기하였다면 丙은 그 항변으로 乙에게 대항할 수 없다.

④ 甲의 乙에 대한 채무가 시효로 소멸되더라도 丙의 보증채무는 원칙적으로 소멸하지 않는다.

⑤ 甲의 의사에 반하여 보증인 된 丙이 자기의 출재로 甲의 채무를 소멸하게 한 때에는 甲은 丙에게 현존이익의 한도에서 배상하여야 한다.

해설 ⑤ 주채무자의 의사에 반하여 보증인이 된 자가 변제 기타 자기의 출재로 주채무를 소멸하게 한 때에는 주채무자는 현존이익의 한도에서 배상하여야 한다(제444조 제2항).

오답해설

① 보증계약이 성립한 후에 보증인이 알지도 못하는 사이에 주채무의 목적이나 형태가 변경되었다면, 그 변경으로 인하여 주채무의 실질적 동일성이 상실된 경우에는 당초의 주채무는 경개로 인하여 소멸하였다고 보아야 할 것이다(대판 2001다628).

② 보증은 그 의사가 보증인의 기명날인 또는 서명이 있는 서면으로 표시되어야 효력이 발생한다. 다만, 보증의 의사가 전자적 형태로 표시된 경우에는 효력이 없다(제428조의2 제1항).

③ 보증인은 주채무자의 항변으로 채권자에게 대항할 수 있다. 그리고 주채무자의 항변포기는 보증인에게 효력이 없다(제433조).

④ 보증채무에 대한 소멸시효가 중단되는 등의 사유로 완성되지 아니하였다고 하더라도 주채무에 대한 소멸시효가 완성된 경우에는 시효완성 사실로써 주채무가 당연히 소멸되므로 보증채무의 부종성에 따라 보증채무 역시 당연히 소멸된다(대판 2010다51192).

정답 07 ⑤ 08 ① 09 ⑤

10 민법상 보증채무에 관한 설명으로 옳은 것은? (다툼이 있으면 판례에 따름) ▸공인노무사 25년

① 회사의 이사가 채무액과 변제기가 특정된 회사 채무의 보증인이 된 경우, 그 이사는 이 사직 사임이라는 사정변경을 이유로 보증계약을 해지할 수 없다.

② 보증채무의 소멸시효기간은 특별한 약정이 없는 한 주채무의 소멸시효기간에 따른다.

③ 주채무자의 의사에 반하여 보증인이 된 자가 변제로 주채무를 소멸하게 한 때에는 주 채무자는 그 당시에 이익을 받은 한도에서 배상하여야 한다.

④ 보증의 효력발생요건인 보증인의 기명날인은 타인이 이를 대행하는 방법으로 할 수 없다.

⑤ 보증채무의 연체이율은 주채무의 약정연체이율을 따르는 것이 원칙이다.

해설 ① 보증인이 회사의 이사라는 지위에 있었고 은행대출규정상 어쩔 수 없이 회사의 채무에 대하여 연 대보증을 하였다는 이유로 그 보증인의 책임을 보증인이 이사로 재직 중에 있을 때 생긴 채무만으 로 제한할 수 있는 경우는 포괄근보증이나 한정근보증과 같이 채무액이 불확정적이고 계속적인 거래로 인한 채무에 대하여 보증한 경우에 한하고, 회사의 이사로 재직하면서 보증 당시 이미 그 채무가 특정되어 있는 확정채무에 대하여는 보증을 한 후 이사직을 사임하였다 하더라도 사정변 경을 이유로 보증계약을 해지할 수 있다거나 그 책임이 제한되는 것은 아니다(대판 98다46082).

오답해설

② 보증채무는 주채무와는 별개의 독립한 채무이므로 보증채무와 주채무의 소멸시효기간은 채무의 성질에 따라 각각 별개로 정해진다(대판 2011다76105).

③ **제444조(부탁 없는 보증인의 구상권)** ② 주채무자의 의사에 반하여 보증인이 된 자가 변제 기타 자기의 출재로 주채무를 소멸하게 한 때에는 주채무자는 현존이익의 한도에서 배상하여야 한다.

④ 민법 제428조의2 제1항 전문은 "보증은 그 의사가 보증인의 기명날인 또는 서명이 있는 서면으로 표시되어야 효력이 발생한다."라고 규정하고 있는데, '보증인의 서명'은 원칙적으로 보증인이 직접 자신의 이름을 쓰는 것을 의미하므로 타인이 보증인의 이름을 대신 쓰는 것은 이에 해당하지 않지 만, '보증인의 기명날인'은 타인이 이를 대행하는 방법으로 하여도 무방하다(대판 2018다282473).

⑤ 보증채무는 주채무와는 별개의 채무이기 때문에 보증채무 자체의 이행지체로 인한 지연손해금은 보증의 한도액과는 별도로 부담하여야 하고, 이때 보증채무의 연체이율에 관하여 특별한 약정이 없는 경우라면 거래행위의 성질에 따라 상법 또는 민법에서 정한 법정이율에 따라야 한다(대판 2013다74110).

정답 10 ①

Chapter **05** # 개별적 채권관계

I 계약의 성립

01 민법상 편무계약에 해당하는 것만 모두 고른 것은? ▸ 공인노무사 23년

ㄱ. 도급   ㄴ. 조합   ㄷ. 증여   ㄹ. 사용대차

① ㄱ, ㄴ   ② ㄱ, ㄷ
③ ㄴ, ㄷ   ④ ㄴ, ㄹ
⑤ ㄷ, ㄹ

해설 ㄷ, ㄹ. (○) 증여, 사용대차 : 낙성·불요식의 편무·무상계약

오답해설
ㄱ, ㄴ. (×) 도급, 조합 : 낙성·불요식의 쌍무·유상계약

02 계약의 성립에 관한 설명으로 옳지 않은 것은? (다툼이 있으면 판례에 따름) ▸ 공인노무사 23년
① 청약자가 청약의 의사표시를 발송한 후 상대방에게 도달 전에 사망한 경우, 그 청약은 효력을 상실한다.
② 명예퇴직의 신청이 근로계약에 대한 합의해지의 청약에 해당하는 경우, 이에 대한 사용자의 승낙으로 근로계약이 합의해지되기 전에는 근로자가 임의로 그 청약의 의사표시를 철회할 수 있다.
③ 승낙기간을 정하지 않은 청약은 청약자가 상당한 기간 내에 승낙의 통지를 받지 못한 때에는 그 효력을 잃는다.
④ 당사자 사이에 동일한 내용의 청약이 상호 교차된 경우에는 양 청약이 상대방에게 도달한 때에 계약이 성립한다.
⑤ 매도인이 매수인에게 매매계약의 합의해제를 청약한 경우, 매수인이 그 청약에 대하여 조건을 가하여 승낙한 때에는 그 합의해제의 청약은 거절된 것으로 본다.

정답 ▸ 01 ⑤   02 ①

해설 ① 의사표시자가 그 통지를 발송한 후 사망하거나 제한능력자가 되어도 의사표시의 효력에 영향을 미치지 아니한다(제111조 제2항).

오답해설

② 명예퇴직은 근로자가 명예퇴직의 신청(청약)을 하면 사용자가 요건을 심사한 후 이를 승인(승낙)함으로써 합의에 의하여 근로관계를 종료시키는 것으로, 명예퇴직의 신청은 근로계약에 대한 합의해지의 청약에 불과하여 이에 대한 사용자의 승낙이 있어 근로계약이 합의해지되기 전에는 근로자가 임의로 그 청약의 의사표시를 철회할 수 있다(대판 2002다11458).

③ 제528조 제1항

④ 제533조

⑤ 매매계약 당사자 중 매도인이 매수인에게 매매계약을 합의해제할 것을 청약하였다고 할지라도, 매수인이 그 청약에 대하여 조건을 붙이거나 변경을 가하여 승낙한 때에는 민법 제534조의 규정에 비추어 보면 그 청약의 거절과 동시에 새로 청약한 것으로 보게 되는 것이고, 그로 인하여 종전의 매도인의 청약은 실효된다(대판 2000다17834).

03 계약의 성립에 관한 설명으로 옳지 않은 것은? (다툼이 있으면 판례에 따름)

▸ 공인노무사 22년

① 청약은 상대방이 있는 의사표시이지만, 상대방은 청약 당시에 특정되어 있지 않아도 된다.

② 관습에 의하여 승낙의 통지가 필요하지 않은 경우에 계약은 승낙의 의사표시로 인정되는 사실이 있는 때에 성립한다.

③ 청약이 상대방에게 발송된 후 도달하기 전에 발생한 청약자의 사망은 그 청약의 효력에 영향을 미치지 아니한다.

④ 승낙자가 승낙기간을 도과한 후 승낙을 발송한 경우에 이를 수신한 청약자가 승낙의 연착을 통지하지 아니하면 그 승낙은 연착되지 아니한 것으로 본다.

⑤ 교차청약에 의한 격지자간 계약은 양(兩) 청약이 상대방에게 모두 도달한 때에 성립한다.

해설 ④ 보통 기간 내에 도달할 수 있도록 승낙의 의사표시를 발송하였으나, 연착된 경우 연착의 통지를 하지 않으면 연착되지 아니한 것으로 본다(제528조 제2항, 제3항). 따라서 승낙기간을 도과한 후 발송을 한 경우에는 연착의 통지를 하지 않아도 연착이 된다.

오답해설

① **예** 자판기 설치

② 의사실현에 의한 계약의 성립(제532조)

③ 제111조 제2항

⑤ 제533조

04 甲이 2025.1.1. 乙에게 '핸드폰을 1백만원에 매도하고자 하니 매수 여부를 2025.1.20.까지 알려달라'는 내용의 우편을 발송하여 2025.1.5. 乙에게 도달하였다. 이에 관한 설명으로 옳지 않은 것은? (甲과 乙은 격지자 간임을 전제로 하고, 다툼이 있으면 판례에 따름)   ▸공인노무사 25년

① 甲이 2025.1.3. 위 매도청약을 철회한다는 내용의 우편을 발송하여 2025.1.6. 乙에게 도달한 경우, 甲의 청약은 유효하다.

② 乙이 2025.1.20.까지 회신을 하지 않으면 甲의 청약은 효력을 상실한다.

③ 乙이 2025.1.18. 甲의 통지대로 매수하겠다는 내용의 우편을 발송하여 2025.1.22. 甲에게 도달한 경우, 매매계약은 성립한다.

④ 乙이 2025.1.10. 甲에게 80만원에 사겠다는 내용의 우편을 발송하여 2025.1.15. 도달하였다면 甲의 청약은 효력을 상실한다.

⑤ 만약 甲의 위 우편에 '2025.1.20.까지 답이 없으면 매수하겠다는 의사로 간주하겠다'는 내용이 포함되어 있음에도 乙이 회신하지 않으면 매매가 성립한 것으로 본다.

해설 ⑤ 청약의 상대방에게 청약을 받아들일 것인지 여부에 관하여 회답할 의무가 있는 것은 아니므로, 청약자가 미리 정한 기간 내에 이의를 하지 아니하면 승낙한 것으로 간주한다는 뜻을 청약 시 표시하였다고 하더라도 이는 상대방을 구속하지 아니하고 그 기간은 경우에 따라 단지 승낙기간을 정하는 의미를 가질 수 있을 뿐이다(대판 98다48903). 따라서, 乙에게는 회답의무가 없으므로 乙이 기간 내에 회신을 하지 않더라도 계약은 성립하지 않는다.

오답해설

① 철회는 도달 전에만 가능한데, 처음의 청약의 의사표시가 2025.1.5. 乙에게 도달하여 효력이 발생하였으므로 이를 철회할 수 없다. 철회가 인정되려면 철회의 의사표시가 처음의 의사표시보다 먼저 최소한 동시에는 도달하여야 한다. 따라서 甲의 청약은 여전히 유효하다.

② **제528조(승낙기간을 정한 계약의 청약)** ① 승낙의 기간을 정한 계약의 청약은 청약자가 그 기간 내에 승낙의 통지를 받지 못한 때에는 그 효력을 잃는다.

③ 2025.1.20. 甲의 청약이 효력을 상실하였으므로 甲이 乙의 연착된 승낙을 새로운 승낙으로 보아 다시 승낙하지 않는 한 계약은 성립하지 않는다(제530조 참조).

④ 변경을 가한 승낙을 하면 종전 청약을 거절한 것으로 간주되고 거절된 청약은 실효가 된다(대판 2000다17834).

05 甲은 2020.2.1. 자기 소유 중고자동차를 1,000만원에 매수할 것을 乙에게 청약하는 내용의 편지를 발송하였다. 이에 관한 설명으로 옳지 않은 것은? ▸ 공인노무사 20년

① 甲의 편지가 2020.2.5. 乙에게 도달하였다면 甲은 위 청약을 임의로 철회하지 못한다.

② 甲의 편지가 2020.2.5. 乙에게 도달하였다면 그 사이 甲이 사망하였더라도 위 청약은 유효하다.

③ 乙이 위 중고자동차를 900만원에 매수하겠다고 회신하였다면 乙은 甲의 청약을 거절하고 새로운 청약을 한 것이다.

④ 甲의 편지를 2020.2.5. 乙이 수령하였더라도 乙이 미성년자라면 甲은 원칙적으로 위 청약의 효력발생을 주장할 수 없다.

⑤ 乙이 위 청약을 승낙하는 편지를 2020.2.10. 발송하여 甲에게 2020.2.15. 도달하였다면 甲과 乙 간의 계약성립일은 2020.2.15.이다.

해설 ⑤ 격지자 간의 계약은 승낙의 통지를 발송한 때에 성립한다(제531조). 즉 2020.2.10.에 성립한다.

오답해설

① 의사표시가 상대방에게 도달한 경우에는 철회를 할 수 없다.

② 의사표시자가 그 통지를 발송한 후 사망하거나 제한능력자가 되어도 의사표시의 효력에 영향을 미치지 아니한다(제111조 제2항).

③ 승낙자가 청약에 대하여 조건을 붙이거나 변경을 가하여 승낙한 때에는 그 청약의 거절과 동시에 새로 청약한 것으로 본다(제534조).

④ 의사표시의 상대방이 의사표시를 받은 때에 제한능력자인 경우에는 의사표시자는 그 의사표시로써 대항할 수 없다(제112조).

06 청약과 승낙에 관한 설명으로 옳은 것은? ▸ 공인노무사 16년 변형

① 의사의 불합치로 계약이 성립하지 않은 경우, 일방 당사자는 그에 대하여 귀책사유가 있는 상대방에 대하여 계약체결상의 과실책임을 유추적용하여 손해배상을 청구할 수 있다.

② 승낙자가 청약에 변경을 가하지 않고 조건만을 붙여 승낙한 경우에는 계약이 성립한다.

③ 청약자는 청약이 상대방에게 도달하기 전에는 임의로 이를 철회할 수 있다.

④ 당사자 간에 동일한 내용의 청약이 상호교차된 경우에는 양 청약의 통지가 상대방에게 발송된 때에 계약이 성립한다.

⑤ 승낙의 기간을 정한 청약은 승낙자가 그 기간 내에 승낙의 통지를 발송하지 아니한 때에는 그 효력을 잃는다.

해설 ③ 의사표시는 도달 전에만 철회할 수 있다.

오답해설
① 계약이 의사의 불합치로 성립하지 아니한 경우 그로 인하여 손해를 입은 당사자가 상대방에게 부당이득반환청구 또는 불법행위로 인한 손해배상청구를 할 수 있는지는 별론으로 하고, 상대방이 계약이 성립되지 아니할 수 있다는 것을 알았거나 알 수 있었음을 이유로 민법 제535조를 유추적용하여 계약체결상의 과실로 인한 손해배상청구를 할 수는 없다(대판 2015다10929).
② 승낙자가 청약에 대하여 조건을 붙이거나 변경을 가하여 승낙한 때에는 그 청약의 거절과 동시에 새로 청약한 것으로 본다(제534조).
④ 양 청약이 상대방에게 '도달'한 때에 계약이 성립한다(제533조).
⑤ 청약자가 그 기간 내에 승낙의 통지를 받지 못한 때에는 그 효력을 잃는다(제528조 제1항).

07 계약의 성립에 관한 설명으로 옳은 것은? (다툼이 있으면 판례에 따름) ▸공인노무사 24년

① 민법은 청약의 구속력에 관한 규정에서 철회할 수 있는 예외를 규정하고 있다.
② 승낙기간을 정하지 않은 청약은 청약자가 상당한 기간 내에 승낙 통지를 받지 못한 때에 그 효력을 잃는다.
③ 민법은 격지자 간의 계약은 승낙의 통지가 도달한 때에 성립한다고 규정하고 있다.
④ 청약은 그에 응하는 승낙이 있어야 계약이 성립하므로 구체적이거나 확정적일 필요가 없다.
⑤ 아파트의 분양광고가 청약의 유인인 경우, 피유인자가 이에 대응하여 청약을 하는 것으로써 분양계약은 성립한다.

해설 ② 제529조

오답해설
① 학설이나 판례에 의해서 예외가 인정되나 예외에 관한 명문규정은 없다(제527조 참조).
③ 격지자 간의 계약의 성립은 발신주의에 의한다(제531조).
④ 청약은 그에 대한 승낙만 있으면 곧 계약이 성립할 수 있도록 확정적·구체적 의사표시이어야 한다(대판 2003다41463).
⑤ 피유인자의 승낙에 대하여 분양광고자의 승낙이 있어야 계약이 성립한다.

정답 05 ⑤ 06 ③ 07 ②

08 계약의 불성립이나 무효에 관한 설명으로 옳지 않은 것은? (다툼이 있으면 판례에 따름)

▸ 공인노무사 24년

① 목적이 원시적·객관적 전부불능인 계약을 체결할 때 불능을 알았던 자는 선의·무과실의 상대방이 계약의 유효를 믿었음으로 인해 받은 손해를 배상해야 한다.

② 목적물이 타인의 소유에 속하는 매매계약은 원시적 불능인 급부를 내용으로 하는 것으로 당연무효이다.

③ 계약이 의사의 불합치로 성립하지 않은 경우, 그로 인해 손해를 입은 당사자는 계약이 성립되지 않을 수 있다는 것을 알았던 상대방에게 민법 제535조(계약체결상의 과실)에 따른 손해배상청구를 할 수 없다.

④ 수량을 지정한 부동산매매계약에서 실제면적이 계약면적에 미달하는 경우, 미달 부분의 원시적 불능을 이유로 민법 제535조에 따른 책임의 이행을 구할 수 없다.

⑤ 계약교섭의 부당파기가 신의성실원칙에 위반되어 위법한 행위이면 불법행위를 구성한다.

해설 ② 타인권리매매도 유효하다(제569조 참조).

오답해설

① 계약체결상의 과실책임이 있다(제535조).

③ 계약체결상의 과실책임은 성립한 계약이 무효인 경우에 적용되므로, 의사의 불합치로 계약이 성립조차 하지 않은 경우에는 계약체결상의 과실책임을 유추적용할 수 없다(대판 2015다10929).

④ 계약체결상의 과실책임은 원시적·객관적·전부불능의 경우에만 문제되고, 원시적·객관적·일부불능의 경우에는 담보책임 규정은 별론으로 하고 계약체결상의 과실책임을 물을 수는 없다(대판 99다47396).

⑤ 어느 일방이 교섭단계에서 계약이 확실하게 체결되리라는 정당한 기대 내지 신뢰를 부여하여 상대방이 그 신뢰에 따라 행동하였음에도 상당한 이유 없이 계약의 체결을 거부하여 손해를 입혔다면 이는 신의성실의 원칙에 비추어 볼 때 계약자유원칙의 한계를 넘는 위법한 행위로서 불법행위를 구성한다(대판 2001다53059).

Ⅱ 계약의 효력

01 동시이행항변권에 관한 설명으로 옳은 것은? (다툼이 있으면 판례에 따름) 공인노무사 21년

① 공사도급계약상 도급인의 지체상금채권과 수급인의 공사대금채권은 특별한 사정이 없는 한 동시이행관계에 있다.

② 선이행의무자가 이행을 지체하는 동안 상대방의 채무가 이행기에 도래한 경우, 특별한 사정이 없는 한 양 당사자의 의무는 동시이행관계에 있지 않다.

③ 동시이행항변권에 따른 이행지체책임 면제의 효력은 그 항변권을 행사·원용하여야 발생한다.

④ 동시이행항변권은 연기적 항변권으로 동시이행관계에 있으면 소멸시효는 진행되지 아니한다.

⑤ 자동채권과 수동채권이 동시이행관계에 있더라도 서로 현실적으로 이행하여야 할 필요가 없는 경우, 특별한 사정이 없는 한 상계는 허용된다.

해설 ⑤ 이 경우에는 상계로 인하여 불이익이 발생할 우려가 없으므로 상계가 허용된다(대판 2004다54633).

오답해설

① 공사도급계약상 도급인의 지체상금채권과 수급인의 공사대금채권은 특별한 사정이 없는 한 동시이행의 관계에 있다고 할 수 없다(대판 2013다81224·81231).

② 매수인들이 선이행하여야 할 중도금지급의무를 이행하지 않은 상태에서 입주예정일이 도래하였다면, 매수인의 중도금지급의무와 매도인의 입주를 가능하게 할 의무는 동시이행관계에 있다(대판 96다7793).

③ 쌍무계약에서 쌍방의 채무가 동시이행관계에 있는 경우 일방의 채무의 이행기가 도래하더라도 상대방 채무의 이행제공이 있을 때까지는 그 채무를 이행하지 않아도 이행지체의 책임을 지지 않는 것이며, 이와 같은 효과는 이행지체의 책임이 없다고 주장하는 자가 반드시 동시이행의 항변권을 행사하여야만 발생하는 것은 아니다(대판 2001다3764).

④ 동시이행의 항변권이 붙은 채권은 이행기가 도래하면 언제든지 권리를 행사할 수 있으므로 그 지급기일 이후 소멸시효가 진행한다(대판 90다9797).

02 동시이행관계에 있지 않은 것은? (다툼이 있으면 판례에 따름) ▶ 공인노무사 17년

① 채권자의 채권증서 반환의무와 채무자의 전부 변제의무

② 부동산 매매의 경우 매도인의 소유권이전등기의무, 인도의무와 매수인의 잔대금 지급의무

③ 매매계약이 취소된 경우 각 당사자의 원상회복의무

④ 임대차가 종료된 경우 임차인의 목적물반환의무와 임대인의 보증금반환의무

⑤ 도급인의 하자보수청구권 또는 손해배상청구권과 수급인의 보수지급청구권

정답 01 ⑤ 02 ①

해설 ① 채권증서 반환청구권은 채권 전부를 변제한 경우에 인정되는 것이고, 영수증 교부의무와는 달리 변제와 동시이행관계에 있지 않다(대판 2003다22042).

오답해설
② 대판 2000다8533
③ 매매계약이 무효, 해제가 된 경우에도 동시이행관계이다(대판 2001다3764 등).
④ 대판 전합 77다1241
⑤ 대판 91다33056

03 동시이행의 항변권에 관한 설명으로 옳지 않은 것은? (다툼이 있으면 판례에 따름)

▶ 공인노무사 16년 변형

① 종전의 임차인이 임대인의 동의 아래 임대인으로부터 새로 목적물을 임차한 사람에게 그 목적물을 직접 이전해 준 경우, 임대인은 종전 임차인의 보증금반환청구에 대하여 목적물 반환과 동시에 이행할 것을 항변하지 못한다.
② 매도인의 토지거래허가신청절차에 협력할 의무와 매수인의 대금지급의무는 동시이행의 관계에 있다.
③ 상가임차인의 임대차목적물 반환의무와 임대인의 권리금회수 방해로 인한 손해배상의무는 동시이행의 관계가 아니다.
④ 동시이행의 관계에 있는 쌍방의 채무 중 어느 한 채무가 이행불능이 됨에 따라 발생한 손해배상채무도 여전히 상대방의 채무와 동시이행의 관계에 있다.
⑤ 상대방의 이행제공이 있었으나 이를 수령하지 않아 수령지체에 빠진 자는 그 후 상대방이 자기 채무의 이행제공을 다시 하지 않고 이행을 청구한 경우에 동시이행의 항변권을 행사할 수 있다.

해설 ② 매도인의 토지거래계약허가 신청절차에 협력할 의무와 토지거래허가를 받으면 매매계약 내용에 따라 매수인이 이행하여야 할 매매대금 지급의무 사이에는 상호 이행상의 견련성이 있다고 할 수 없으므로, 매도인으로서는 그러한 의무이행의 제공이 있을 때까지 그 협력의무의 이행을 거절할 수 있는 것은 아니다(대판 96다23825).

오답해설
① 임대차관계가 종료된 후 임차인이 목적물을 임대인에게 반환하였으면 임대인은 보증금을 무조건 반환하여야 하고, 임차인으로부터 목적물의 인도를 받는 것과의 상환이행을 주장할 수 없다. 그리고 이는 종전의 임차인이 임대인으로부터 새로 목적물을 임차한 사람에게 그 목적물을 임대인의 동의 아래 직접 넘긴 경우에도 다를 바 없다(대판 2008다55634).
③ 별개의 원인에 의한 채무이므로 동시이행의 관계가 아니다(대판 2018다242727).
④ 동시이행의 관계에 있는 쌍방의 채무 중 어느 한 채무가 이행불능이 됨으로 인하여 발생한 손해배상채무도 여전히 다른 채무와 동시이행의 관계에 있다(대판 97다30066).
⑤ 쌍무계약의 당사자 일방이 먼저 한번 현실의 제공을 하고 상대방을 수령지체에 빠지게 하였다 하더라도 그 이행의 제공이 계속되지 않는 경우는 과거에 이행의 제공이 있었다는 사실만으로 상대방이 가지는 동시이행의 항변권이 소멸하는 것은 아니다(대판 98다13754).

04 동시이행의 항변권에 관한 설명으로 옳지 않은 것은? (다툼이 있으면 판례에 따름)

▶ 공인노무사 24년

① 동시이행관계에 있는 쌍방의 채무 중 어느 한 채무가 이행불능으로 인하여 손해배상채무로 변경된 경우도 다른 채무와 동시이행의 관계에 있다.

② 선이행의무 있는 중도금지급을 지체하던 중 매매계약이 해제되지 않고 잔대금 지급기일이 도래하면, 특별한 사정이 없는 한 중도금과 이에 대한 지급일 다음날부터 잔대금지급일까지의 지연손해금 및 잔대금 지급의무와 소유권이전의무는 동시이행관계이다.

③ 일방의 의무가 선이행의무라도 상대방의 이행이 곤란할 현저한 사유가 있는 때에는 상대방이 그 채무이행을 제공할 때까지 자기의 채무이행을 거절할 수 있다.

④ 동시이행관계의 경우 일방의 채무의 이행기가 도래하더라도 상대방 채무의 이행제공이 있을 때까지 그 일방은 이행지체책임을 지지 않는다.

⑤ 동시이행항변권에 따른 이행지체 책임 면제의 효력은 그 항변권을 행사해야 발생한다.

해설 ⑤·④ 동시이행의 항변권이 존재하기만 하면 이를 주장하지 않더라도 이행지체의 책임을 지지 않는다(대판 97다54604).

오답해설
① 교환계약사례(대판 97다30066).
② 대판 90다19930
③ 불안의 항변권(제536조 제2항)

05 甲은 2025.2.1. 乙에게 기계를 1천만원에 매도하기로 하면서, 乙은 계약금 1백만원은 계약당일 지급하였고, 중도금 3백만원은 2025.2.10.에 지급하며, 잔금은 2025.2.20. 기계의 인도와 동시에 지급하기로 합의하였다. 이에 관한 설명으로 옳은 것은? (다툼이 있으면 판례에 따름)

▶ 공인노무사 25년

① 乙이 중도금을 지급하지 않은 채 잔금기일이 지난 경우, 기계인도채무와 동시이행관계에 있는 것은 잔금지급채무만이다.

② 乙이 중도금을 지급하지 않은 채 잔금기일이 지난 경우, 중도금에 대한 지연손해금은 잔금기일이 지나서도 계속 발생한다.

③ '중도금을 지급기일에 지급하지 않으면 최고 없이 해제된다'고 특약한 경우, 중도금이 지급기일에 지급되지 않으면 원칙적으로 위 특약에 의해 해제된 것으로 본다.

④ '잔금을 지급기일에 지급하지 않으면 최고 없이 해제된다'고 특약한 경우, 잔금이 지급기일에 지급되지 않으면 원칙적으로 위 특약에 의해 해제된 것으로 본다.

⑤ 매매목적물이 자기소유라고 주장하는 제3자가 있더라도, 乙은 매매대금의 지급을 거절할 권리는 없다.

정답 03 ② 04 ⑤ 05 ③

해설 ③ 선이행의무인 중도금의 경우에는 지문과 같은 특약이 있는 경우, 중도금을 지급기일에 지급하지 않으면 특약에 의하여 계약은 해제된 것으로 본다(대판 91다1317).

오답해설
① 중도금, 잔금지급일 전까지 중도금에 대한 지연손해금, 잔금의 지급 전부와 기계인도채무가 동시이행관계이다(대판 2000다577).
② 잔금지급일부터는 중도금에 대해서도 지연손해금이 발생하지 않는다(대판 2000다577).
④ 중도금과 달리 잔금의 경우에는 지문과 같은 특약이 있는 경우에도 잔금의 지급과 기계의 인도채무가 동시이행관계에 있으므로 잔금지급기일이 되더라도 甲이 기계의 이행제공을 하여 乙을 이행지체에 빠뜨리지 않는 한 계약은 해제가 되지 않는다(대판 98다505).
⑤ 제588조(권리주장자가 있는 경우와 대금지급거절권) 매매의 목적물에 대하여 권리를 주장하는 자가 있는 경우에 매수인이 매수한 권리의 전부나 일부를 잃을 염려가 있는 때에는 매수인은 그 위험의 한도에서 대금의 전부나 일부의 지급을 거절할 수 있다.

06 매매목적물의 멸실에 따른 법률관계에 관한 설명으로 옳지 않은 것은? (다툼이 있으면 판례에 따름)
▶ 공인노무사 25년

① 매매계약체결 당시 매매목적물이 당사자 쌍방의 귀책사유 없이 멸실된 상태였던 경우는 위험부담이 문제되지 않는다.
② 매매계약체결 당시 매매목적물이 멸실된 상태였고 매수인이 대금을 이미 지급한 경우, 매수인은 매도인에 대하여 부당이득으로서 대금의 반환을 청구할 수 있다.
③ 매매계약체결 당시 매매목적물이 멸실된 사실을 자신의 과실로 알지 못한 매수인은 매도인을 상대로 계약체결상의 과실책임을 추궁할 수 없다.
④ 매매계약체결 후 매수인의 수령지체 중에 당사자 쌍방의 책임 없는 사유로 매매목적물이 멸실된 경우, 매도인은 매수인을 상대로 매매대금의 지급을 청구할 수 있다.
⑤ 매수인이 매매목적물을 인도받아 사용하던 중 당사자 쌍방의 귀책사유 없이 제3자의 소유로 판명되어 제3자에게 그 목적물을 인도한 경우, 매수인은 매도인에게 그 목적물의 사용에 따른 이익을 반환할 의무는 없다.

해설 ⑤ 매매 목적물이 경매절차에서 매각됨으로써 당사자 쌍방의 귀책사유 없이 이행불능에 이르러 매매계약이 종료된 사안에서, 위험부담의 법리에 따라 매도인은 이미 지급받은 계약금을 반환하여야 하고 매수인은 목적물을 점유·사용함으로써 취득한 임료 상당의 부당이득을 반환할 의무가 있다(대판 2008다98655·98662).

오답해설
①·② 지문은 원시적 불능의 경우로 매매계약이 무효이므로 계약체결상의 과실책임이 문제되지 위험부담의 문제는 발생할 여지가 없다. 또한 무효이므로 이미 지급한 대금은 부당이득으로 반환을 청구할 수 있다.
③ 계약체결상의 과실책임은 선의·무과실의 매수인만 행사할 수 있다(제535조).
④ 예외적인 채권자위험부담주의(제538조)

07 매매계약의 불능에 관한 설명으로 옳지 않은 것은? (다툼이 있으면 판례에 따름)

▶ 공인노무사 21년

① 계약목적이 원시적·객관적 전부불능인 경우, 악의의 매도인은 매수인이 그 계약의 유효를 믿었음으로 인하여 받은 손해를 배상하여야 한다.
② 계약목적이 원시적·주관적 전부불능인 경우, 선의의 매수인은 악의의 매도인에게 계약상 급부의 이행을 청구할 수 있다.
③ 당사자 쌍방의 귀책사유 없이 매도인의 채무가 후발적·객관적 전부불능된 경우, 매도인은 매수인에게 매매대금의 지급을 구하지 못한다.
④ 매도인의 귀책사유로 그의 채무가 후발적·객관적 전부불능된 경우, 매수인은 매도인에게 전보배상을 청구할 수 있다.
⑤ 대상(代償)을 발생시키는 매매목적물의 후발적 불능에 대하여 매도인의 귀책사유가 존재하는 경우, 매수인은 대상청구권을 행사하지 못한다.

해설 ⑤ 대상청구권은 매도인의 귀책사유 유무와 무관하게 행사할 수 있다(대판 2018다248244 참조).

오답해설
① 목적이 불능한 계약을 체결할 때에 그 불능을 알았거나 알 수 있었을 자는 상대방이 그 계약의 유효를 믿었음으로 인하여 받은 손해를 배상하여야 한다(제535조 제1항).
② 전부타인권리매매의 사유이다. 전부타인권리매매도 유효하므로 매수인은 매도인에게 계약상 급부의 이행을 청구할 수 있다(제569조 참조).
③ 위험부담의 사유이다. 쌍무계약의 당사자 일방의 채무가 당사자 쌍방의 책임 없는 사유로 이행할 수 없게 된 때에는 채무자는 상대방의 이행을 청구하지 못한다(제537조).
④ 채무자의 귀책사유에 의한 이행불능의 사유이다. 이 경우 매수인은 매도인에게 손해배상을 청구할 수 있다(제551조).

08 甲은 자신의 X건물을 매매대금 1억원, 계약금 1,000만원으로 정하여 乙에게 매도하는 계약을 체결하고, 乙로부터 계약금을 수령하였다. 甲이 乙에게 X건물의 인도 및 소유권이전등기를 마쳐주기 전에 제3자 丙의 과실로 인한 화재로 X건물이 전부 멸실되었다. 이에 관한 설명으로 옳지 않은 것은? (다툼이 있으면 판례에 따름)

▶ 공인노무사 18년

① 乙은 丙에게 불법행위로 인한 손해배상을 청구할 수 있다.
② 乙은 甲에게 X건물에 관한 소유권이전등기를 청구할 수 없다.
③ 乙은 甲에게 채무불이행으로 인한 손해배상을 청구할 수 없다.
④ 乙은 甲에게 지급한 계약금에 대해 부당이득반환을 청구할 수 있다.
⑤ 乙은 甲에게 대상청구권의 행사로써 丙에 대한 손해배상청구권의 양도를 청구할 수 있다.

정답 ▶ 06 ⑤ 07 ⑤ 08 ①

> **해설** ① 제3자의 채권침해로 인한 손해배상청구권은 고의의 경우에만 성립하는데, 사안의 경우에는 과실로 인한 경우이므로 乙은 丙에게 불법행위에 따른 손해배상을 청구할 수 없다.

> **오답해설**
> ② · ④ 귀책사유 없는 후발적 불능으로 위험부담의 법리가 적용되는 사안이다. 따라서 양 당사자는 상대방에게 서로 채무의 이행을 청구할 수 없다(제537조). 또한 이미 지급받은 것은 부당이득으로 반환하여야 한다(대판 2008다98655).
> ③ 甲에게 귀책사유가 없으므로 채무불이행에 따른 손해배상을 청구할 수 없다.
> ⑤ 대판 95다56910

09 제3자를 위한 계약에 관한 설명으로 옳지 않은 것은? (다툼이 있으면 판례에 따름)

▸ 공인노무사 24년

① 요약자는 낙약자의 채무불이행을 이유로 제3자의 동의 없이 기본관계를 이루는 계약을 해제할 수 있다.
② 낙약자는 기본관계에 기한 항변으로 계약의 이익을 받을 제3자에게 대항할 수 있다.
③ 계약 당사자가 제3자에 대하여 가진 채권에 관하여 그 채무를 면제하는 계약도 제3자를 위한 계약에 준하는 것으로 유효하다.
④ 제3자를 위한 계약의 성립 시에 제3자는 요약자와 낙약자에게 계약의 이익을 받을 의사를 표시해야 권리를 직접 취득한다.
⑤ 채무자와 인수인 사이에 체결되는 중첩적 채무인수계약은 제3자를 위한 계약이다.

> **해설** ④ 수익의 의사표시의 상대방은 낙약자이다(제539조 제2항).

> **오답해설**
> ① 대판 2005다7566
> ② 제542조
> ③ 대판 2002다37405
> ⑤ 대판 2011다56033

10 제3자를 위한 계약에 관한 설명으로 옳은 것은? (다툼이 있으면 판례에 따름)

▸ 공인노무사 22년

① 채무자와 인수인 사이에 체결된 중첩적 채무인수계약은 제3자를 위한 계약이 아니다.
② 제3자를 위한 도급계약에서 수익의 의사표시를 한 제3자가 그 계약에 따라 완성된 목적물의 하자로 인해 손해를 입은 경우, 특별한 사정이 없는 한 낙약자는 그 제3자에게 해당 손해를 배상할 의무가 있다.
③ 요약자와 낙약자의 합의에 따라 제3자의 권리를 소멸시킬 수 있음을 미리 유보하였더라도 제3자에게 그 권리가 확정적으로 귀속되었다면 요약자와 낙약자는 제3자의 권리를 소멸시키지 못한다.
④ 제3자가 수익의 의사표시를 한 후에는 요약자는 원칙적으로 낙약자에 대하여 제3자에게 급부를 이행할 것을 요구할 수 있는 권리를 갖지 못한다.
⑤ 제3자가 수익의 의사표시를 한 경우, 특별한 사정이 없는 한 요약자는 낙약자의 채무불이행을 이유로 제3자의 동의 없이 계약을 해제할 수 없다.

해설 ② 수익의 의사표시를 하여 제3자가 권리를 취득한 경우에는 제3자는 낙약자에게 직접 그 이행을 청구할 수 있고, 손해가 있으면 손해배상을 청구할 수 있다(제539조 참조).

오답해설
① 병존적 채무인수는 제3자를 위한 계약에 해당한다(대판 97다28698).
③ 제3자의 동의가 있거나 미리 제3자의 권리를 변경·소멸시킬 수 있음을 미리 유보한 경우에는 제3자의 권리가 발생한 이후에도 제3자의 권리를 변경·소멸시킬 수 있다(대판 2001다30285).
④ 제3자를 위한 계약에서 제3자는 채무자(낙약자)에 대하여 계약의 이익을 받을 의사를 표시한 때에 채무자에게 직접 이행을 청구할 수 있는 권리를 취득하고(민법 제539조), 요약자는 제3자를 위한 계약의 당사자로서 원칙적으로 제3자의 권리와는 별도로 낙약자에 대하여 제3자에게 급부를 이행할 것을 요구할 수 있는 권리를 가진다(대판 2018다259565).
⑤ 제3자를 위한 계약은 제3자의 권리는 그 제3자가 채무자에 대하여 계약의 이익을 받을 의사를 표시한 때에 생긴다(민법 제539조). 제3자를 위한 유상 쌍무계약의 경우 특별한 사정이 없는 한 요약자는 낙약자의 채무불이행을 이유로 제3자의 동의 없이 계약을 해제할 수 있다(대판 69다1410).

11 제3자를 위한 계약에 관한 설명으로 옳은 것을 모두 고른 것은? (다툼이 있으면 판례에 따름)

▸ 공인노무사 19년

> ㄱ. 계약체결 당시에 수익자가 특정되어 있지 않으면 제3자를 위한 계약은 성립할 수 없다.
> ㄴ. 계약 당사자가 제3자에 대하여 가진 채권에 관하여 그 채무를 면제하는 계약도 제3자를 위한 계약에 준하는 것으로 유효하다.
> ㄷ. 낙약자는 요약자와 수익자 사이의 법률관계에 기한 항변으로 수익자에게 대항하지 못한다.
> ㄹ. 낙약자가 채무를 불이행하는 경우 수익자는 낙약자의 채무불이행을 이유로 계약을 해제할 수 있다.

① ㄱ, ㄴ   ② ㄴ, ㄷ
③ ㄷ, ㄹ   ④ ㄱ, ㄴ, ㄹ
⑤ ㄴ, ㄷ, ㄹ

해설 ㄴ. (○) 대판 2002다37405
ㄷ. (○) 요약자와 수익자 사이의 법률관계는 제3자를 위한 계약의 성립이나 효력과는 아무런 관계가 없기 때문이다(대판 2003다49771).

오답해설
ㄱ. (×) 수익자는 계약의 당사자가 아니므로 계약체결 당시에는 현존하고 특정될 필요가 없다.
ㄹ. (×) 수익자는 계약의 당사자가 아니므로 취소권, 해제권, 원상회복청구, 원상회복의무 등이 인정될 수가 없다.

12 제3자를 위한 계약에 관한 설명으로 옳은 것은? (다툼이 있으면 판례에 따름)

▸ 공인노무사 25년

① 계약의 일방 당사자로 하여금 '그가 제3자에 대하여 가지는 채권'에 관하여 그 채무를 면제하도록 하는 합의도 제3자를 위한 계약에 준하는 것으로서 유효하다.
② 요약자는 낙약자에 대하여 '제3자에게 급부를 이행할 것'을 요구할 권리는 없다.
③ 제3자가 수익의 의사표시를 한 이후에는 요약자와 낙약자가 계약 당시 제3자의 권리를 변경시킬 수 있도록 미리 유보하였더라도 요약자와 낙약자는 제3자의 권리를 변경시킬 수 없다.
④ 요약자와 낙약자 사이의 매매계약이 해제된 경우, 그 계약에 따라 매매대금을 제3자에게 지급한 낙약자는 그 제3자에 대하여 지급한 금액의 반환을 청구할 수 있다.
⑤ 낙약자는 요약자와 수익자 사이의 대가관계가 해제되었다는 점을 들어 수익자에게 대항할 수 있다.

해설 ① 제3자를 위한 계약이 성립하기 위하여는 일반적으로 그 계약의 당사자가 아닌 제3자로 하여금 직접 권리를 취득하게 하는 조항이 있어야 할 것이지만, 계약의 당사자가 제3자에 대하여 가신 채권에 관하여 그 채무를 면제하는 계약도 제3자를 위한 계약에 준하는 것으로서 유효하다(대판 2002다37405).

오답해설

② 요약자는 계약의 당사자이므로 당연히 낙약자에 대하여 제3자(수익자)에게 이행할 것을 청구할 수 있다.

③ 제3자를 위한 계약에 있어서, 제3자가 민법 제539조 제2항에 따라 수익의 의사표시를 함으로써 제3자에게 권리가 확정적으로 귀속된 경우에는, 요약자와 낙약자의 합의에 의하여 제3자의 권리를 변경·소멸시킬 수 있음을 미리 유보하였거나, 제3자의 동의가 있는 경우가 아니면 계약의 당사자인 요약자와 낙약자는 제3자의 권리를 변경·소멸시키지 못하고, 만일 계약의 당사자가 제3자의 권리를 임의로 변경·소멸시키는 행위를 한 경우 이는 제3자에 대하여 효력이 없다(대판 2001다30285).

④ 제3자를 위한 계약관계에서 낙약자와 요약자 사이의 법률관계(이른바 기본관계)를 이루는 계약이 무효이거나 해제된 경우 그 계약관계의 청산은 계약의 당사자인 낙약자와 요약자 사이에 이루어져야 하므로, 특별한 사정이 없는 한 낙약자가 이미 제3자에게 급부한 것이 있더라도 낙약자는 계약해제 등에 기한 원상회복 또는 부당이득을 원인으로 제3자를 상대로 그 반환을 구할 수 없다(대판 2010다31860). 따라서, 계약의 당사자인 요약자에게 반환을 청구하여야 한다.

⑤ 제3자를 위한 계약의 체결 원인이 된 요약자와 제3자(수익자) 사이의 법률관계(이른바 대가관계)의 효력은 제3자를 위한 계약 자체는 물론 그에 기한 요약자와 낙약자 사이의 법률관계(이른바 기본관계)의 성립이나 효력에 영향을 미치지 아니하므로 낙약자는 요약자와 수익자 사이의 법률관계에 기한 항변으로 수익자에게 대항하지 못하고, 요약자도 대가관계의 부존재나 효력의 상실을 이유로 자신이 기본관계에 기하여 낙약자에게 부담하는 채무의 이행을 거부할 수 없다(대판 2003다49771).

Ⅲ 계약의 해제·해지

01 계약의 해제에 관한 설명으로 옳지 않은 것은? (특별한 사정이 없음을 전제로 하며, 다툼이 있으면 판례에 따름) ▸ 공인노무사 22년

① 당사자는 합의로 계약을 해제할 수 있다.

② 채권자가 채무액을 현저히 초과하는 금액의 지급을 최고하고, 이 금액을 지급하지 않으면 수령하지 않을 것이 분명한 경우에 이 최고에 터 잡은 채권자의 해제는 무효이다.

③ 계약체결에 관한 대리권만을 수여받은 대리인은 계약체결 후 그 계약을 해제할 수 없다.

④ 하나의 계약에서 일방이 수인(數人)인 경우에 상대방은 그 수인 모두에게 해제의 의사표시를 하여야 한다.

⑤ 매도인의 책임 있는 사유로 이행불능이 되어 매수인이 계약을 해제한 경우의 손해배상은 해제 시 목적물의 시가를 기준으로 그 손해를 산정한다.

해설 ⑤ 이행불능으로 인한 전보배상액은 이행불능 당시의 시가 상당액을 표준으로 한다(대판 2005다63337).

오답해설

① 계약자유의 원칙상 당사자는 당연히 계약을 합의해제할 수 있다(대판 90다8343).

② 채권자의 이행최고가 본래 이행하여야 할 채무액을 초과하는 금액의 이행을 요구하는 내용일 때에는 그 과다한 정도가 현저하고 채권자가 청구한 금액을 제공하지 않으면 그것을 수령하지 않을 것이라는 의사가 분명한 경우에는 그 최고는 부적법하고 이러한 최고에 터 잡은 계약해제는 그 효력이 없다(대판 94다35930).

③ 계약체결에 관한 대리권에는 원칙적으로 해제할 권한은 포함되지 않는다(대판 92다39365).

④ 제547조 제1항

02 민법 제548조 제1항 단서의 계약해제의 소급효로부터 보호받는 제3자에 해당하지 않는 자는? (다툼이 있으면 판례에 따름) ▸ 공인노무사 23년

① X토지에 대한 매매계약이 해제되기 전에 매수인으로부터 X토지를 매수하여 소유권을 취득한 자

② X토지에 대한 매매계약이 해제되기 전에 매수인의 X토지에 저당권을 취득한 자

③ X토지에 대한 매매계약의 해제로 X토지의 소유권을 상실하게 된 매수인으로부터 해제 이전에 X토지를 임차하여 임차권등기를 마친 자

④ X토지에 대한 매매계약이 해제되기 전에 매수인과 매매예약 체결 후 그에 기한 소유권이전등기청구권 보전을 위한 가등기를 마친 자

⑤ X토지에 대한 매매계약이 해제되기 전에 매수인으로부터 X토지에 대한 소유권이전등기청구권을 양도받은 자

해설 ⑤ 해제의 경우 보호되는 제3자는 등기·인도 등으로 완전한 권리를 취득한 자에 한하므로 채권인 소유권이전등기청구권을 양도받은 자는 보호되는 제3자에 포함되지 않는다(대판 2000다22850).

오답해설
①·②·③ 소유권이나 저당권을 취득했다는 것은 등기를 마친 것이고, 임차권도 등기를 마친 경우에는 보호되는 제3자에 포함된다.
④ 매수인과 매매예약을 체결한 후 그에 기한 소유권이전청구권 보전을 위한 가등기를 마친 사람도 제548조 제1항 단서에서 말하는 제3자에 포함된다(대판 2013다14569).

03 **계약해제에 관한 설명으로 옳지 않은 것은? (다툼이 있으면 판례에 따름)** ▸ 공인노무사 21년

① 제3자를 위한 계약에서 요약자는 낙약자의 채무불이행을 이유로 제3자의 동의 없이 기본관계를 이루는 계약을 해제할 수 있다.
② 계약이 해제된 경우 금전을 수령한 자는 해제한 날부터 이자를 가산하여 반환하여야 한다.
③ 甲, 乙, 丙 사이에 순차적으로 매매계약이 이루어지고 丙이 매매대금을 乙의 지시에 따라 甲에게 지급한 경우, 乙과 丙 사이에 매매계약이 해제되더라도 丙은 甲에게 직접 부당이득반환을 청구할 수 없다.
④ 매도인이 계약금계약에 의한 해제를 하는 경우, 매도인은 해제의 의사표시와 약정 계약금의 배액을 제공하면 되고, 매수인의 수령거절 시 공탁할 필요는 없다.
⑤ 계약해제로 인한 원상회복의무가 이행지체에 빠진 이후의 지연손해금률에 관하여 당사자 사이에 별도의 약정이 있는 경우, 그 지연손해금률이 법정이율보다 낮더라도 약정에 따른 지연손해금률이 적용된다.

해설 ② 그 받은 날로부터 이자를 가산하여야 한다(제548조 제2항).

오답해설
① 제3자를 위한 유상 쌍무계약의 경우 요약자는 낙약자의 채무불이행을 이유로 제3자의 동의 없이 계약을 해제할 수 있다(대판 69다1410·1411).
③ 계약의 일방당사자가 상대의 지시 등으로 상대방과 또 다른 계약관계를 맺고 있는 제3자에게 직접 급부한 경우(이른바 삼각관계에서의 급부가 이루어진 경우), 그 급부로써 급부를 한 당사자의 상대방에 대한 급부가 이루어질 뿐 아니라 그 상대방의 제3자에 대한 급부도 이루어지는 것이므로 계약의 일방당사자는 제3자를 상대로 법률상 원인 없이 급부를 수령하였다는 이유로 부당이득반환청구를 할 수 없다(대판 2013다55447).
④ 대판 80다2784
⑤ 원상회복의무가 이행지체에 빠진 이후의 기간에 대해서는 부당이득반환의무로서의 이자가 아니라 반환채무에 대한 지연손해금이 발생하게 되므로 거기에는 지연손해금률이 적용되어야 한다. 그 지연손해금률에 관하여도 당사자 사이에 별도의 약정이 있으면 그에 따라야 할 것이고, 설사 그것이 법정이율보다 낮다 하더라도 마찬가지이다(대판 2011다50509).

정답 01 ⑤ 02 ⑤ 03 ②

04 계약해제에 관한 설명으로 옳지 않은 것은? (다툼이 있으면 판례에 따름) ▶ 공인노무사 19년 변형

① 토지매수인이 그 토지 위에 신축한 건물을 매수한 자는 해제에서 보호되는 제3자에 포함되지 않는다.

② 해제로 인해 소멸되는 계약상의 채권을 계약해제 이전에 양수한 자는 계약해제의 효과를 규정한 민법 제548조 제1항 단서에 의해 보호받는 제3자에 해당하지 않는다.

③ 매수인으로부터 미등기·무허가 건물을 매수하여 무허가건축물대장에 등재한 자는 해제의 경우, 보호되는 제3자에 포함되지 않는다.

④ 이행거절로 인한 계약해제의 경우, 해제자는 상대방의 최고 및 동시이행관계에 있는 자기 채무의 이행을 제공할 필요가 없다.

⑤ 계약해제에 따른 원상회복으로 매매대금의 반환을 구하는 경우, 해제권자가 해제원인의 일부를 제공하였다면 과실상계가 적용된다.

해설 ⑤ 과실상계는 본래 채무불이행 또는 불법행위로 인한 손해배상책임에 대하여 인정되는 것이고, 매매계약이 해제되어 소급적으로 효력을 잃은 결과 매매당사자에게 당해 계약에 기한 급부가 없었던 것과 동일한 재산상태를 회복시키기 위한 원상회복의무의 이행으로서 이미 지급한 매매대금 기타의 급부의 반환을 구하는 경우에는 적용되지 아니한다(대판 2013다34143).

오답해설
① 건물은 앞선 계약의 목적물이 아니기 때문이다(대판 90다카16761).
② 채권을 양수한 자는 등기·인도 등으로 완전한 권리를 취득한 자가 아니므로 해제에서 보호되는 제3자에 포함되지 않는다(대판 2000다22850).
③ 미등기 무허가건물에 관한 매매계약이 해제되기 전에 매수인으로부터 해당 무허가건물을 다시 매수하고 무허가건물관리대장에 소유자로 등재되었다고 하더라도 건물에 관하여 완전한 권리를 취득한 것으로 볼 수 없으므로 민법 제548조 제1항 단서에서 규정하는 제3자에 해당한다고 할 수 없다(대판 2011다64782).
④ 채무자가 채무를 이행하지 아니할 의사를 명백히 표시한 경우에 채권자는 신의성실의 원칙상 이행기 전이라도 이행의 최고 없이 채무자의 이행거절을 이유로 계약을 해제하거나 채무자를 상대로 손해배상을 청구할 수 있다(대판 2005다63337).

05 해제와 해지에 관한 설명으로 옳은 것은? (다툼이 있으면 판례에 따름) ▸공인노무사 16년

① 해제는 상대방에 대한 의사표시로 하고 상대방에게 도달한 때부터 그 효력이 생긴다.

② 계약이 합의해제되기 위해서는 명시적인 합의가 있어야 하며 묵시적인 합의해제는 인정되지 않는다.

③ 특별한 사정이 없는 한, 당사자의 일방 또는 쌍방이 수인인 경우에 해지나 해제의 권리가 당사자 1인에 대하여 소멸하여도 다른 당사자에게는 영향을 미치지 않는다.

④ 채무자의 책임 없는 사유로 채무의 이행이 불능하게 된 경우에도 채권자는 계약을 해제할 수 있다.

⑤ 계약이 해지된 경우, 계약은 소급적으로 그 효력을 잃기 때문에 이미 이행된 급부는 부당이득으로 상대방에게 반환하여야 한다.

해설 ① 제543조 제1항, 제111조 제1항

오답해설
② 묵시적 합의해제도 당연히 허용된다(대판 90다8343).
③ 당사자의 일방 또는 쌍방이 수인인 경우에 해지나 해제의 권리가 당사자 1인에 대하여 소멸한 때에는 다른 당사자에 대하여도 소멸한다(제547조 제2항).
④ 채무자의 책임 있는 사유로 이행이 불능하게 된 때에는 채권자는 계약을 해제할 수 있다(제546조). 채무자의 책임 없는 사유로 이행이 불능하게 된 때에는 위험부담의 문제가 발생한다(제537조).
⑤ 당사자 일방이 계약을 해지한 때에는 계약은 장래에 대하여 그 효력을 잃는다(제550조).

06 해제에 관한 설명으로 옳은 것을 모두 고른 것은? ▸공인노무사 25년

> ㄱ. 해제의 의사표시는 철회하지 못한다.
> ㄴ. 매매계약의 매수 당사자 일방이 여러 명인 경우, 매수 당사자 중 1인이 해제권을 상실하더라도 다른 매수인은 해제할 수 있다.
> ㄷ. 해제권의 행사기간을 정하지 아니한 경우, 상대방이 해제권자에게 해제권의 행사 여부에 관하여 최고하였으나 해제권자로부터 상당기간이 지난 후에도 해제의 통지를 받지 못한 때에는 해제권은 소멸한다.
> ㄹ. 해제권자의 가공으로 계약의 목적물이 다른 종류의 물건으로 변경된 경우 해제권은 소멸한다.

① ㄱ, ㄴ

② ㄴ, ㄷ

③ ㄱ, ㄷ, ㄹ

④ ㄴ, ㄷ, ㄹ

⑤ ㄱ, ㄴ, ㄷ, ㄹ

정답 04 ⑤ 05 ① 06 ③

해설 ㄱ. (○) 제543조 제2항

ㄷ. (○) 제552조

ㄹ. (○) 제553조

오답해설

ㄴ. (×) 제547조(해지, 해제권의 불가분성) ② 당사자의 일방 또는 쌍방이 수인인 경우에 해지나 해제의 권리가 당사자 1인에 대하여 소멸한 때에는 다른 당사자에 대하여도 소멸한다.

07 甲은 2025.3.1. 乙에게 甲소유의 X토지를 매도하고 2025.3.7. 乙명의로 소유권이전등기를 경료해 주었는데, 2025.5.1. 위 매매계약이 적법하게 해제되었다. 이 경우 해제의 소급효로부터 보호받는 제3자에 해당하지 않는 자를 모두 고른 것은? (다툼이 있으면 판례에 따름)

▸ 공인노무사 25년

> ㄱ. 2025.4.1. 甲의 乙에 대한 매매대금 채권을 압류한 자
>
> ㄴ. 2025.4.1. X를 압류한 자
>
> ㄷ. 甲에 의한 해제가능성을 알면서 2025.4.1. 乙로부터 X에 저당권설정등기를 경료받은 자
>
> ㄹ. 계약이 해제된 사실을 알면서 2025.5.3. 乙과 매매예약을 체결하고 그에 기한 소유권 이전청구권 보전을 위한 가등기를 마친 자

① ㄱ, ㄴ

② ㄱ, ㄹ

③ ㄴ, ㄷ

④ ㄱ, ㄴ, ㄹ

⑤ ㄴ, ㄷ, ㄹ

해설 ㄱ. (×) 채권을 가압류한 자는 등기를 갖추지 못하므로 해제의 경우 보호되는 제3자에 포함되지 않는다(대판 99다51685).

ㄹ. (×) 해제의 경우, 제3자는 선·악을 불문하고 보호되나, 해제 후에 법률관계를 맺은 자는 선의인 경우에만 보호된다(대판 84다카130).

오답해설

ㄴ. (○) 부동산을 압류한 경우에는 등기가 되므로 보호되는 제3자에 포함된다(대판 99다40937).

ㄷ. (○) 해제 전에는 선·악을 불문하고 보호된다(대판 2008다57746).

08 부동산 매매계약의 합의해제(해제계약)에 관한 설명으로 옳은 것은? (다툼이 있으면 판례에 따름)

▶ 공인노무사 18년

① 합의해제는 당사자 쌍방의 묵시적 합의로 성립할 수 없다.
② 합의해제시에 손해배상에 관한 특약 등을 하지 않았더라도 매도인은 채무불이행으로 인한 손해배상을 청구할 수 있다.
③ 합의해제의 소급효는 해제 전에 매매목적물에 대하여 저당권을 취득한 제3자에게 영향을 미친다.
④ 합의해제에 따른 매도인의 원상회복청구권은 소유권에 기한 물권적 청구권으로서 소멸시효의 대상이 되지 않는다.
⑤ 다른 약정이 없으면 합의해제로 인하여 반환할 금전에 그 받은 날로부터 이자를 가산하여야 할 의무가 있다.

해설 ④ 매매계약이 합의해제된 경우에도 매수인에게 이전되었던 소유권은 당연히 매도인에게 복귀하는 것이므로 합의해제에 따른 매도인의 원상회복청구권은 소유권에 기한 물권적 청구권이라고 할 것이고 이는 소멸시효의 대상이 되지 아니한다(대판 80다2968). 매매계약이 취소, 해제가 된 경우에도 마찬가지이다.

오답해설

① 묵시적 합의해제도 당연히 허용된다(대판 90다8343).
② 계약이 합의해제된 경우에는 그 해제 시에 당사자 일방이 상대방에게 손해배상을 하기로 특약하거나 손해배상청구를 유보하는 의사표시를 하는 등 다른 사정이 없는 한 채무불이행으로 인한 손해배상을 청구할 수 없다(대판 86다카1147).
③ 계약의 합의해제에 있어서도 민법 제548조의 계약해제의 경우와 같이 이로써 제3자의 권리를 해할 수 없다(대판 2005다6341).
⑤ 합의해제의 효력은 그 합의의 내용에 의하여 결정되고 여기에는 해제에 관한 민법 제548조 제2항의 규정은 적용되지 아니하므로, 당사자 사이에 약정이 없는 이상 합의해제로 인하여 반환할 금전에 그 받은 날로부터의 이자를 가하여야 할 의무가 있는 것은 아니다(대판 95다16011).

09 합의해지에 관한 설명으로 옳은 것을 모두 고른 것은? (다툼이 있으면 판례에 따름)

▸ 공인노무사 24년

> ㄱ. 근로자의 사직원 제출에 따른 합의해지의 청약에 대해 사용자의 승낙의사가 형성되어 확정적으로 근로계약종료의 효과가 발생하기 전에는 특별한 사정이 없는 한 근로자는 사직의 의사표시를 철회할 수 있다.
>
> ㄴ. 계약의 합의해지는 묵시적으로 이루어질 수도 있으나, 묵시적 합의해지는 계약에 따른 채무의 이행이 시작된 후에 당사자 쌍방의 계약실현 의사의 결여 또는 포기로 인하여 계약을 실현하지 아니할 의사가 일치되어야만 한다.
>
> ㄷ. 당사자 사이에 약정이 없는 이상, 합의해지로 인하여 반환할 금전에 그 받은 날로부터의 이자를 가할 의무가 있다.

① ㄱ
② ㄷ
③ ㄱ, ㄴ
④ ㄴ, ㄷ
⑤ ㄱ, ㄴ, ㄷ

해설 ㄱ. (○) 대판 2002다11458

ㄴ. (○) 계약의 합의해지는 묵시적으로 이루어질 수도 있으나, 계약에 따른 채무의 이행이 시작된 다음에 당사자 쌍방이 계약실현 의사의 결여 또는 포기로 계약을 실현하지 않을 의사가 일치되어야만 한다. 이와 같은 합의가 성립하기 위해서는 쌍방 당사자의 표시행위에 나타난 의사의 내용이 객관적으로 일치하여야 하므로 계약당사자 일방이 계약해지에 관한 조건을 제시한 경우 조건에 관한 합의까지 이루어져야 한다(대판 2016다274270·274287).

오답해설

ㄷ. (×) 법정해제와 달리 합의해제(해지)의 경우에는 이자를 가산할 의무가 없다(대판 2000다5336).

정답 ▸ **09** ③

Section 02 계약각론

I 증여

01 증여에 관한 설명으로 옳지 않은 것은? (다툼이 있으면 판례에 따름) ▶공인노무사 16년

① 서면에 의하지 않은 증여의 경우, 수증자는 이를 해제할 수 있다.

② 증여자의 손자에 대하여 수증자가 범죄행위를 한 경우, 증여자는 증여를 해제할 수 있다.

③ 부담부증여의 수증자가 그 부담을 이행하지 않은 경우, 증여자는 증여를 해제할 수 있으나 이미 이행한 부분은 수증자에게 반환받지 못한다.

④ 증여의 목적인 물건의 하자나 흠결에 대하여 알면서 이를 수증자에게 고지하지 않은 증여자는 그에 대한 담보책임을 진다.

⑤ 수증자가 사망한 경우, 정기의 급여를 목적으로 하는 증여는 그 효력을 잃는다.

해설 ③ 상대부담 있는 증여에 대하여는 민법 제561조에 의하여 쌍무계약에 관한 규정이 준용되어 부담의무 있는 상대방이 자신의 의무를 이행하지 아니할 때에는 비록 증여계약이 이미 이행되어 있다 하더라도 증여자는 계약을 해제할 수 있고, 서면에 의한 증여의 경우에도 이를 해제할 수 있고, 이미 이행된 부분의 반환을 청구할 수 있다(대판 97다2177).

오답해설

① 증여의 의사가 서면으로 표시되지 아니한 경우에는 각 당사자는 이를 해제할 수 있다(제555조).

② 증여자 또는 그 배우자나 직계혈족에 대한 범죄행위가 있는 때에는 증여자는 증여를 해제할 수 있다(제556조 제1호).

④ 증여자는 증여의 목적인 물건 또는 권리의 하자나 흠결에 대하여 책임을 지지 아니한다. 그러나 증여자가 그 하자나 흠결을 알고 수증자에게 고지하지 아니한 때에는 그러하지 아니하다(제559조 제1항).

⑤ 제560조

02 상대 부담 없는 증여계약의 법정해제사유로 옳지 않은 것은? (다툼이 있으면 판례에 따름)

▶공인노무사 24년

① 서면에 의하지 아니한 증여의 경우

② 수증자의 증여자에 대한 범죄행위가 있는 경우

③ 증여자에 대한 부양의무 있는 수증자가 그 부양의무를 불이행한 경우

④ 증여자의 재산상태가 현저히 변경되고 증여계약의 이행으로 생계에 중대한 영향을 미칠 경우

⑤ 증여 목적물에 증여자가 알지 못하는 하자가 있는 경우

정답 01 ③ 02 ⑤

해설 오답해설

① 제555조
② 제556조 제1항 제1호
③ 제556조 제1항 제2호
④ 제557조

03 甲은 乙과 '乙이 甲에 대하여 일정한 부담을 이행할 것'을 내용으로 하는 부담부 증여계약을 체결하고, 증여를 원인으로 甲소유의 X토지에 관하여 乙에게 소유권이전등기를 경료해 주었다. 이에 관한 설명으로 옳은 것을 모두 고른 것은? (다툼이 있으면 판례에 따름)

▶ 공인노무사 25년

ㄱ. 甲이 乙에게 하자 있는 X를 증여한 경우, 甲은 특별한 사정이 없는 한 乙에게 담보책임을 부담할 수 있다.

ㄴ. 乙의 부담 불이행을 이유로 甲이 증여를 해제한 경우, 乙은 X에 관하여 소유권이전등기의 말소등기절차를 이행하여야 한다.

ㄷ. 증여에 부담이 붙어 있는지 여부에 관하여 다툼이 발생한 경우, 그에 대한 증명책임은 부담의 존재를 주장하는 자가 부담한다.

---

① ㄱ
② ㄷ
③ ㄱ, ㄴ
④ ㄴ, ㄷ
⑤ ㄱ, ㄴ, ㄷ

해설 ㄱ. (○) 제559조(증여자의 담보책임) ② 상대부담 있는 증여에 대하여는 증여자는 그 부담의 한도에서 매도인과 같은 담보의 책임이 있다.

ㄴ. (○) 상대부담 있는 증여에 대하여는 민법 제561조에 의하여 쌍무계약에 관한 규정이 준용되어 부담의무 있는 상대방이 자신의 의무를 이행하지 아니할 때에는 비록 증여계약이 이미 이행되어 있다 하더라도 증여자는 계약을 해제할 수 있고, 그 경우 민법 제555조와 제558조는 적용되지 아니한다(대판 97다2177). ⇒ 즉 수증자는 등기를 말소해주어야 한다.

ㄷ. (○) 증여에 상대부담(민법 제561조) 등의 부관이 붙어 있는지 또는 증여와 관련하여 상대방이 별도의 의무를 부담하는 약정을 하였는지 여부는 당사자 사이에 어떠한 법률효과의 발생을 원하는 대립하는 의사가 있고 그것이 말 또는 행동 등에 의하여 명시적 또는 묵시적으로 외부에 표시되어 합치가 이루어졌는가를 확정하는 것으로서 사실인정의 문제에 해당하므로, 이는 그 존재를 주장하는 자가 증명하여야 하는 것이다(대판 2010다5878).

정답 ▶ 03 ⑤

II 매매

01 매매계약에 관한 설명으로 옳은 것은? (다툼이 있으면 판례에 따름) ▶ 공인노무사 23년

① 매매목적물과 대금은 반드시 계약 체결 당시에 구체적으로 특정할 필요는 없고, 이를 나중에라도 구체적으로 특정할 수 있는 방법과 기준이 정해져 있으면 매매계약은 성립한다.

② 매도인이 매수인에게 현존하는 타인 소유의 물건을 매도하기로 약정한 경우, 그 매매계약은 원시적 불능에 해당하여 효력이 없다.

③ 매매예약완결권은 당사자 사이에 다른 약정이 없는 한 10년 내에 이를 행사하지 않으면 시효로 소멸한다.

④ 매도인과 매수인이 해제권을 유보하기 위해 계약금을 교부하기로 합의한 후 매수인이 약정한 계약금의 일부만 지급한 경우, 매도인은 실제 지급받은 금원의 배액을 상환하고 매매계약을 해제할 수 있다.

⑤ 매매계약에 관한 비용은 다른 약정이 없으면 매수인이 부담한다.

> **해설** ① 대판 96다26176
>
> **오답해설**
> ② 타인권리매매도 유효하다(제569조).
> ③ 예약완결권은 형성권이므로 당사자 사이에 약정이 없는 경우, 10년간 이를 행사하지 않으면 시효가 아니라 제척기간의 경과로 소멸한다(대판 96다47494).
> ④ 계약금의 일부만 지급한 경우, 계약금해제가 허용되지 않는다. 설사 해제할 수 있다고 하더라도 해약금의 기준이 되는 금원은 실제 지급받은 계약금이 아니라 약정계약금이다(대판 2014다231378).
> ⑤ 매매계약에 관한 비용은 다른 약정이 없으면 쌍방이 균분하여 부담한다(제566조).

02 甲과 乙은 甲 소유의 부동산에 대하여 1억원에 매매계약을 체결하고 甲은 계약금 1천만원을 수령하였다. 이에 관한 설명으로 옳은 것은? (甲과 乙 사이에 다른 약정은 없으며, 다툼이 있으면 판례에 따름) ▶ 공인노무사 17년

① 乙의 귀책사유로 甲이 계약을 해제한 경우 계약금은 당연히 甲에게 귀속된다.

② 甲은 수령한 계약금을 乙에게 반환하고 매매계약을 해제할 수 있다.

③ 乙이 약정기일에 중도금을 지급한 경우 甲은 乙에게 2천만원을 상환하고 계약을 해제할 수 없다.

④ 乙은 중도금을 지급한 후라도 계약금과 중도금을 포기하고 매매계약을 해제할 수 있다.

⑤ 계약금계약에 의하여 계약이 해제된 경우 甲과 乙은 원상회복 및 손해배상의무가 있다.

> **해설** ③ 乙이 중도금을 지급하여 계약의 이행에 착수하였으므로 甲은 계약금해제를 할 수 없다(대판 91다25369).

정답 01 ① 02 ③

오답해설

① 계약금은 해약금의 성질을 가지고 있어서 이를 위약금으로 하기로 하는 특약이 없는 이상 계약이 당사자 일방의 귀책사유로 인하여 해제되었다 하더라도 상대방은 계약불이행으로 입은 실제 손해만을 배상받을 수 있을 뿐 계약금이 위약금으로서 상대방에게 당연히 귀속된다고 할 수 없다 (대판 92다23209).

② 계약금을 수령한 甲은 계약금의 배액을 제공하여야 계약금해제를 할 수 있다(제565조).

④ 상대방인 매도인이 매매계약의 이행에는 전혀 착수한 바가 없다 하더라도 매수인이 중도금을 지급하여 이미 이행에 착수한 이상 매수인은 민법 제565조에 의하여 계약금을 포기하고 매매계약을 해제할 수 없다(대판 99다62074).

⑤ 계약금해제는 이행의 착수 전에만 가능하므로 원상회복의무가 발생할 여지가 없고, 채무불이행을 원인으로 하지 않으므로 손해배상문제도 발생하지 않는다.

03 계약금에 관한 설명으로 옳지 않은 것은? (다툼이 있으면 판례에 따름) ▶ 공인노무사 16년 변형

① 계약금은 해약금으로 추정한다.

② 매매계약이 무효·취소가 되면 계약금계약도 실효가 된다.

③ 당사자의 약정에 따라 계약금이 해약금과 손해배상의 예정의 성질을 겸하는 경우, 그것이 부당히 과다한 때에는 법원은 이를 적당히 감액할 수 있다.

④ 계약금 일부만 지급된 경우, 해약금의 기준이 되는 금원은 실제 교부받은 계약금이 아니라 약정계약금이다.

⑤ 계약금의 수령자는 배액을 제공하고 해제할 수 있으며, 제공된 금액을 상대방이 수령하지 않으면 공탁할 의무를 부담한다.

해설 ⑤ 매도인이 계약금의 배액을 상환하고 계약을 해제하려면 계약해제의 의사표시 외에 계약금 배액의 이행의 제공이 있으면 족하고, 상대방이 이를 수령하지 아니한다 하여 이를 공탁할 필요는 없다(대판 80다2784).

오답해설

① 매매계약에 있어서 당사자 사이에 교부되는 계약보증금은 원칙적으로 다른 약정이 없는 한 해약금의 성격을 가지는 것이라 할 것이다(대판 93다46742).

② 계약금계약은 주된 계약의 종된 계약이기 때문이다.

③ 위약금 특약이 있는 경우, 계약금은 해약금과 손해배상액의 예정의 성질을 겸한다(대판 91다2151). 따라서 계약금이 부당히 과다한 때에는 법원은 이를 적당히 감액할 수 있다(제398조 제2항).

④ 계약금의 일부만 지급한 경우, 계약금해제가 허용되지 않는다. 설사 해제할 수 있다고 하더라도 해약금의 기준이 되는 금원은 실제 지급받은 계약금이 아니라 약정계약금이다(대판 2014다231378).

04 민법 제565조의 해약금 해제에 관한 설명으로 옳은 것은? (다툼이 있으면 판례에 따름)

▶ 공인노무사 25년

① 매도인이 매매계약의 이행에 전혀 착수한 바 없다 하더라도, 계약에서 정한 날짜에 중도금을 지급한 매수인은 계약금을 포기하고 해약금 해제를 할 수 없다.

② 매도인이 매수인에 대하여 이행을 최고하고 매매잔대금의 지급을 구하는 소를 제기하였다면 그것만으로 이행에 착수하였다고 보아야 한다.

③ 당사자 사이에 해약권을 배제하기로 하는 약정이 있다 하더라도 특별한 사정이 없는 한 해약금 해제를 할 수 있다.

④ 매도인이 계약금의 배액을 이행제공하였으나 매수인이 이를 수령하지 아니하는 경우, 매도인이 해약금 해제를 하기 위해서는 공탁하여야 한다.

⑤ 계약금 일부만 지급된 경우, 매도인은 지급받은 금원의 배액을 상환하고 해약금 해제를 할 수 있다.

해설 ① 대판 99다62074

오답해설

② 매도인이 매수인에 대하여 매매계약의 이행을 최고하고 매매잔대금의 지급을 구하는 소송을 제기한 것만으로는 이행에 착수하였다고 볼 수 없다(대판 2007다72274·72281).

③ 계약금(해약금)규정은 임의규정이므로 당사자의 특약으로 이를 배제할 수 있다(대판 2008다50615).

④ 매매당사자 간에 계약금을 수수하고 계약해제권을 유보한 경우에 매도인이 계약금의 배액을 상환하고 계약을 해제하려면 계약해제의 의사표시 외에 계약금 배액의 이행의 제공이 있으면 족하고, 상대방이 이를 수령하지 아니한다 하여 이를 공탁할 필요는 없다(대판 80다2784).

⑤ 계약금 일부만 지급된 경우 수령자가 매매계약을 해제할 수 있다고 하더라도 해약금의 기준이 되는 금원은 '실제 교부받은 계약금'이 아니라 '약정 계약금'이라고 봄이 타당하므로, 매도인이 계약금의 일부로서 지급받은 금원의 배액을 상환하는 것으로는 매매계약을 해제할 수 없다(대판 2014다231378).

05 담보책임에 관한 설명으로 옳은 것은? (특별한 사정이 없음을 전제로 하며, 다툼이 있으면 판례에 따름)

▶ 공인노무사 22년 변형

① 특정물매매계약에 있어 목적물에 하자가 있는 경우, 악의의 매수인은 대금감액청구권을 행사할 수 있다.

② 특정물의 수량지정매매에서 수량이 부족한 경우, 악의의 매수인은 계약한 날로부터 1년 이내에 대금감액청구권을 행사하여야 한다.

③ 부담부 증여의 증여자는 담보책임을 지지 않는다.

④ 일정한 면적(수량)을 가지고 있다는 데 주안을 두고, 대금도 면적을 기준하여 정해지는 아파트분양계약은 수량지정매매가 될 수 없다.

⑤ 건물신축도급계약에 따라 완성된 건물의 하자로 계약의 목적을 달성할 수 없는 경우, 도급인을 이를 이유로 그 계약을 해제할 수 없다.

해설 ⑤ 건물 기타 토지의 공작물에 대하여는 하자로 계약의 목적을 달성할 수 없는 경우에라도 계약을 해제할 수 없다(제668조 단서).

오답해설

① 특정물매매에서는 선의·무과실의 매수인만 담보책임을 물을 수 있다(제582조). 또한 대금감액 청구권은 일부타인권리매매와 수량부족·일부멸실의 경우에만 인정된다(제572조, 제574조).

② 수량지정매매의 경우에는 선의의 매수인만 담보책임을 물을 수 있다(제574조).

③ 상대 부담 있는 증여에 대하여는 증여자는 그 부담의 한도에서 매도인과 동일한 담보책임이 있다(제559조 제2항).

④ 목적물이 일정한 면적(수량)을 가지고 있다는 데 주안을 두고 대금도 면적을 기준으로 하여 정해지는 아파트분양계약은 이른바 수량을 지정한 매매라 할 것이다(대판 99다58136).

06 매매에 관한 설명으로 옳은 것을 모두 고른 것은? (다툼이 있으면 판례에 따름)

▶ 공인노무사 21년

ㄱ. 당사자가 매매예약완결권의 행사기간을 약정하지 않은 경우, 완결권은 예약이 성립한 때로부터 10년 내에 행사되어야 하고, 그 기간이 지난 때에는 제척기간의 경과로 인하여 소멸한다.

ㄴ. 목적물이 일정한 면적을 가지고 있다는 데 주안을 두고 대금도 면적을 기준으로 정하여지는 아파트분양계약은 특별한 사정이 없는 한 수량지정매매에 해당한다.

ㄷ. 건축목적으로 매매된 토지에 대하여 건축허가를 받을 수 없어 건축이 불가능한 경우, 이와 같은 법률적 제한 내지 장애는 권리의 하자에 해당한다.

ㄹ. 특정물매매에서 매도인의 하자담보책임이 성립하는 경우, 매수인은 매매계약 내용의 중요부분에 착오가 있더라도 이를 취소할 수 없다.

① ㄱ, ㄴ   ② ㄱ, ㄹ

③ ㄴ, ㄷ   ④ ㄱ, ㄷ, ㄹ

⑤ ㄴ, ㄷ, ㄹ

해설 ㄱ. (○) 대판 96다47494

ㄴ. (○) 대판 99다58136

오답해설

ㄷ. (×) 건축을 목적으로 매매된 토지에 대하여 건축허가를 받을 수 없어 건축이 불가능한 경우, 위와 같은 법률적 제한 내지 장애 역시 매매목적물의 하자에 해당한다(대판 98다18506).

ㄹ. (×) 착오 취소와 매도인의 하자담보책임은 취지가 서로 다르고, 요건과 효과도 구별된다. 따라서 매매계약 내용의 중요 부분에 착오가 있는 경우 매수인은 매도인의 하자담보책임이 성립하는지와 상관없이 착오를 이유로 매매계약을 취소할 수 있다(대판 2015다78703).

07 매도인의 담보책임에 관한 설명으로 옳지 않은 것은? (다툼이 있으면 판례에 따름)

▸공인노무사 18년

① 경매절차에서 취득한 물건에 하자가 있는 경우, 그에 대하여 담보책임을 물을 수 없다.

② 수량을 지정한 매매의 목적물이 부족한 경우, 악의의 매수인은 대금감액을 청구할 수 있다.

③ 매매의 목적인 권리의 전부가 타인에게 속한 경우, 매도인이 그 권리를 취득하여 매수인에게 이전할 수 없는 때에는 악의의 매수인은 매매계약을 해제할 수 있다.

④ 매매목적물의 하자로 인한 매수인의 매도인에 대한 하자담보책임에 기한 손해배상청구권에는 채권의 소멸시효에 관한 규정이 적용된다.

⑤ 매매의 목적인 부동산에 설정된 저당권의 행사로 인하여 매수인이 그 소유권을 취득할 수 없게 된 경우, 악의의 매수인은 계약을 해제할 수 있다.

해설 ② 수량지정매매의 경우에는 선의의 매수인만 담보책임을 물을 수 있다(제574조).

오답해설

① 제580조 제2항

③ 전부타인권리매매의 경우, 매수인은 악의라도 계약해제는 할 수 있다(제570조 제1항).

④ 즉 매매목적물의 하자를 안 날로부터 6개월이 되지 않았다 하더라도 목적물을 인도받은 날로부터 10년이 경과하면 목적물의 하자를 이유로 한 손해배상청구권을 행사할 수 없다(대판 2011다10266).

⑤ 저당권, 전세권 실행의 경우, 매수인은 악의라도 계약해제, 출재상환, 손해배상을 청구할 수 있다(제576조).

정답 05 ⑤   06 ①   07 ②

08 민법상 특정물 매도인의 하자담보책임에 관한 설명으로 옳지 않은 것은? (다툼이 있으면 판례에 따름) ▸ 공인노무사 20년 변형

① 매도인의 고의·과실은 하자담보책임의 성립요건이 아니다.
② 악의의 매수인에 대해서 매도인은 하자담보책임을 지지 않는다.
③ 매매 목적물인 서화(書畫)가 위작으로 밝혀진 경우, 매도인의 담보책임이 발생하면 매수인은 착오를 이유로는 매매계약을 취소할 수 없다.
④ 담보책임 면제특약을 한 경우에도 매도인은 하자를 알고 고지하지 않은 경우에는 담보책임을 진다.
⑤ 목적물에 하자가 있더라도 계약의 목적을 달성할 수 있는 경우에는 매수인에게 해제권이 인정되지 않는다.

해설 ③ 착오 취소와 매도인의 하자담보책임은 취지가 서로 다르고, 요건과 효과도 구별된다. 따라서 매매계약 내용의 중요 부분에 착오가 있는 경우 매수인은 매도인의 하자담보책임이 성립하는지와 상관없이 착오를 이유로 매매계약을 취소할 수 있다(대판 2015다78703).

오답해설
① 매도인의 하자담보책임은 법이 인정한 무과실책임이다(대판 94다23920).
② 하자담보책임은 선의·무과실의 매수인만 담보책임을 물을 수 있다(제580조 제1항).
④ 매도인은 전15조에 의한 담보책임을 면하는 특약을 한 경우에도 매도인이 알고 고지하지 아니한 사실 및 제3자에게 권리를 설정 또는 양도한 행위에 대하여는 책임을 면하지 못한다(제584조).
⑤ 계약의 목적을 달성할 수 있는 경우에는 손해배상청구만 할 수 있다(제580조 제1항).

09 매매계약에 관한 설명으로 옳은 것은? (다툼이 있으면 판례에 따름) ▸ 공인노무사 24년

① 매매의 일방예약이 행해진 경우, 예약완결권자가 상대방에게 매매를 완결할 의사를 표시하면 매매의 효력이 생긴다.
② 매매계약에 관한 비용은 다른 약정이 없는 한 매수인이 부담한다.
③ 경매목적물에 하자가 있는 경우, 경매에서의 채무자는 하자담보책임을 부담한다.
④ 매매계약 후 인도되지 않은 목적물로부터 생긴 과실은 다른 약정이 없는 한 대금을 지급하지 않더라도 매수인에게 속한다.
⑤ 부동산 매매등기가 이루어지고 5년 후에 환매권의 보류를 등기한 때에는 매매등기시부터 제3자에 대하여 그 효력이 있다.

해설 ① 제564조 제1항

오답해설
② 쌍방이 균분하여 부담한다(제566조).
③ 경매의 경우에는 물건(목적물)의 하자에 대해서는 담보책임을 부담하지 않는다(제580조 제2항).
④ 매수인이 대금을 완제한 경우에만 매수인에게 속한다(대판 93다28928).

⑤ 매매등기와 동시에 환매권의 등기를 하여야만 제3자에게 효력이 있다(제592조). 환매권의 등기를 매매등기와 동시에 하지 않으면 민법상 환매로 인정되지 않는다.

Ⅲ 교환

Ⅳ 소비대차

Ⅴ 사용대차

01 사용대차에 관한 설명으로 옳지 않은 것은?

▶ 공인노무사 25년

① 사용대차는 무상계약이다.
② 차주가 대주의 승낙 없이 차용물을 제3자에게 사용하게 한 경우, 대주는 계약을 해지할 수 있다.
③ 차주는 차용물의 통상의 필요비를 부담한다.
④ 차용물의 반환시기에 관한 약정이 없는 경우, 차용물의 사용·수익에 족한 기간이 경과한 때에는 대주는 언제든지 계약을 해지할 수 있다.
⑤ 수인이 공동차주인 경우, 대주에 대한 공동차주의 손해배상채무는 다른 약정이 없는 한 분할채무관계에 있다.

해설 ⑤ 제616조(공동차주의 연대의무) 수인이 공동하여 물건을 차용한 때에는 연대하여 그 의무를 부담한다.

오답해설
① 사용대차는 낙성·불요식의 편무·무상계약이다.
② 제610조 제2항, 제3항
③ 제611조 : 사용대차는 무상계약이기 때문이다.
④ **제613조(차용물의 반환시기)** ② 시기의 약정이 없는 경우에는 차주는 계약 또는 목적물의 성질에 의한 사용·수익이 종료한 때에 반환하여야 한다. 그러나 사용·수익에 족한 기간이 경과한 때에는 대주는 언제든지 계약을 해지할 수 있다.

정답 ▶ 08 ③ 09 ① / 01 ⑤

VI 임대차

01 건물 소유를 목적으로 X토지에 관하여 임대인 甲과 임차인 乙 사이에 적법한 임대차계약이 체결되었다. 이에 관한 설명으로 옳지 않은 것은? (다툼이 있으면 판례에 따름) ▸공인노무사 23년

① 甲과 乙 사이에 체결된 임대차계약에 임대차기간에 관한 약정이 없는 때에는 甲은 언제 든지 계약해지의 통고를 할 수 있다.

② 乙이 甲의 동의 없이 X토지를 전대한 경우, 甲은 원칙적으로 乙과의 임대차 계약을 해지 할 수 있다.

③ X토지의 일부가 乙의 과실 없이 멸실되어 사용·수익할 수 없게 된 경우, 乙은 그 부분 의 비율에 의한 차임의 감액을 청구할 수 있다.

④ 토지임차인에게 인정되는 지상물매수청구권은 乙이 X토지 위에 甲의 동의를 얻어 신축 한 건물에 한해 인정된다.

⑤ 甲이 변제기를 경과한 최후 2년의 차임채권에 의하여 그 지상에 있는 乙 소유의 건물을 압류한 때에는 저당권과 동일한 효력이 있다.

해설 ④ 부속물과 달리 지상물의 경우에는 이러한 제한이 없다(대판 93다34589).

오답해설
① 기간이 약정이 없는 토지임대차의 경우, 임대인과 임차인 모두 언제든지 해지통고를 할 수 있다 (제635조 제1항).
② 제629조 제2항
③ 제627조 제1항
⑤ 임차지상의 건물에 대한 법정저당권(제649조)

02 乙이 甲 소유의 주택을 2년간 임차하는 계약을 甲과 체결하여 그 주택에 거주하는 경우에 관한 설명으로 옳지 않은 것은? (다툼이 있으면 판례에 따름) ▸공인노무사 19년

① 특별한 사정이 없는 한 甲은 乙의 안전을 배려하거나 도난을 방지할 보호의무를 부담하 지 않는다.

② 甲의 귀책사유로 임대차계약이 해지된 경우, 원칙적으로 乙은 원상회복의무를 부담하지 않는다.

③ 임대차계약 존속 중 주택에 사소한 파손이 생긴 경우, 乙의 사용·수익을 방해할 정도가 아니라면 특별한 사정이 없는 한 甲은 수선의무를 부담하지 않는다.

④ 원인불명의 화재로 주택이 소실된 경우 乙이 이행불능으로 인한 손해배상책임을 면하려 면 그 주택의 보존에 관하여 선량한 관리자의 주의의무를 다하였음을 증명하여야 한다.

⑤ 乙이 주택의 사용·편익을 위하여 甲의 동의를 얻어 주택에 부속한 물건이 있는 경우, 특별한 사정이 없는 한 임대차 종료 시에 甲에 대하여 그 부속물의 매수를 청구할 수 있다.

해설 ② 임대차계약이 중도에 해지되어 종료하면 임차인은 목적물을 원상으로 회복하여 반환하여야 하는 것이고, 임대인의 귀책사유로 임대차계약이 해지되었다고 하더라도 임차인은 그로 인한 손해배상을 청구할 수 있음은 별론으로 하고 원상회복의무는 부담한다(대판 2002다42278).

오답해설

① 통상의 임대차관계에 있어서 임대인의 임차인에 대한 의무는 특별한 사정이 없는 한 단순히 임차인에게 임대목적물을 제공하여 임차인으로 하여금 이를 사용·수익하게 함에 그치는 것이고, 더 나아가 임차인의 안전을 배려하여 주거나 도난을 방지하는 등의 보호의무까지 부담한다고 볼 수 없다(대판 99다10004).

③ 대판 98두18503

④ 임차인이 선관주의의무를 부담하기 때문이다(대판 2005다51013·51020).

⑤ 부속물매수청구권(제646조)

03 사권(私權)과 그 성격이 올바르게 연결되지 않은 것은? (다툼이 있으면 판례에 따름)
▶ 공인노무사 19년

① 물권 – 지배권
② 제한능력자의 취소권 – 형성권
③ 매매예약의 완결권 – 형성권
④ 동시이행의 항변권 – 연기적 항변권
⑤ 임차인의 부속물매수청구권 – 청구권

해설 ⑤ 지상물이나 부속물매수청구권은 형성권이다.

04 임대차에 관한 설명으로 옳은 것은? (다툼이 있으면 판례에 따름) ▶ 공인노무사 18년

① 토지임차인이 지상물만을 타인에게 양도하더라도 임대차가 종료하면 그 임차인이 매수청구권을 행사할 수 있다.

② 건물임차인이 임대인의 동의 없이 건물의 소부분을 전대한 경우, 임대인은 임대차계약을 해지할 수 있다.

③ 임차인의 채무불이행으로 임대차계약이 해지된 경우, 임차인은 부속물매수청구권을 행사할 수 있다.

④ 임대인은 보증금반환채권에 대한 전부명령이 송달된 후에 발생한 연체차임을 보증금에서 공제할 수 없다.

⑤ 건물소유를 위한 토지임대차의 경우, 임차인의 차임연체액이 2기의 차임액에 이른 때에는 임대인은 계약을 해지할 수 있다.

정답 01 ④ 02 ② 03 ⑤ 04 ⑤

해설 ⑤ 제640조, 제641조

오답해설

① 지상물매수청구권은 지상물의 소유자인 임차인이 행사하는 것이므로 지상물의 소유권을 양도한 임차인은 지상물의 매수를 청구할 수 없다(대판 93다6386).

② 건물임차인이 건물의 소부분을 전대하는 것은 임대인의 동의가 필요 없으므로 이를 이유로 임대인은 임대차계약을 해지할 수 없다(제632조, 제629조).

③ 임차인의 채무불이행으로 임대차계약이 해지된 경우에는 임차인은 부속물매수청구권을 행사할 수 없다(대판 88다카7245).

④ 임차보증금을 피전부채권으로 하여 전부명령이 있는 경우에도 제3채무자인 임대인은 임차인에게 대항할 수 있는 사유로써 전부채권자에게 대항할 수 있는 것이므로 건물임대차보증금의 반환채권에 대한 전부명령의 효력이 그 송달에 의하여 발생한다고 하여도 위 보증금반환채권은 임대인의 채권이 발생하는 것을 해제조건으로 하는 것이므로 임대인의 채권을 공제한 잔액에 관하여서만 전부명령이 유효하다(대판 87다68). 즉 전부명령이 송달된 후에 발생한 연체차임채권도 공제할 수 있다.

---

05 임대차에 관한 설명으로 옳은 것은? (다툼이 있으면 판례에 따름) ▶ 공인노무사 17년

① 연체차임은 임대차계약 종료 전에도 별도의 의사표시 없이 임대차보증금에서 당연히 공제된다.

② 건물임대차의 존속기간은 20년을 넘지 못한다.

③ 임대인이 수선의무를 이행함으로써 목적물의 사용·수익에 지장이 초래된 경우 임차인은 그 지장의 한도 내에서 차임지급을 거절할 수 있다.

④ 임대인이 임대목적물에 대한 소유권 기타 이를 임대할 권한이 없는 경우 임대차계약은 유효하게 성립하지 않는다.

⑤ 임차인이 임대인의 동의 없이 임차권을 양도한 경우 임대인은 임대차계약을 해지할 수 없다.

해설 ③ 임대차계약에서 목적물을 사용·수익하게 할 임대인의 의무와 임차인의 차임지급의무는 상호 대응관계에 있으므로 임대인이 목적물을 사용·수익하게 할 의무를 불이행하여 목적물의 사용·수익이 부분적으로 지장이 있는 상태인 경우에는 임차인은 그 지장의 한도 내에서 차임의 지급을 거절할 수 있고, 이는 임대인이 수선의무를 이행함으로써 목적물의 사용·수익에 지장이 초래된 경우에도 마찬가지이다(대판 2014다65724).

오답해설

① 임대차 계약 종료 후에는 당연히 공제되나, 임대차 계약 종료 전에는 당연히 공제되는 것은 아니다(대판 2016다211309).

② 임대차기간을 영구로 정한 약정은 특별한 사정이 없는 한 허용된다(대판 2023다209045).

④ 임대차는 임대인이 그 목적물에 대한 소유권 기타 이를 임대할 권한이 있을 것을 성립요건으로 하고 있지 아니한다(대판 95다15087).

⑤ 무단 양도·전대의 경우 임대인은 임대차계약을 해지할 수 있다(제629조 제2항).

06 임대차에 관한 설명으로 옳지 않은 것은? ▸공인노무사 16년

① 일시사용을 위한 임대차가 명백한 경우, 임차인에게 부속물매수청구권이 인정되지 않는다.

② 임차물에 대하여 권리를 주장하는 자가 있고 임대인이 그 사실을 모르고 있는 경우, 임차인은 지체 없이 임대인에게 이를 통지하여야 한다.

③ 토지임대차의 기간의 약정이 없는 경우, 원칙적으로 각 당사자는 언제든지 임대차계약의 해지를 통고할 수 있다.

④ 다른 약정이 없는 한, 임대인의 행위가 임대물의 보존에 필요한 행위라도 임차인은 이를 거절할 수 있다.

⑤ 부동산임차인은 당사자 사이에 반대약정이 없으면 임대인에 대하여 그 임대차등기절차에 협력할 것을 청구할 수 있다.

해설 ④ 임대인이 임대물의 보존에 필요한 행위를 하는 때에는 임차인은 이를 거절하지 못한다(제624조).

오답해설
① 제653조, 제646조
② 제634조
③ 제635조 제1항
⑤ 제621조 제1항

07 甲은 그 소유의 X토지에 관하여 乙과 건물소유를 목적으로 하는 임대차계약을 체결하고 乙이 X토지 위에 Y건물을 건립하였는데, 임대차가 기간만료로 종료하자 甲이 乙을 상대로 X토지인도 및 Y건물철거청구의 소를 제기하였다. 이에 관한 설명으로 옳지 않은 것은? (다툼이 있으면 판례에 따름) ▸공인노무사 25년

① 乙이 건물매수청구권을 적법하게 행사하면 甲과 乙 사이에 Y에 대하여 매수청구권을 행사할 당시의 시가를 대금으로 하는 매매계약이 체결된 것과 같은 효과가 발생한다.

② Y가 미등기 무허가건물인 경우, 乙은 甲에게 건물매수청구권을 행사할 수 없다.

③ 乙이 건물매수청구권을 적법하게 행사하였음에도 甲에게 Y의 인도 및 소유권이전등기를 마쳐주지 않았다면 甲을 상대로 Y의 매매대금에 대한 지연손해금을 청구할 수 없다.

④ Y가 객관적으로 경제적 가치가 있는지 여부는 건물매수청구권의 행사요건이 아니다.

⑤ 乙이 적법하게 건물매수청구권을 행사한 후 그 매매대금을 지급받을 때까지 Y의 인도를 거부하면서 그 부지를 계속 점유·사용하는 경우, 그로 인한 이익은 부당이득으로 반환할 의무가 있다.

해설 ② 특별한 사정이 없는 한 행정관청의 허가를 받은 적법한 건물이 아니더라도 임차인의 지상물매수청구권의 대상이 될 수 있다(대판 2013다48364·48371).

정답 05 ③ 06 ④ 07 ②

오답해설
① 건물의 소유를 목적으로 한 토지임대차계약의 기간이 만료됨에 따라 지상건물 소유자가 임대인에 대하여 민법 제643조에 규정된 매수청구권을 행사한 경우에 그 건물의 매수가격은 건물 자체의 가격 외에 건물의 위치, 주변토지의 여러 사정 등을 종합적으로 고려하여 매수청구권 행사 당시 건물이 현재하는 대로의 상태에서 평가된 시가를 말한다(대판 2002다46003).
③·⑤ 甲의 건물매매대금지급의무와 乙의 토지와 건물인도 및 건물의 소유권이전등기의무는 동시이행관계에 있기 때문이다(대판 99다60535).
④ 대판 2001다42080

08 임대차에 관한 설명으로 옳지 않은 것은? (다툼이 있으면 판례에 따름) ▶ 공인노무사 24년

① 부동산소유자인 임대인은 특별한 사정이 없는 한 임대차기간을 영구로 정하는 부동산 임대차계약을 체결할 수 있다.
② 부동산임차인은 특별한 사정이 없는 한 지출한 필요비의 한도에서 차임의 지급을 거절할 수 있다.
③ 임대인이 임차인의 의사에 반하여 보존행위를 하는 경우, 임차인이 이로 인하여 임차목적을 달성할 수 없는 때에는 임대차계약을 해지할 수 있다.
④ 기간의 약정이 없는 토지임대차의 임대인이 임대차계약의 해지를 통고한 경우, 그 해지의 효력은 임차인이 통고를 받은 날부터 1개월 후에 발생한다.
⑤ 임차인이 임대인의 동의 없이 임차권을 양도한 경우, 임대인은 특별한 사정이 없는 한 임대차계약을 해지할 수 있다.

해설 ④ 6개월 후에 발생한다(제635조 제2항 제1호).

오답해설
① 영구 임대차기간의 보장은 임대인에게는 의무가 되나 임차인에게는 권리의 성격을 갖는 것이므로 임차인으로서는 언제라도 그 권리를 포기할 수 있고, 그렇게 되면 임대차계약은 임차인에게 기간의 정함이 없는 임대차가 된다(대판 2023다209045). 즉 임차인은 언제든지 해지할 수 있으나, 임대인은 해지할 수 없다.
② 임대인의 필요비상환의무는 특별한 사정이 없는 한 임차인의 차임지급의무와 서로 대응하는 관계에 있으므로, 임차인은 지출한 필요비 금액의 한도에서 차임의 지급을 거절할 수 있다(대판 2016다227694).
③ 제625조
⑤ 제629조 제2항

Ⅶ 고용

01 고용계약에 관한 설명으로 옳지 않은 것을 모두 고른 것은? (다툼이 있으면 판례에 따름)

▶ 공인노무사 24년

> ㄱ. 관행에 비추어 노무의 제공에 보수를 수반하는 것이 보통인 경우에도 보수에 관하여 명시적인 합의가 없다면 노무를 제공한 노무자는 사용자에게 보수를 청구할 수 없다.
> ㄴ. 근로자를 고용한 기업으로부터 다른 기업으로 적을 옮겨 업무에 종사하게 하는 전적은 특별한 사정이 없는 한 근로자의 동의가 없더라도 효력이 생긴다.
> ㄷ. 고용기간이 있는 고용계약을 해지할 수 있는 부득이한 사유에는 고용계약상 의무의 중대한 위반이 있는 경우가 포함되지 않는다.

① ㄱ
② ㄷ
③ ㄱ, ㄴ
④ ㄴ, ㄷ
⑤ ㄱ, ㄴ, ㄷ

해설 ㄱ. (×) 청구할 수 있다(대판 97다58767).
　　　ㄴ. (×) 근로자의 동의가 필요하다(제657조 제1항).
　　　ㄷ. (×) 중대한 의무위반도 포함된다(대판 2003다51675).

VIII 도급

01 수급인의 하자담보책임에 관한 설명으로 옳지 않은 것은? (다툼이 있으면 판례에 따름)

▶ 공인노무사 20년

① 신축된 건물에 하자가 있는 경우 도급인은 수급인의 하자담보책임에 기하여 계약을 해제할 수 없다.

② 수급인의 하자담보책임에 관한 제척기간은 재판상 또는 재판 외의 권리행사기간이다.

③ 완성된 목적물의 하자가 중요하지 아니하면서 동시에 보수에 과다한 비용을 요하는 경우 도급인은 수급인에게 하자의 보수에 갈음하는 손해배상을 청구할 수 있다.

④ 완성된 액젓저장탱크에 균열이 발생하여 보관 중이던 액젓의 변질로 인한 손해배상은 하자보수에 갈음하는 손해배상과는 별개의 권원에 의하여 경합적으로 인정된다.

⑤ 수급인의 하자담보책임을 면제하는 약정이 있더라도 수급인이 알면서 고지하지 아니한 사실에 대하여는 그 책임이 면제되지 않는다.

해설 ③ 하자가 중요하지 아니하면서 동시에 보수에 과다한 비용을 요할 때에는 하자의 보수나 하자의 보수에 갈음하는 손해배상을 청구할 수는 없고 하자로 인하여 입은 손해의 배상만을 청구할 수 있다(대판 97다54376).

오답해설

① 제668조

② 민법 제670조의 하자담보책임에 관한 제척기간은 재판상 또는 재판 외의 권리행사기간이며 재판상 청구를 위한 출소기간이 아니다(대판 88다카31866).

④ 대판 2001다70337

⑤ 제672조

02 甲은 자신의 토지에 X건물을 신축하기로 하는 계약을 수급인 乙과 체결하면서 甲명의로 건축허가를 받아 소유권보존등기를 하기로 하는 등 완공된 X건물의 소유권을 甲에게 귀속시키기로 합의하였다. 乙은 X건물을 신축하여 완공하였지만 공사대금을 받지 못하고 있다. 이에 관한 설명으로 옳은 것은? (다툼이 있으면 판례에 따름)

▶ 공인노무사 18년

① X건물의 소유권은 乙에게 원시적으로 귀속된다.

② X건물에 대한 乙의 하자담보책임은 무과실책임이다.

③ 乙의 甲에 대한 공사대금채권의 소멸시효는 10년이다.

④ 乙은 甲에 대한 공사대금채권을 담보하기 위하여 X건물을 목적으로 한 저당권설정을 청구할 수 없다.

⑤ X건물의 하자로 인하여 계약의 목적을 달성할 수 없는 경우, 甲은 특별한 사정이 없는 한 계약을 해제할 수 있다.

해설 ② 수급인의 하자담보책임은 무과실책임이다(대판 88다카31866).

오답해설
① 도급계약에 있어서는 수급인이 자기의 노력과 재료를 들여 건물을 완성하더라도 도급인과 수급인 사이에 도급인 명의로 건축허가를 받아 소유권보존등기를 하기로 하는 등 완성된 건물의 소유권을 도급인에게 귀속시키기로 합의한 것으로 보여질 경우에는 그 건물의 소유권은 도급인에게 원시적으로 귀속된다(대판 97다8601).
③ 수급인의 공사에 관한 채권의 소멸시효는 3년이다(제163조 제3호).
④ 부동산공사의 수급인은 보수에 관한 채권을 담보하기 위하여 그 부동산을 목적으로 한 저당권의 설정을 청구할 수 있다(제666조).
⑤ 도급인이 완성된 목적물의 하자로 인하여 계약의 목적을 달성할 수 없는 때에는 계약을 해제할 수 있다. 그러나 건물 기타 토지의 공작물에 대하여는 그러하지 아니하다(제668조).

03 도급계약에 관한 설명으로 옳지 않은 것은? (다툼이 있으면 판례에 따름) ▸ 공인노무사 24년

① 공사도급계약의 수급인은 특별한 사정이 없는 한 이행대행자를 사용할 수 있다.
② 수급인의 담보책임에 관한 제척기간은 재판상 또는 재판 외의 권리행사기간이다.
③ 도급인이 하자보수에 갈음하여 손해배상을 청구하는 경우, 수급인이 그 채무이행을 제공할 때까지 도급인은 그 손해배상액에 상응하는 보수액 및 그 나머지 보수액에 대해서도 지급을 거절할 수 있다.
④ 부동산공사 수급인의 저당권설정청구권은 특별한 사정이 없는 한 공사대금채권의 양도에 따라 양수인에게 이전된다.
⑤ 민법 제673조에 따라 수급인이 일을 완성하기 전에 도급인이 손해를 배상하고 도급계약을 해제하는 경우, 도급인은 특별한 사정이 없는 한 그 손해배상과 관련하여 수급인의 부주의를 이유로 과실상계를 주장할 수 없다.

해설 ③ 도급인은 그 손해배상액에 상응하는 보수액에 대해서만 지급을 거절할 수 있다(대판 95다12798).

오답해설
① 대판 2001다82545
② 대판 88다카31866
④ 대판 2015다19827
⑤ 담보책임은 무과실책임이므로 과실상계 규정이 준용될 수 없다(대판 88다카31866).

IX 여행계약

01 여행계약에 관한 설명으로 옳지 <u>않은</u> 것은?
▶ 공인노무사 16년

① 여행자는 여행을 시작하기 전에는 언제든지 여행계약을 해제할 수 있으나, 여행주최자에게 발생한 손해는 배상하여야 한다.
② 여행대금의 지급에 관하여 당사자의 약정 및 관습이 없는 경우, 여행자는 여행 종료 후에 지체 없이 지급하여야 한다.
③ 여행에 하자가 있는 경우 여행자는 여행주최자에게 하자의 시정 또는 대금의 감액을 청구할 수 있으나, 시정에 지나치게 많은 비용이 드는 경우에는 시정을 청구할 수 없다.
④ 여행계약이 중대한 하자로 해지된 경우 여행주최자는 대금청구권을 상실하지만, 여행자가 이미 실행된 여행으로 이익을 얻은 때에는 이를 여행주최자에게 상환해야 한다.
⑤ 예측할 수 없는 천재지변으로 여행주최자가 여행계약을 해지한 경우, 여행주최자는 귀환운송의 의무를 지며 계약해지로 발생한 추가 비용은 여행자가 전액 부담한다.

해설 ⑤ 각 당사자가 절반씩 부담한다(제674조의4 제3항).

오답해설
① 제674조의3
② 제674조의5
③ 제674조의6 제1항
④ 제674조의7 제2항

02 여행계약에 관한 설명으로 옳은 것은? (다른 사정은 고려하지 않음)
▶ 공인노무사 24년

① 여행자는 여행을 시작하기 전에는 여행계약을 해제할 수 없다.
② 여행대금지급시기에 관해 약정이 없는 경우, 여행자는 다른 관습이 있더라도 여행 종료 후 지체 없이 여행대금을 지급하여야 한다.
③ 여행의 하자에 대한 시정에 지나치게 많은 비용이 드는 경우에도 여행자는 그 시정을 청구할 수 있다.
④ 여행에 중대한 하자로 인해 여행계약이 중도에 해지된 경우, 여행자는 실행된 여행으로 얻은 이익을 여행주최자에게 상환하여야 한다.
⑤ 여행계약의 담보책임 존속기간에 관한 규정과 다른 합의가 있는 경우, 그 합의가 여행자에게 유리하더라도 효력은 없다.

해설 ④ 제674조의7 제2항

오답해설
① 해제할 수 있다(제674조의3).
② 관습이 있으면 관습에 따른다(제674조의5).
③ 지나치게 많은 비용을 드는 경우에는 시정을 청구할 수 없다(제674조의6 제1항).
⑤ 여행계약은 편면적 강행규정으로 여행자에게 불리한 특약은 효력이 없다(제674조의9).

X 현상광고

XI 위임

01

민법상 위임에 관한 설명으로 옳지 않은 것은? (다툼이 있으면 판례에 따름) ▸공인노무사 22년

① 무상위임의 수임인은 선량한 관리자의 주의의무를 부담한다.

② 수임인은 부득이한 사유가 있으면 제3자로 하여금 자기에 갈음하여 위임사무를 처리하게 할 수 있다.

③ 변호사에게 계쟁사건의 처리를 위임함에 있어서 보수에 관하여 명시적으로 약정하지 않은 경우, 특별한 사정이 없는 한 응분의 보수를 지급할 묵시의 약정이 있는 것으로 볼 수 있다.

④ 위임인에게 불리한 시기에 부득이한 사유로 계약을 해지한 수임인은 그 해지로 인해 위임인에게 발생한 손해를 배상하여야 한다.

⑤ 위임이 종료된 경우, 수임인은 특별한 사정이 없는 한 지체 없이 그 전말을 위임인에게 보고하여야 한다.

> **해설** ④ 부득이한 사유 없이 상대방의 불리한 시기에 위임계약을 해지한 때에는 손해를 배상하여야 한다(제689조 제2항). 따라서 부득이한 사유가 있는 경우에는 상대방이 불리한 시기에 위임계약을 해지한 경우에도 손해배상의 책임이 없다.
>
> **오답해설**
> ① 수임인은 유·무상과 상관없이 선관주의의무를 부담한다(제681조).
> ② 위임인의 승낙이 있는 경우에도 마찬가지이다(제682조 제1항).
> ③ 대판 75다1637
> ⑤ 제683조

02 甲은 자기 소유 부동산을 매매하는 사무를 乙에게 위임하였다. 이에 관한 설명으로 옳지 않은 것은? (다툼이 있으면 판례에 따름)
▶ 공인노무사 19년

① 乙은 甲의 승낙이나 부득이한 사유 없이 제3자로 하여금 위임사무를 대신 처리하도록 할 수 없다.

② 乙은 甲의 청구가 있는 때에는 위임사무의 처리상황을 보고하고 위임이 종료한 때에는 지체 없이 그 전말을 보고하여야 한다.

③ 乙이 위임을 해지하여 甲이 손해를 입었더라도 乙은 손해배상의무를 부담하지 않는 것이 원칙이다.

④ 위임사무처리에 비용을 요하는 경우, 乙은 위임사무를 완료한 후가 아니면 그 비용을 청구할 수 없다.

⑤ 甲 또는 乙은 원칙적으로 언제든지 위임계약을 해지할 수 있다.

> **해설** ④ 위임사무의 처리에 비용을 요하는 때에는 위임인은 수임인의 청구에 의하여 이를 선급하여야 한다(제687조).
>
> **오답해설**
> ① 제682조 제1항
> ② 제683조
> ③·⑤ 민법 제689조 제1항은 위임계약은 각 당사자가 언제든지 해지할 수 있다고 하면서 제2항에는 당사자 일방이 부득이한 사유 없이 상대방의 불리한 시기에 계약을 해지한 때에는 그 손해를 배상하여야 한다고 규정하고 있는데, 민법상의 위임계약은 그것이 유상계약이든 무상계약이든 당사자 쌍방의 특별한 대인적 신뢰관계를 기초로 하는 위임계약의 본질상 각 당사자는 언제든지 이를 해지할 수 있고 그로 말미암아 상대방이 손해를 입는 일이 있어도 그것을 배상할 의무를 부담하지 않는 것이 원칙이다(대판 2005다39136).

03 위임계약에 관한 설명으로 옳은 것을 모두 고른 것은? (다툼이 있으면 판례에 따름)
▶ 공인노무사 24년

> ㄱ. 수임인이 대변제청구권을 보전하기 위하여 위임인의 채권을 대위행사하는 경우에는 위임인의 무자력을 요건으로 한다.
> ㄴ. 수임인은 특별한 사정이 없는 한 위임인에게 불리한 시기에 부득이한 사유로 위임계약을 해지할 수 없다.
> ㄷ. 위임계약이 무상인 경우, 수임인은 특별한 사정이 없는 한 위임의 본지에 따라 선량한 관리자의 주의로써 위임사무를 처리하여야 한다.

① ㄱ   ② ㄷ
③ ㄱ, ㄴ   ④ ㄴ, ㄷ
⑤ ㄱ, ㄴ, ㄷ

해설 ㄷ. (○) 제681조

오답해설
ㄱ. (×) 수임인이 대변제청구권을 보전하기 위하여 채무자인 위임인의 채권을 대위행사하는 경우에는 채무자의 무자력을 요건으로 하지 않는다(대판 2002다52506).
ㄴ. (×) 상대방이 불리한 시기에도 위임계약을 해지할 수 있다. 다만 부득이한 사유 없이 해지한 경우에는 손해배상책임을 질 뿐이다(제689조 제2항 참조).

04 민법상 위임에 관한 설명으로 옳은 것을 모두 고른 것은? ▶ 공인노무사 25년

> ㄱ. 수임인은 보수를 지급하기로 하는 특별한 약정이 없으면 위임인에 대하여 보수를 청구하지 못한다.
> ㄴ. 수임인이 성년후견개시의 심판을 받은 경우, 이는 위임의 종료사유이다.
> ㄷ. 수임인이 부득이한 사유 없이 위임인의 불리한 시기에 위임계약을 해지한 때에는 그 손해를 배상하여야 한다.

① ㄱ
② ㄴ
③ ㄱ, ㄴ
④ ㄴ, ㄷ
⑤ ㄱ, ㄴ, ㄷ

해설 ㄱ. (○) 제686조 제1항
ㄴ. (○) 제690조
ㄷ. (○) 제689조 제2항

XII 임치

XIII 조합

01 조합에 관한 설명으로 옳지 않은 것은? (다툼이 있으면 판례에 따름) ▸공인노무사 23년

① 조합계약으로 업무집행자를 정하지 아니한 경우에는 조합원의 3분의 2 이상의 찬성으로써 이를 선임한다.

② 조합의 업무집행자가 수인인 때에는 그 과반수로써 업무집행을 결정한다.

③ 조합계약의 당사자가 손익분배의 비율을 정하지 아니한 때에는 각 조합원의 출자가액에 비례하여 이를 정한다.

④ 조합의 채무자는 그 채무와 조합원에 대한 채권으로 상계할 수 있다.

⑤ 2인 조합에서 조합원 1인이 탈퇴하면 조합관계는 종료된다.

> **해설** ④ 조합의 채무자는 그 채무와 조합원에 대한 채권으로 상계하지 못한다(제715조).
>
> **오답해설**
> ① 제706조 제1항
> ② 제706조 제2항
> ③ 제711조 제1항
> ⑤ 2인으로 구성된 조합에서 한 사람이 탈퇴하면 조합관계는 종료되나 특별한 사정이 없는 한 조합은 해산이나 청산이 되지 않고, 다만 조합원의 합유에 속한 조합재산은 남은 조합원의 단독소유에 속하여 탈퇴 조합원과 남은 조합원 사이에는 탈퇴로 인한 계산을 해야 한다(대판 2015다72385).

02 민법상 조합에 관한 설명으로 옳지 않은 것은? (다툼이 있으면 판례에 따름) ▸공인노무사 21년

① 수인이 공동사업을 경영할 목적 없이 전매차익만을 얻기 위해 상호 협력한 경우, 특별한 사정이 없는 한 이들 사이의 법률관계는 조합에 해당하지 않는다.

② 조합채무자가 조합원들 중의 1인에 대하여 개인 채권을 가지고 있는 경우, 그 채권과 조합에 대한 채무를 서로 대등액에서 상계할 수 없다.

③ 조합계약에서 출자의무의 이행과 이익분배를 직접 연결시키는 특약을 두지 않은 경우, 조합은 출자의무를 이행하지 않은 조합원의 이익분배 자체를 거부할 수 없다.

④ 조합원의 지분에 대한 압류는 그 조합원의 장래의 이익배당 및 지분의 반환을 받을 권리에 대하여 효력이 있다.

⑤ 2인 조합에서 조합원 1인이 탈퇴하면 조합관계는 종료되고, 원칙적으로 조합은 즉시 해산된다.

해설 ⑤ 2인으로 구성된 조합에서 한 사람이 탈퇴하면 조합관계는 종료되나 특별한 사정이 없는 한 조합은 해산이나 청산이 되지 않고, 다만 조합원의 합유에 속한 조합재산은 남은 조합원의 단독소유에 속하여 탈퇴 조합원과 남은 조합원 사이에는 탈퇴로 인한 계산을 해야 한다(대판 2019다207851).

오답해설

① 부동산의 공동매수인들이 전매차익을 얻으려는 '공동의 목적 달성'을 위하여 상호 협력한 것에 불과하고 이를 넘어 '공동사업을 경영할 목적'이 있었다고 인정되지 않는 경우 이들 사이의 법률관계는 공유관계에 불과할 뿐 민법상 조합관계에 있다고 볼 수 없다(대판 2010다39918).

② 제715조

③ 건설공동수급체는 기본적으로 민법상 조합의 성질을 가지는 것인데, 건설공동수급체의 구성원인 조합원이 그 출자의무를 불이행하였더라도 그 조합원을 조합에서 제명하지 않는 한 건설공동수급체는 조합원에 대한 출자금채권과 그 연체이자채권, 그 밖의 손해배상채권으로 조합원의 이익분배청구권과 직접 상계할 수 있을 뿐이고, 조합계약에서 출자의무의 이행과 이익분배를 직접 연계시키는 특약을 두지 않는 한 출자의무의 불이행을 이유로 이익분배 자체를 거부할 수는 없다(대판 2005다16959).

④ 제714조

03 조합계약에 관한 설명으로 옳은 것을 모두 고른 것은? (다툼이 있으면 판례에 따름)

▶ 공인노무사 20년

> ㄱ. 2인이 상호출자하여 부동산 임대사업을 하기로 약정하고 이를 위해 부동산을 취득한 경우 그 부동산은 위 2인이 총유한다.
> ㄴ. 업무집행자가 수인인 경우 그 조합의 통상사무는 각 업무집행자가 전행할 수 있다.
> ㄷ. 당사자들이 공동이행방식의 공동수급체를 구성하여 도급인으로부터 공사를 수급받는 경우 그 공동수급체는 원칙적으로 민법상 조합에 해당한다.

① ㄱ
② ㄱ, ㄴ
③ ㄱ, ㄷ
④ ㄴ, ㄷ
⑤ ㄱ, ㄴ, ㄷ

해설 ㄴ. (○) 제706조 제3항

ㄷ. (○) 당사자들이 공동이행방식의 공동수급체를 구성하여 도급인으로부터 공사를 수급받는 경우 공동수급체는 원칙적으로 민법상 조합에 해당한다(대판 2014다11574·11581).

오답해설

ㄱ. (×) 조합재산의 공동소유는 합유이다(제704조).

04 민법상 조합에 관한 설명으로 옳지 않은 것은? (다툼이 있으면 판례에 따름) ▸ 공인노무사 25년

① 조합의 성립을 위한 출자는 노무로 할 수 있다.

② 2인 조합에서 조합원 1인이 탈퇴하는 경우, 잔존자는 조합의 탈퇴자에 대한 채권을 자동 채권으로 하여 탈퇴자에 대한 지분 상당의 조합재산 반환채무와 상계할 수 없다.

③ 업무집행자가 수인인 경우 조합의 통상사무는 원칙적으로 각 업무집행자가 단독으로 행사할 수 있다.

④ 조합원 중 1인만을 가압류채무자로 한 가압류명령으로써 조합재산에 가압류집행을 할 수 없다.

⑤ 조합원은 조합계약을 해제하고 상대방에게 그로 인한 원상회복의무를 부담지울 수 없다.

> **해설** ② 탈퇴한 동업자의 출자금반환청구에 있어서 그 탈퇴자가 공동영업사무집행 중 동업체의 금원을 횡령하였다면 탈퇴자는 동업체에 이를 변상할 책임이 있다고 할 것이므로 동업체의 업무집행자는 위 손해배상채권을 자동채권으로 하여 탈퇴자의 출자금반환청구와 상계를 주장할 수 있다 (대판 83다카542).

오답해설

① 제703조 제2항

③ 제706조 제3항

④ 민법상 조합의 채권은 조합원 전원에게 합유적으로 귀속하는 것이어서 특별한 사정이 없는 한 조합원 중 1인에 대한 채권으로써 그 조합원 개인을 집행채무자로 하여 조합의 채권에 대하여 강제집행을 할 수 없다(대판 2000다68924).

⑤ 동업계약과 같은 조합계약에 있어서는 조합의 해산청구를 하거나 조합으로부터 탈퇴를 하거나 또는 다른 조합원을 제명할 수 있을 뿐이지 일반계약에 있어서처럼 조합계약을 해제하고 상대방에게 그로 인한 원상회복의 의무를 부담지울 수는 없다(대판 94다7157).

XIV 종신정기금

XV 화해

01 화해계약에 관한 설명으로 옳지 않은 것은? (다툼이 있으면 판례에 따름) ▸ 공인노무사 19년

① 화해당사자의 자격에 관한 착오가 있는 경우에는 이를 이유로 취소하지 못한다.

② 화해계약은 특별한 사정이 없는 한, 당사자 일방이 양보한 권리가 소멸되고 상대방이 화해로 인하여 그 권리를 취득하는 효력이 있다.

③ 채권자와 채무자 간의 잔존채무액의 계산행위는 특별한 사정이 없는 한 화해계약이 아니다.

④ 화해계약이 사기로 인해 이루어진 경우에는 화해의 목적인 분쟁에 관한 사항에 착오가 있더라도 사기에 의한 의사표시를 이유로 이를 취소할 수 있다.

⑤ 성질상 당사자가 임의로 처분할 수 없는 법률관계는 화해계약의 대상이 될 수 없다.

해설 ① 화해계약은 착오를 이유로 하여 취소하지 못한다. 그러나 화해당사자의 자격 또는 화해의 목적인 분쟁 이외의 사항에 착오가 있는 때에는 그러하지 아니하다(제733조).

오답해설

② 화해계약의 창설적 효력(제732조)

③ 채권자와 채무자 간의 잔존채무액의 계산행위는 다른 특별한 사정이 없는 한 채무자가 채권자에게 지급할 채무액을 새로이 확정하는 채권자와 채무자 간의 화해계약이라고는 볼 수 없다(대판 83다358). 상호양보가 없기 때문이다.

④ 대판 2008다15278

⑤ 화해계약은 창설적 효력이 있어 당사자 일방이 양보한 권리는 소멸하므로, 임의로 처분할 수 없는 법률관계는 화해계약의 대상이 될 수 없다.

Section 03 사무관리

01 甲은 법률상 의무 없이 乙의 사무를 처리하고 있다. 이에 관한 설명으로 옳지 않은 것은?
(다툼이 있으면 판례에 따름) ▶ 공인노무사 21년 변형

① 甲이 제3자와 별도의 위임계약에 따라 乙의 사무를 처리한 경우, 원칙적으로 甲과 乙 사이에 사무관리는 성립하지 않는다.
② 사무관리가 성립되기 위한 甲의 사무관리의사는 甲 자신을 위한 의사와 병존할 수 있다.
③ 사무관리가 성립하는 경우, 甲은 乙에게 부당이득반환을 청구할 수 있다.
④ 사무관리가 성립하는 경우, 甲이 乙의 의사를 알거나 알 수 있었다면 甲은 사무의 성질에 좇아 乙에게 이익이 되는 방법으로 관리하여야 한다.
⑤ 甲이 사무관리하면서 과실 없이 손해를 입은 경우, 甲은 乙의 현존이익의 한도 내에서 그 손해의 보상을 청구할 수 있다.

해설 ④ 원칙적으로는 그 사무의 성질에 좇아 가장 본인에게 이익되는 방법으로 이를 관리하여야 하나, 관리자가 본인의 의사를 알거나 알 수 있는 때에는 그 의사에 적합하도록 관리하여야 한다(제 734조 제1항, 제2항).

오답해설
① 제3자와의 약정에 따라 타인의 사무를 처리한 경우에는 의무 없이 타인의 사무를 처리한 것이 아니므로 이는 원칙적으로 그 타인과의 관계에서는 사무관리가 된다고 볼 수 없다(대판 2012다 43539).
② '타인을 위하여 사무를 처리하는 의사'는 관리자 자신의 이익을 위한 의사와 병존할 수 있다(대판 2013다30882).
③ 견해대립은 있으나, 반환범위 등이 서로 다르므로 요건을 충족하는 한 부당이득반환도 청구할 수 있다고 할 것이다.
⑤ 제740조

02 사무관리에 관한 설명으로 옳지 않은 것은? (다툼이 있으면 판례에 따름) ▸ 공인노무사 24년

① 제3자와의 약정에 따라 타인의 사무를 처리한 경우, 사무처리자와 그 타인과의 관계에서는 원칙적으로 사무관리가 인정되지 않는다.

② 타인의 사무처리가 본인의 의사에 반한다는 것이 명백하다면 특별한 사정이 없는 한 사무관리는 성립하지 않는다.

③ 사무관리의 성립요건인 '타인을 위하여 사무를 처리하는 의사'는 반드시 외부적으로 표시되어야 한다.

④ 사무관리에 의하여 본인이 아닌 제3자가 결과적으로 사실상 이익을 얻은 경우, 사무관리자는 그 제3자에 대하여 직접 부당이득반환을 청구할 수 없다.

⑤ 사무관리의 성립요건인 '타인을 위하여 사무를 처리하는 의사'는 관리자 자신의 이익을 위한 의사와 병존할 수 있다.

해설 ③ 반드시 외부적으로 표시될 필요는 없다(대판 2013다30882).

오답해설
① 대판 2012다43539
② 사무관리가 성립하기 위하여는 우선 그 사무가 타인의 사무이고 타인을 위하여 사무를 처리하는 의사, 즉 관리의 사실상의 이익을 타인에게 귀속시키려는 의사가 있어야 함은 물론 나아가 그 사무의 처리가 본인에게 불리하거나 본인의 의사에 반한다는 것이 명백하지 아니할 것을 요한다(대판 97다26326).
④ 대판 2011다17106
⑤ 대판 2013다30882

Section 04   부당이득

01 **부당이득에 관한 설명으로 옳은 것은? (다툼이 있으면 판례에 따름)**　　▶ 공인노무사 23년

① 법률상 원인 없는 이득이 있다면 그 이득으로 인해 타인에게 손해가 발생한 것이 아니더라도 그 타인은 부당이득반환청구를 할 수 있다.

② 변제기에 있지 아니한 채무를 착오 없이 변제한 때에는 그 변제한 것의 반환을 청구할수 있다.

③ 「부동산 실권리자명의 등기에 관한 법률」에 위반되어 무효인 명의신탁약정에 기하여 타인 명의로 등기를 마쳐준 것은 당연히 불법원인급여에 해당한다.

④ 선의의 수익자가 패소한 때에는 그 소가 확정된 때로부터 악의의 수익자로 본다.

⑤ 제한행위능력을 이유로 법률행위를 취소한 경우 제한능력자는 선의·악의를 묻지 않고그 행위로 인하여 받은 이익이 현존하는 한도에서 상환할 책임이 있다.

> **해설**　⑤ 제141조 제2문
>
> **오답해설**
> ① 수익이 있더라도 그로 인해 손해를 입은 자가 없으면 부당이득은 성립하지 않는다(제741조 참조).
> ② 변제기에 이르지 아니한 채무를 변제한 때에는 그 반환을 청구하지 못한다(제743조).
> ③ 부동산실명법을 위반하여 무효인 명의신탁약정에 따라 명의수탁자 명의로 등기를 하였다는 이유만으로 그것이 당연히 불법원인급여에 해당한다고 단정할 수는 없다(대판 전합 2013다218156).
> ④ 선의의 수익자가 패소한 때에는 그 소를 제기한 때부터 악의의 수익자로 본다(제749조 제2항).

02 **부당이득에 관한 설명으로 옳은 것은? (다툼이 있으면 판례에 따름)**　　▶ 공인노무사 22년

① 채무자가 착오로 변제기 전에 채무를 변제한 경우, 채권자는 이로 인해 얻은 이익을 반환할 의무가 없다.

② 수익자가 이익을 받은 후 법률상 원인 없음을 안 때에는 그 이익을 받은 날로부터 악의의 수익자로서 이익반환의 책임이 있다.

③ 선의의 수익자가 패소한 때에는 패소가 확정된 때부터 악의의 수익자로 본다.

④ 불법원인급여에서 수익자 불법성이 현저히 크고, 그에 비하여 급여자의 불법성은 경미한 경우라 하더라도 급여자의 반환청구는 허용되지 않는다.

⑤ 법률상 원인 없이 이득을 얻은 자는 있지만 그로 인해 손해를 입은 자가 없는 경우, 부당이득반환청구권은 인정되지 않는다.

해설 ⑤ 수익이 있더라도 그로 인해 손해를 입은 자가 없으면 부당이득은 성립하지 않는다(제741조 참조).

오답해설

① 변제기에 있지 아니한 채무를 변제한 때에는 그 반환을 청구하지 못한다. 그러나 채무자가 착오로 인하여 변제한 때에는 채권자는 이로 인하여 얻은 이익을 반환하여야 한다(제743조).

② 수익자가 이익을 받은 후 법률상 원인 없음을 안 때에는 그때부터 악의의 수익자로서 이익반환의 책임이 있다(제749조 제1항).

③ 선의의 수익자가 패소한 때에는 그 소를 제기한 때부터 악의의 수익자로 본다(제749조 제2항).

④ 수익자의 불법성이 급여자의 그것보다 현저히 크고, 그에 비하면 급여자의 불법성은 미약한 경우에는 급여자의 반환청구는 허용된다고 해석함이 상당하다(대판 93다12947).

03 부당이득반환청구권에 관한 설명으로 옳지 않은 것은? (다툼이 있으면 판례에 따름)

▸ 공인노무사 20년

① 부당이득반환청구권의 요건인 수익자의 이득은 실질적으로 귀속된 이득을 의미한다.

② 법률상 원인 없이 이득을 얻은 자는 있지만 그로 인해 손해를 입은 자가 없다면 부당이득반환청구권은 성립하지 않는다.

③ 수인이 공동으로 법률상 원인 없이 타인이 재산을 사용한 경우 발생하는 부당이득반환채무는 특별한 사정이 없는 한 부진정연대관계에 있다.

④ 부당이득이 금전상 이득인 경우 이를 취득한 자가 소비하였는지 여부를 불문하고 그 이득은 현존하는 것으로 추정된다.

⑤ 선의의 수익자가 부당이득반환청구소송에서 패소한 때에는 그 소가 제기된 때부터 악의의 수익자로 간주된다.

해설 ③ 여러 사람이 공동으로 법률상 원인 없이 타인의 재산을 사용한 경우의 부당이득반환채무는 특별한 사정이 없는 한 불가분채무이다(대판 2000다13948).

오답해설

① 대판 95다14664

② 수익과 손해 사이에 인과관계가 없기 때문이다(제741조 참조).

④ 법률상 원인 없이 타인의 재산 또는 노무로 인하여 이익을 얻고 그로 인하여 타인에게 손해를 가한 경우, 그 취득한 것이 금전상의 이득인 때에는 그 금전은 이를 취득한 자가 소비하였는가의 여부를 불문하고 현존하는 것으로 추정된다(대판 96다32881).

⑤ 제749조 제2항

정답 01 ⑤ 02 ⑤ 03 ③

04 부당이득에 관한 설명으로 옳은 것은? (다툼이 있으면 판례에 따름) ▸공인노무사 19년

① 채무자가 채무 없음을 알고 임의로 변제한 경우, 그 반환을 청구할 수 있다.
② 선의의 수익자가 패소한 때에는 패소 시부터 악의의 수익자로 본다.
③ 불법원인급여로 인해 반환을 청구하지 못하는 이익은 종국적인 것임을 요하지 않는다.
④ 제한능력을 이유로 법률행위를 취소하는 경우, 악의의 제한능력자는 그 행위로 인하여 받은 이익 전부를 상환하여야 한다.
⑤ 수익자가 법률상 원인 없이 이득한 재산을 처분함으로 인하여 원물반환이 불가능한 경우, 반환하여야 할 가액은 특별한 사정이 없는 그 처분 당시의 대가이다.

해설 ⑤ 대판 94다25551

오답해설
① 채무 없음을 알고 이를 변제한 때에는 그 반환을 청구하지 못한다(제742조).
② 선의의 수익자가 패소한 때에는 그 소를 제기한 때부터 악의의 수익자로 본다(제749조 제2항).
③ 민법 제746조에서 말하는 이익은 재산상 가치가 있는 종국적인 것이어야 하고, 그것이 종속적인 것에 불과하여 수령자가 그 이익을 향수하려면 경매신청을 하는 것과 같이 별도의 조치를 취하여야 하는 것은 이에 해당하지 않는다(대판 93다55234).
④ 제한능력자는 선악을 불문하고 현존이익만 반환하면 된다(제141조).

05 부당이득에 관한 설명으로 옳은 것은? ▸공인노무사 18년

① 선의의 수익자가 패소한 때에는 그 판결이 확정된 때부터 악의의 수익자로 본다.
② 악의의 비채변제라도 변제를 강제당한 경우 등 그 변제가 자유로운 의사에 반하여 이루어진 때에는 반환을 청구할 수 있다.
③ 임차인이 동시이행의 항변권에 기하여 임차목적물을 사용·수익한 때에는 부당이득이 성립하지 않는다.
④ 무효인 명의신탁약정에 의하여 타인 명의로 등기가 마쳐졌다는 이유만으로 그것이 불법원인급여에 해당한다.
⑤ 채무 없는 자가 착오로 변제한 경우에 그 변제가 도의관념에 적합한 때에도 그 반환을 청구할 수 있다.

해설 ② 민법 제742조 소정의 비채변제는 지급자가 채무 없음을 알면서도 임의로 지급한 경우에만 성립하고 채무 없음을 알고 있었다 하더라도 그 변제가 자기의 자유로운 의사에 반하여 이루어진 것으로 볼 수 있는 사정이 있는 때에는 지급자가 그 반환청구권을 상실하지 않는다(대판 87다432).

오답해설
① 선의의 수익자가 패소한 때에는 그 소를 제기한 때부터 악의의 수익자로 본다(제749조 제2항).
③ 임차인이 동시이행의 항변권에 기하여 임차목적물을 점유하고 사용·수익한 경우 그 점유는 불법점유라 할 수 없어 그로 인한 손해배상책임은 지지 아니하되, 다만 사용·수익으로 인하여 실질적으로 얻은 이익이 있으면 부당이득으로서 반환하여야 한다(대판 87다카2114).

PART
02

④ 부동산실명법을 위반하여 무효인 명의신탁약정에 따라 명의수탁자 명의로 등기를 하였다는 이유만으로 그것이 당연히 불법원인급여에 해당한다고 단정할 수는 없다(대판 전합 2013다218156).
⑤ 채무 없는 자가 착오로 인하여 변제한 경우에 그 변제가 도의관념에 적합한 때에는 그 반환을 청구하지 못한다(제744조).

06 부당이득에 관한 설명으로 옳지 않은 것은? (다툼이 있으면 판례에 따름) ▸공인노무사 17년

① 소유권과 같은 물권의 취득뿐만 아니라 채권의 취득도 이득에 해당한다.
② 채무 없는 자가 착오로 변제한 경우에 그 변제가 도의관념에 적합한 때에는 그 반환을 청구하지 못한다.
③ 법률상 원인 없이 타인 소유의 건물을 점유하여 거주하는 자는 특별한 사정이 없는 한 건물의 차임 상당액을 부당이득으로 반환할 의무가 있다.
④ 부당이득으로 취득한 금전은 취득자의 소비 여부를 불문하고 현존하는 것으로 추정된다.
⑤ 부당이득 반환의무는 수익자에게 고의 또는 과실이 있는 경우에만 인정된다.

해설 ⑤ 수익자의 고의·과실은 부당이득반환청구권의 요건이 아니다(제741조 참조).

오답해설
① 부당'이득'에는 특별한 제한이 없다. 즉 물권, 채권, 지식재산권 등도 모두 부당이득이 될 수 있다.
② 제744조
③ 법률상 원인 없이 타인 소유의 건물을 점유하여 거주하는 자는 건물의 소유자에게 그 점유기간 동안 건물의 사용, 수익에 따른 차임 상당액을 부당이득으로 반환할 의무가 있다(대판 95다11955).
④ 대판 96다32881

07 부당이득의 반환의무 또는 책임의 범위가 현존이익으로 한정되는 경우가 아닌 것은?
▸공인노무사 16년

① 선의의 부당이득자의 반환의무
② 실종선고가 취소된 경우, 실종선고를 직접원인으로 하여 선의로 재산을 취득한 자의 반환의무
③ 법률행위가 제한능력을 이유로 취소되는 경우, 제한능력자의 상환의무
④ 수탁보증인이 과실 없이 변제 기타의 출재로 주채무를 소멸시킨 경우, 주채무자의 수탁보증인에 대한 구상채무
⑤ 사무관리를 함에 있어 관리자가 과실 없이 손해를 받은 경우, 본인의 관리자에 대한 무과실손해보상의무

정답 04 ⑤ 05 ② 06 ⑤ 07 ④

해설 ④ 이 경우 구상권은 면책된 날 이후의 법정이자 및 피할 수 없는 비용 기타 손해배상을 포함한다 (제441조, 제425조 제2항). 즉 현존이익으로 한정되지 않는다.

오답해설
① 제748조 제1항
② 제29조 제2항
③ 제141조 제2문
⑤ 제740조

08 부당이득에 관한 설명으로 옳은 것을 모두 고른 것은? (다툼이 있으면 판례에 따름)

▶ 공인노무사 25년

> ㄱ. 계약상 급부가 상대방뿐 아니라 제3자에게 이익이 된 경우, 급부를 한 계약당사자는 제3자를 상대로 직접 부당이득반환청구를 할 수 없다.
> ㄴ. 임대차 종료 후 임차인이 동시이행항변권을 행사하여 임차건물을 사용한 경우, 이로 인한 이득이 있다면 이를 부당이득으로 반환하여야 한다.
> ㄷ. 급부를 한 당사자가 그 급부의 법률상 원인 없음을 이유로 반환을 청구하는 이른바 급부부당이득의 경우, 부당이득반환청구의 상대방이 이익을 보유할 정당한 권원이 있다는 점을 증명할 책임이 있다.

① ㄱ
② ㄷ
③ ㄱ, ㄴ
④ ㄴ, ㄷ
⑤ ㄱ, ㄴ, ㄷ

해설 ㄱ. (○) 계약상의 급부가 계약의 상대방뿐만 아니라 제3자의 이익으로 된 경우에 급부를 한 계약당사자가 계약 상대방에 대하여 계약상의 반대급부를 청구할 수 있는 이외에 그 제3자에 대하여 직접 부당이득반환청구를 할 수 있다고 보면, 자기 책임하에 체결된 계약에 따른 위험부담을 제3자에게 전가시키는 것이 되어 계약법의 기본원리에 반하는 결과를 초래할 뿐만 아니라, 채권자인 계약당사자가 채무자인 계약 상대방의 일반채권자에 비하여 우대받는 결과가 되어 일반채권자의 이익을 해치게 되고, 수익자인 제3자가 계약 상대방에 대하여 가지는 항변권 등을 침해하게 되어 부당하므로, 위와 같은 경우 계약상의 급부를 한 계약당사자는 이익의 귀속 주체인 제3자에 대하여 직접 부당이득반환을 청구할 수는 없다고 보아야 한다(대판 99다66564). 따라서, 상대방을 상대로 부당이득반환을 청구하여야 한다.
ㄴ. (○) 동시이행의 항변권을 행사하는 경우이므로 불법행위에 따른 손해배상책임은 지지 않지만 (대판 2015다32585), 차임 상당의 부당이득반환책임은 진다(대판 87다카2114).

오답해설
ㄷ. (×) 당사자 일방이 자신의 의사에 따라 일정한 급부를 한 다음 급부가 법률상 원인 없음을 이유로 반환을 청구하는 이른바 급부부당이득의 경우에는 법률상 원인이 없다는 점에 대한 증명책임은 부당이득반환을 주장하는 사람에게 있다(대판 2017다37324).

09 부당이득에 관한 설명으로 옳은 것을 모두 고른 것은? (다툼이 있으면 판례에 따름)

▶ 공인노무사 24년

> ㄱ. 계약해제로 인한 원상회복의무의 이행으로 금전을 반환하는 경우, 그 금전에 받은 날로부터 가산하는 이자의 반환은 부당이득반환의 성질을 갖는다.
> ㄴ. 민법 제742조(비채변제)의 규정은 변제자가 채무 없음을 알지 못한 경우에는 그 과실 유무를 불문하고 적용되지 아니한다.
> ㄷ. 수익자가 취득한 것이 금전상의 이득인 경우, 특별한 사정이 없는 한 그 금전은 이를 취득한 자가 소비하였는지 여부를 불문하고 현존하는 것으로 추정된다.

① ㄱ
② ㄷ
③ ㄱ, ㄴ
④ ㄴ, ㄷ
⑤ ㄱ, ㄴ, ㄷ

해설 ㄱ. (○) 대판 98다43175
ㄴ. (○) 대판 97다58453
ㄷ. (○) 대판 96다32881

Section 05   불법행위

01 '민법 제390조의 채무불이행책임과 제750조의 불법행위책임'(이하 '양 책임')에 관한 비교 설명으로 옳지 않은 것은? ▸ 공인노무사 23년

① 양 책임이 성립하기 위해서는 채무자 또는 가해자에게 귀책사유가 있어야 한다는 점에서 공통된다.

② 양 책임이 성립하는 경우, 채권자나 피해자에게 과실이 있다면 과실상계가 적용된다는 점에서 공통된다.

③ 양 책임이 성립하는 경우, 채권자나 피해자가 행사하는 손해배상채권의 소멸시효는 3년이 적용된다는 점에서 공통된다.

④ 양 책임이 성립하는 경우, 손해배상은 통상의 손해를 그 한도로 한다는 점에서 공통된다.

⑤ 양 책임이 성립하는 경우, 채무자나 가해자가 발생한 손해 전부를 배상한 때에는 손해배상의 대위가 인정된다는 점에서 공통된다.

> **해설** ③ 채권은 10년간 행사하지 아니하면 소멸시효가 완성하므로(제162조 제1항), 채무불이행에 따른 손해배상청구권도 10년의 소멸시효가 적용되지만 불법행위에 따른 손해배상청구권은 손해 및 가해자를 안 날로부터 3년, 불법행위를 한 날로부터 10년의 소멸시효에 걸린다(제766조).
>
> **오답해설**
> ① 제390조, 제750조
> ② 제396조, 제763조
> ④ 제393조 제1항, 제763조
> ⑤ 제399조, 제763조

02 불법행위에 관한 설명으로 옳지 않은 것은? (다툼이 있으면 판례에 따름) ▸ 공인노무사 23년

① 과실로 불법행위를 방조한 자에 대해서는 공동불법행위가 인정될 수 없다.

② 고의로 심신상실을 초래한 자는 타인에게 심신상실 중에 가한 손해를 배상할 책임이 있다.

③ 사용자가 근로계약에 수반되는 보호의무를 위반함으로써 피용자가 손해를 입은 경우, 사용자는 이를 배상할 책임이 있다.

④ 고의로 불법행위를 한 가해자는 피해자의 손해배상채권을 피해자에 대한 자신의 다른 채권으로 상계할 수 없다.

⑤ 미성년자가 성폭력을 당한 경우에 이로 이한 손해배상청구권의 소멸시효는 그가 성년이 될 때까지는 진행되지 아니한다.

해설 ① 형법과는 달리 민법의 경우에는 과실방조도 가능하다(대판 98다31264).

오답해설
② 제754조 제2문
④ 제496조
⑤ 제766조 제3항

03 불법행위에 기한 손해배상에 관한 설명으로 옳지 않은 것을 모두 고른 것은? (다툼이 있으면 판례에 따름)
▶ 공인노무사 22년

> ㄱ. 작위의무 있는 자의 부작위에 의한 과실방조는 공동불법행위의 방조가 될 수 없다.
> ㄴ. 도급인이 수급인의 일의 진행과 방법에 관해 구체적으로 지휘·감독한 경우, 수급인의 그 도급업무와 관련된 불법행위로 인한 제3자의 손해에 대해 도급인은 사용자책임을 진다.
> ㄷ. 책임능력 없는 미성년자의 불법행위로 인해 손해를 입은 자는 그 미성년자의 감독자에게 배상을 청구하기 위해 그 감독자의 감독의무 해태를 증명하여야 한다.
> ㄹ. 파견근로자의 파견업무에 관한 불법행위에 대하여 파견사업주는 특별한 사정이 없는 한 사용자로서의 배상책임을 부담하지 않는다.

① ㄱ
② ㄴ, ㄷ
③ ㄴ, ㄹ
④ ㄱ, ㄷ, ㄹ
⑤ ㄱ, ㄴ, ㄷ, ㄹ

해설 ㄱ. (×) 형법과는 달리 민법의 경우에는 과실방조도 가능하다(대판 98다31264).
ㄷ. (×) 민법 제755조에 의하여 책임능력 없는 미성년자를 감독할 법정의 의무 있는 자 또는 그에 갈음하여 무능력자를 감독하는 자가 지는 손해배상책임은 그 미성년자에게 책임이 없음을 전제로 하여 이를 보충하는 책임이고, 그 경우에 감독의무자 자신이 감독의무를 해태하지 아니하였음을 입증하지 아니하는 한 책임을 면할 수 없는 것이다(대판 93다60588).
ㄹ. (×) 파견사업주는 파견근로자를 일반적으로 지휘·감독해야 할 지위에 있게 되고, 따라서 파견사업주와 파견근로자 사이에는 민법 제756조의 사용관계가 인정되어 파견사업주는 파견근로자의 파견업무에 관련한 불법행위에 대하여 파견근로자의 사용자로서의 책임을 져야 한다(대판 2001다24655).

오답해설
ㄴ. (○) 도급인이 수급인의 일의 진행과 방법에 관하여 구체적으로 지휘·감독한 경우에는 도급인과 수급인의 관계는 실질적으로 사용자와 피용자의 관계와 다르지 않으므로 수급인이나 수급인의 피용자의 불법행위로 인하여 제3자에게 가한 손해에 대하여 도급인은 민법 제756조 소정의 사용자책임을 진다(대판 2017다223538).

정답 ▶ 01 ③ 02 ① 03 ④

04 불법행위책임에 관한 설명으로 옳지 않은 것은? (다툼이 있으면 판례에 따름)

① 피용자의 불법행위로 인하여 사용자책임을 지는 자가 그 피용자에 대하여 행사하는 구상권은 신의칙을 이유로 제한 또는 배제할 수 있다.

② 공동불법행위에서 과실상계하는 하는 경우, 피해자에 대한 공동불법행위자 전원의 과실과 피해자의 공동불법행위자 전원에 대한 과실을 전체적으로 평가하여야 한다.

③ 가해자 중 1인이 다른 가해자에 비하여 불법행위에 가공한 정도가 경미한 경우, 그 가해자의 피해자에 대한 책임범위를 손해배상액의 일부로 제한하여 인정할 수 있다.

④ 불법행위에 경합된 당사자들의 과실 정도에 관한 사실인정이나 그 비율을 정하는 것은 특별한 사정이 없는 한 사실심의 전권사항에 속한다.

⑤ 일반육체노동을 하는 사람의 가동연한은 특별한 사정이 없는 한 경험칙상 만 65세로 보아야 한다.

해설 ③ 공동불법행위로 인한 손해배상책임의 범위는 피해자에 대한 관계에서 가해자들 전원의 행위를 전체적으로 함께 평가하여 정하여야 하고, 그 손해배상액에 대하여는 가해자 각자가 그 금액의 전부에 대한 책임을 부담하는 것이며, 가해자의 1인이 다른 가해자에 비하여 불법행위에 가공한 정도가 경미하다고 하더라도 피해자에 대한 관계에서 그 가해자의 책임 범위를 위와 같이 정하여진 손해배상액의 일부로 제한하여 인정할 수는 없다(대판 2005다32999).

오답해설

① 사용자는 손해의 공평한 분담이라는 견지에서 신의칙상 상당하다고 인정되는 한도 내에서만 피용자에 대하여 손해배상을 청구하거나 그 구상권을 행사할 수 있다(대판 95다52611).

② 공동불법행위의 경우 법원이 피해자의 과실을 들어 과실상계를 함에 있어서는 피해자의 공동불법행위자 각인에 대한 과실비율이 서로 다르더라도 피해자의 과실을 공동불법행위자 각인에 대한 과실로 개별적으로 평가할 것이 아니고 그들 전원에 대한 과실로 전체적으로 평가하여야 한다(대판 2005다32999).

④ 불법행위에 경합된 당사자들의 과실 정도에 관한 사실인정이나 그 비율을 정하는 것은 그것이 형평의 원칙에 비추어 현저하게 불합리하다고 인정되지 않는 한 사실심의 전권사항에 속한다(대판 2005다8125).

⑤ 대판[전합] 2018다285106

05 민법 제756조(사용자의 배상책임)에 관한 설명으로 옳지 않은 것은? (다툼이 있으면 판례에 따름) ▸공인노무사 20년

① 사용자와 피용자 간의 고용계약이 무효이더라도 사실상의 지휘·감독관계가 인정된다면 사용자의 배상책임이 성립할 수 있다.

② 폭행과 같은 피용자의 범죄행위도 민법 제756조 소정의 사무집행 관련성을 가질 수 있다.

③ 파견근로자의 파견업무에 관련한 불법행위에 대하여 파견사업주는 특별한 사정이 없는 한 사용자의 배상책임을 부담한다.

④ 고의로 불법행위를 한 피용자가 신의칙상 과실상계를 주장할 수 없는 경우에도 사용자는 특별한 사정이 없는 한 과실상계를 주장할 수 있다.

⑤ 피용자와 공동불법행위를 한 제3자가 있는 경우, 사용자가 피해자에게 손해 전부를 배상하였다면 사용자는 그 제3자에게 배상액 전부를 구상할 수 있다.

해설 ⑤ 제3자의 부담부분에 한하여 구상권을 행사할 수 있다(대판 전합 91다33070).

오답해설
① 대판 2003다49542
② 대판 88다카8682
③ 대판 2001다24655
④ 사용자가 피용자의 과실에 의한 불법행위로 인한 사용자책임을 부담하는 경우와 마찬가지로 피용자의 고의에 의한 불법행위로 인하여 사용자책임을 부담하는 경우에도 피해자에게 그 손해의 발생과 확대에 기여한 과실이 있다면 사용자책임의 범위를 정함에 있어서 이러한 피해자의 과실을 고려하여 그 책임을 제한할 수 있다(대판 2000다56952).

06 불법행위에 관한 설명으로 옳지 않은 것은? (다툼이 있으면 판례에 따름) ▸공인노무사 19년

① 타인의 불법행위로 모체 내에서 사망한 태아는 불법행위로 인한 손해배상청구권을 갖지 못한다.

② 고의의 불법행위로 인한 손해배상청구권을 수동채권으로 하는 상계는 허용되지 않는다.

③ 불법행위에 의하여 재산권이 침해된 경우, 특별한 사정이 없는 한 그 재산적 손해의 배상에 의하여 정신적 고통도 회복된다고 볼 수 있다.

④ 공동불법행위자 1인에 대한 이행청구는 다른 공동불법행위자에 대하여 시효중단의 효력이 있다.

⑤ 책임능력 있는 미성년자가 불법행위책임을 지는 경우에 그 손해가 그 미성년자의 감독의무자의 의무위반과 상당인과관계가 있으면 그 감독의무자도 일반불법행위책임을 진다.

정답 04 ③ 05 ⑤ 06 ④

해설 ④ 공동불법행위는 부진정연대채무이고, 연대채무와 달리 부진정연대채무의 이행청구는 상대적 효력을 가질 뿐이므로 다른 공동불법행위자에 대하여 이행청구에 따른 시효중단의 효력이 없다 (대판 2010다91886).

오답해설

① 태아가 모체 내에서 사망한 경우에는 어떤 견해에 따르더라도 권리능력을 가질 수 없다.

② 제496조

③ 일반적으로 타인의 불법행위에 의하여 재산권이 침해된 경우에는 그 재산적 손해의 배상에 의하여 정신적 고통도 회복된다고 보아야 할 것이다(대판 91다25628).

⑤ 미성년자가 책임능력이 있어 그 스스로 불법행위책임을 지는 경우에도 그 손해가 당해 미성년자의 감독의무자의 의무위반과 상당인과관계가 있으면 감독의무자는 일반불법행위자로서 손해배상책임이 있고 이 경우에 그러한 감독의무위반사실 및 손해발생과의 상당인과관계의 존재는 이를 주장하는 자가 입증하여야 한다(대판 93다13605).

07 불법행위에 관한 설명으로 옳은 것은? (다툼이 있으면 판례에 따름) ▶ 공인노무사 18년

① 민법 제758조의 공작물의 소유자책임은 과실책임이다.

② 불법행위에서 고의 또는 과실의 증명책임은 원칙적으로 가해자가 부담한다.

③ 명예훼손의 경우, 법원은 피해자의 청구가 없더라도 직권으로 명예회복에 적합한 처분을 명할 수 있다.

④ 중과실의 불법행위자는 피해자에 대한 채권을 가지고 피해자의 손해배상채권을 상계할 수 있다.

⑤ 여럿이 공동의 불법행위로 타인에게 손해를 가한 때에는 분할하여 그 손해를 배상할 책임이 있다.

해설 ④ 제496조의 입법취지나 적용결과에 비추어 볼 때 고의의 불법행위에 인한 손해배상채권에 대한 상계금지를 중과실의 불법행위에 인한 손해배상채권에까지 유추 또는 확장적용하여야 할 필요성이 있다고 할 수 없다(대판 93다52808).

오답해설

① 토지의 공작물의 설치 또는 보존에 관한 하차로 인하여 타인의 손해가 생한 때에는 제1차적으로 공작물의 점유자에게, 점유자가 손해발생의 방지에 필요한 주의를 하였을 때에는 제2차적으로 공작물의 소유자에게 각 배상책임을 부담시키고 특히 소유자에 대하여는 소위 무과실책임을 부담시키는 법칙이라 해석함이 타당하다 할 것이다(대판 4286민상6).

② 피해자가 가해자의 고의 · 과실을 증명하여야 한다.

③ 타인의 명예를 훼손한 자에 대하여는 법원은 피해자의 청구에 의하여 손해배상에 갈음하거나 손해배상과 함께 명예회복에 적당한 처분을 명할 수 있다(제764조).

⑤ 수인이 공동의 불법행위로 타인에게 손해를 가한 때에는 연대하여 그 손해를 배상할 책임이 있다(제760조).

08 甲은 자신의 X건물을 공인노무사 乙에게 임대하였다. 乙이 X건물에서 사무소를 운영하고 있던 중 乙의 사무직원 丙의 과실로 X건물이 화재로 멸실되었다. 이에 관한 설명으로 옳지 않은 것은? (다툼이 있으면 판례에 따름) ▸ 공인노무사 18년

① 甲은 乙에게 사용자책임을 주장할 수 있다.
② 甲은 乙에게 채무불이행으로 인한 손해배상을 청구할 수 있다.
③ 甲은 丙에게 채무불이행으로 인한 손해배상을 청구할 수 없다.
④ 甲은 동시에 乙과 丙에 대하여 손해배상의 전부의 이행을 청구할 수 없다.
⑤ 乙이 甲에게 손해를 배상한 경우, 乙은 丙에게 구상권을 행사할 수 있다.

> **해설** ④ 부진정연대채무이므로 甲은 아무에게나 손해 전부의 배상을 청구할 수 있다.

오답해설
① 제756조
② 이행보조자 丙의 과실을 채무자 乙의 과실이므로(제391조), 甲은 乙에게 채무불이행책임을 물을 수 있다.
③ 이행보조자 丙은 계약의 당사자가 아니므로 채무불이행책임을 지지 않는다(대판 2005다69458).
⑤ 제756조 제3항

09 사용자책임에 관한 설명으로 옳지 않은 것은? (다툼이 있으면 판례에 따름) ▸ 공인노무사 17년

① 사용자책임이 성립하려면 사용자가 피용자를 실질적으로 지휘·감독하는 관계에 있어야 한다.
② 특별한 사정이 없다면 퇴직 이후 피용자의 행위에 대하여 종전의 사용자에게 사용자책임을 물을 수 없다.
③ 도급인이 수급인에 대하여 특정한 행위를 지휘한 경우 도급인에게는 사용자로서의 배상책임이 없다.
④ 피용자의 불법행위가 외형상 객관적으로 사용자의 사무집행행위로 보일 경우 행위자의 주관적 사정을 고려함이 없이 이를 사무집행에 관하여 한 행위로 본다.
⑤ 사용자책임의 경우에도 피해자에게 과실이 있으면 과실상계할 수 있다.

> **해설** ③ 도급인이 수급인의 일의 진행 및 방법에 관하여 구체적인 지휘감독권을 보유한 경우에는 도급인과 수급인의 관계는 실질적으로 사용자 및 피용자의 관계와 다를 바 없으므로 수급인이 고용한 제3자의 불법행위로 인한 손해에 대하여 도급인은 민법 제756조에 의한 사용자책임을 면할 수 없다(대판 88다카102).

정답 ▸ 07 ④ 08 ④ 09 ③

오답해설

① 사용자책임이 성립하려면 사용자와 불법행위자 사이에 사용관계, 즉 사용자가 불법행위자를 실질적으로 지휘·감독하는 관계에 있어야 한다(대판 98다62671).

② 대판 2000다26128

④ 민법 제756조의 사용자와 피용자의 관계는 반드시 유효한 고용관계가 있는 경우에 한하는 것이 아니고, 사실상 어떤 사람이 다른 사람을 위하여 그 지휘·감독 아래 그 의사에 따라 사업을 집행하는 관계에 있을 때에도 그 두 사람 사이에 사용자, 피용자의 관계가 있다고 할 수 있으며, 피용자의 불법행위가 외형상 객관적으로 사용자의 사업활동 내지 사무집행행위 또는 그와 관련된 것이라고 보일 때에는 행위자의 주관적 사정을 고려함이 없이 이를 사무집행에 관하여 한 행위로 볼 것이다(대판 2003다49542).

⑤ 사용자책임을 부담하는 경우에도 피해자에게 그 손해의 발생과 확대에 기여한 과실이 있다면 사용자책임의 범위를 정함에 있어서 이러한 피해자의 과실을 고려하여 그 책임을 제한할 수 있다(대판 2000다56952).

10 불법행위에 관한 설명으로 옳지 않은 것을 모두 고른 것은? (다툼이 있으면 판례에 따름)

▶ 공인노무사 24년

> ㄱ. 법적 작위의무가 객관적으로 인정되더라도 의무자가 그 작위의무의 존재를 인식하지 못한 경우에는 부작위로 인한 불법행위가 성립하지 않는다.
> ㄴ. 공작물의 하자로 인해 손해가 발생한 경우, 그 손해가 공작물의 하자와 관련한 위험이 현실화되어 발생한 것이 아니라도 공작물의 설치 또는 보존상 하자로 인하여 발생한 손해라고 볼 수 있다.
> ㄷ. 성추행을 당한 미성년자의 가해자에 대한 손해배상청구권의 소멸시효는 그 미성년자가 성년이 될 때까지는 진행되지 아니한다.

① ㄱ
② ㄷ
③ ㄱ, ㄴ
④ ㄴ, ㄷ
⑤ ㄱ, ㄴ, ㄷ

해설 ㄱ. (×) 행위자의 주관적 사정은 고려되지 않는다(대판 2003다49542).

ㄴ. (×) 공작물에서 발생한 사고라도 그것이 공작물의 용법에 따르지 아니한 이례적인 행동의 결과 생긴 경우에는 공작물의 하자로 발생한 손해가 아니므로 손해배상책임을 부담하지 않는다(대판 97다25118).

오답해설

ㄷ. (○) 제766조 제3항

11 불법행위에 관한 설명으로 옳은 것은? (다툼이 있으면 판례에 따름) ▸공인노무사 25년

① 타인의 불법행위에 대하여 과실에 의한 방조로서 공동불법행위의 책임을 지우기 위해서는 방조행위와 불법행위에 의한 피해자의 손해발생 사이에 상당인과관계가 인정되어야 한다.

② 공동불법행위에서 과실상계를 함에 있어서 피해자의 공동불법행위자 각자에 대한 과실비율이 서로 다른 경우, 피해자의 과실은 공동불법행위자 각자에 대한 과실로 개별적으로 평가함이 원칙이다.

③ 민법 제758조의 공작물책임 중 소유자의 책임은 과실책임이다.

④ 채무불이행으로 인한 손해배상청구권에 대한 소멸시효 항변에는 불법행위로 인한 손해배상청구권에 대한 소멸시효 항변이 포함된 것으로 볼 수 있다.

⑤ 공동불법행위자 중 일부가 피해자의 부주의를 이용하여 고의로 불법행위를 저지른 경우, 그러한 사유가 없는 다른 불법행위자도 과실상계 주장을 할 수 없다.

해설 ① 타인의 불법행위에 대하여 과실에 의한 방조로서 공동불법행위의 책임을 지우기 위해서는 방조행위와 불법행위에 의한 피해자의 손해발생 사이에 상당인과관계가 인정되어야 하며, 상당인과관계를 판단할 때에는 과실에 의한 행위로 인하여 불법행위를 용이하게 한다는 사정에 관한 예견가능성과 아울러 과실에 의한 행위가 피해 발생에 끼친 영향, 피해자의 신뢰형성에 기여한 정도, 피해자 스스로 쉽게 피해를 방지할 수 있었는지 등을 종합적으로 고려하여 책임이 지나치게 확대되지 않도록 신중을 기하여야 한다(대판 2015다234985).

오답해설

② 공동불법행위책임은 가해자 각 개인의 행위에 대하여 개별적으로 그로 인한 손해를 구하는 것이 아니라 가해자들이 공동으로 가한 불법행위에 대하여 그 책임을 추궁하는 것으로, 법원이 피해자의 과실을 들어 과실상계를 함에 있어서는 피해자의 공동불법행위자 각인에 대한 과실비율이 서로 다르더라도 피해자의 과실을 공동불법행위자 각인에 대한 과실로 개별적으로 평가할 것이 아니고 그들 전원에 대한 과실로 전체적으로 평가하여야 한다(대판 96다55631).

③ 무과실책임이다.

④ 채권자가 동일한 목적을 달성하기 위하여 복수의 채권을 가지고 이를 행사하는 경우 각 채권이 발생시기와 발생원인 등을 달리하는 별개의 채권인 이상 별개의 소송물에 해당하므로, 이에 대하여 채무자가 소멸시효 완성의 항변을 하는 경우에 그 항변에 의하여 어떠한 채권을 다투는 것인지 특정하여야 하고 그와 같이 특정된 항변에는 특별한 사정이 없는 한 청구원인을 달리하는 채권에 대한 소멸시효 완성의 항변까지 포함된 것으로 볼 수는 없다(대판 2012다68217).

⑤ 피해자의 부주의를 이용하여 고의로 불법행위를 저지른 자가 바로 그 피해자의 부주의를 이유로 자신의 책임을 감하여 달라고 주장하는 것은 허용될 수 없으나, 이는 그러한 사유가 있는 자에게 과실상계의 주장을 허용하는 것이 신의칙에 반하기 때문이므로, 불법행위자 중의 일부에게 그러한 사유가 있다고 하여 그러한 사유가 없는 다른 불법행위자까지도 과실상계의 주장을 할 수 없다고 해석할 것은 아니다(대판 2005다32999).

정답 10 ③ 11 ①

박문각 공인노무사

박문각 공인노무사

김민권 민법
1차 | 10개년 기출문제집

제1판 인쇄 2026. 3. 10. | **제1판 발행** 2026. 3. 16. | **편저자** 김민권
발행인 박 용 | **발행처** (주)박문각출판 | **등록** 2015년 4월 29일 제2019-0000137호
주소 06654 서울시 서초구 효령로 283 서경 B/D 4층 | **팩스** (02)584-2927
전화 교재 문의 (02)6466-7202

저자와의
협의하에
인지생략

이 책의 무단 전재 또는 복제 행위를 금합니다.

정가 16,000원
ISBN 979-11-7519-775-6

MEMO

MEMO

MEMO

MEMO

MEMO